高职高专金融专业应用系列教材

理财规划实务

阎定军　编著

清华大学出版社
北　京

内 容 简 介

本书根据理财规划对其基本知识和技能的要求，以提高学生综合素质、培养学生的理财规划能力为宗旨，以就业为导向，对全书的结构和内容进行了一体化设计。全书围绕理财规划项目和项目中的任务全面而系统地介绍了理财规划的基本知识、基本技能与基本方法。全书共分为九个项目：理财规划的基础工作、个人或家庭财务管理、投资规划、住房规划、教育金规划、保险规划、纳税规划、退休规划和遗产规划。

本书是专门为高职高专经济与管理类专业理财规划课程编写的教材，也可作为大学本科和职业培训的教材。由于本书在编写过程中融入了作者多年的教学经验，运用直观、简洁、易于理解的方式进行表述，使内容深入浅出、通俗易懂，因而不失为自学理财规划者的重要工具书。

图书在版编目（CIP）数据

理财规划实务/间定军编著.—北京：清华大学出版社，2013.4（2018.1重印）
（高职高专金融专业应用系列教材）
ISBN 978-7-302-31160-7

Ⅰ.①理…　Ⅱ.①间…　Ⅲ.①投资—高等职业教育—教材　Ⅳ.①F830.59

中国版本图书馆 CIP 数据核字（2012）第 309551 号

责任编辑：康　蓉
封面设计：傅瑞学
责任校对：刘　静
责任印制：宋　林

出版发行：清华大学出版社
　　网　　址：http://www.tup.com.cn，http://www.wqbook.com
　　地　　址：北京清华大学学研大厦 A 座　　　　邮　　编：100084
　　社 总 机：010-62770175　　　　　　　　　　邮　　购：010-62786544
　　投稿与读者服务：010-62776969，c-service@tup.tsinghua.edu.cn
　　质 量 反 馈：010-62772015，zhiliang@tup.tsinghua.edu.cn
印 装 者：清华大学印刷厂
经　　销：全国新华书店
开　　本：185mm×260mm　　　印　　张：16.5　　　字　　数：379 千字
版　　次：2013 年 4 月第 1 版　　　　　　　　　印　　次：2018 年 1 月第 4 次印刷
印　　数：5601～6600
定　　价：34.00 元

产品编号：049343-01

教材编委会

编委会主任：苏秋高（深圳职业技术学院）

编委会成员：王　启（深圳职业技术学院）

王红征（深圳职业技术学院）

闫定军（深圳职业技术学院）

郑红梅（深圳职业技术学院）

胡　彧（深圳职业技术学院）

张　艳（深圳职业技术学院）

魏　菜（深圳职业技术学院）

丁辉关（南京工业职业技术学院）

随着我国金融市场的不断发展，金融产品创新层出不穷。目前我国金融市场上金融产品种类繁多，包括股票现货交易、债券交易、开放式基金、封闭式基金、公募基金、私募基金；上海黄金交易所的黄金交易等。在衍生金融商品交易及信用交易方面，已经开通商品期货交易、远期外汇交易、权证交易、股指期货交易、融资融券交易等；在保险产品方面，出现保险与理财相结合、保险与储蓄相结合、投联险产品等种类繁多的保险产品。此外，还有大量的信托产品等。金融产品的创新为金融机构和从业人员创造了新的赢利和收入渠道，例如，中国的证券市场以前只有在牛市行情中投资者才能获利，在开通股指期货、融资融券业务后，现在投资者在熊市行情中也可以获利，为金融行业打开了新的业务空间。

不仅金融产品不断创新，金融机构之间的业务也日益交叉融合。

现在无论是银行，还是证券公司、保险公司，它们向客户提供的不再是单一的产品，它们之间相互合作，交叉销售产品。银行员工不再仅仅办理存贷款业务，还要销售债券、基金产品、保险产品、信托产品和其他理财产品。同样，保险公司、证券公司的员工也可以帮助银行销售存款产品、信用卡等。特别是目前正在兴起的第三方理财机构，它们进行各种金融产品的分析和咨询，需要了解和把握各种金融产品。因此，金融专业的毕业生不仅要具备金融前台业务操作能力（柜员岗位、操作岗位），而且还要具有业务拓展能力（客户经理、理财经理、投资咨询人员等）。

一、金融专业课程改革的内容

金融产品的创新、金融机构之间业务的交叉，对员工提出了更高的要求。除需要掌握专门的前台操作业务外，还要具有丰富的金融产品、金融市场等方面的综合知识和能力。

深圳职业技术学院金融专业根据金融市场发展的状况，在咨询专业管理委员会专家及相关企业的帮助下，不断调整金融专业教学计划和教学内容，逐步减少银行理论方面的课程，增加投资理财方面的课程。

以前金融专业的课程主要有商业银行经营管理、银行信贷、银行会计、证券投资、国际结算实务、专业英语、货币银行学等。

根据我国金融市场的发展变化及金融机构的人才需求状况，目前金融专业的主要课程包括商业银行业务会计（整合了商业银行经营管理、银行信贷、银行会计等课程的必要知识和技能）、证券投资基础与分析、金融投资工具、保险业务、国际金融实务、国际结算实务、专业英语、货币银行学等。

二、 高职高专金融专业应用系列教材的编写特点

本系列教材是由具有多年教学和实践经验的金融专业教师，与相关企业的专家共同编写而成。 在编写过程中，我们力争做到以下几点。

1. 内容新

把握金融改革的脉搏，依据我国金融创新中出现的新法律法规、新政策、新制度、新机制、新做法，与现实紧密结合，形成本书内容新的特点。

2. "举案说法" ——以案例导入理论

本系列教材强调结合相关案例讨论、学习金融理论和知识，或以案例引出理论知识，或通过案例诠释理论，深入浅出，提高教学的生动性和学生的学习兴趣。

3. 强调实践能力和应用能力的培养

对于偏理论的课程（如货币银行学），结合中国和国际的实际情况进行编写，做到能够应用相关理论分析中国的实际经济状况。 例如，货币供给量的变化与物价变化、GDP 变化之间的关系。 做到言之有物，理论联系实际。 国际金融实务教材以案例为主，以案例说明不同的进出口企业面对不同的汇率风险，不同的情况采用不同的方法防范汇率风险。

对于实践性、操作性较强的课程，如银行业务与会计、国际结算实务，每一项业务都有完整的业务单据和业务流程。 理财规划实务教材有具体的理财规划步骤、表格，由学生完成某个家庭具体的理财规划。 证券投资基础与分析教材结合实际上市公司的相关资料及图形走势，进行分析和讨论如何投资。

在本系列教材的编写过程中，从教材种类的确定到教材编写体例的选择，再到教材内容的取舍，清华大学出版社的编辑在本系列教材的组织、编写过程中做了大量的工作，没有她的悉心指导，本系列教材很难顺利出版。

本系列教材是在我国金融创新蓬勃发展的大背景下编写的，力图培养金融专业学生的综合金融投资理财分析能力，以便金融专业的毕业生具备更强的就业能力。 为更好地实现这一目标，希望各位读者和老师不吝赐教。

深圳职业技术学院

苏秋高

个人理财作为一项金融服务业，在 20 世纪 30 年代产生于美国，70 年代得到大发展，成为一个稳定的金融服务行业。

改革开放以来，我国经济发展取得了举世瞩目的成就，经济持续高速增长，城乡居民收入迅速提高，生活水平持续改善，家庭财富也随之持续快速增长。统计显示，我国城镇居民人均可支配收入由 1978 年的 344 元，提高到 2011 年的 21 810 元，33 年增长了 62.4 倍。截至 2012 年 9 月，我国城乡居民个人存款达到 4 078 855.92 亿元人民币，人均 30 000 多元。汇丰银行(中国)有限公司发布的《2012 中国家庭理财状况调查报告》，中国家庭的流动资产均值为 386 000 元人民币。另据西南财经大学中国家庭金融调查与研究中心 2012 年 5 月 13 日发布的全国首份《中国家庭金融调查报告》，中国家庭金融资产平均为 63 800 元。其中，城市家庭金融资产平均为 112 000 元，农村家庭金融资产平均为 31 000 元。日益增加的财富需要妥善地管理，只有这样才能使财富保值并不断增值，发挥其应有的作用，造福于家庭。但现实情况绝非如此。据前述《中国家庭金融调查报告》，在我国居民的家庭金融资产中，银行存款比例最高，为 57.75%；现金其次，占 17.93%；股票第三，占 15.45%；基金为 4.09%；银行理财产品占 2.43%。银行存款和现金等无风险资产所占比例较高。另外，在我国居民家庭的股票投资中，赢利的家庭占 22.27%，盈亏平衡的家庭占 21.82%，亏损的家庭比例高达 56.01%。高达 78% 的炒股家庭没有从股市赚到钱。从我国居民家庭财富快速增长与财富管理和运用失效的巨大反差中不难看出，他们急需理财规划。

资料显示，到 2011 年年末，我国有就业人口 7.64 亿人，其中城镇有就业人口 3.59 亿人，但全国参加城镇职工基本养老保险的参保职工仅 2.15 亿多人，只占城镇就业人口的 60.07%，在城市尚有 40% 的就业人口没有参加基本养老保险，农村就更不用说了。参加城镇基本医疗保险的人数为 4.73 亿人，只占全部就业人口的 61.88%，也还有 38% 以上的就业人口没有参加基本医疗保险。至 2011 年年末我国有农民工近 2.53 亿人，而参加城镇基本医疗保险的农民工仅 0.46 亿人，只占农民工人数的 18.36%，有近 82% 的农民工没有参加基本医疗保险。截至 2011 年年末参加失业保险的人数为 1.43 亿人，参加工伤保险的人数为 1.77 亿人，分别只占就业人口的 18.73% 和 23.15%。其中参加工伤保险的农民工为 0.68 亿人，只占农民工人数的 27.05%，尚有 73% 的农民工没有参加工伤保险。而我国农民工绝大多数处于生产第一线，从事的是最脏、最苦、最累以及高空、井下最危险的工作，但是连最起码的工伤保险都没有。另据前述《中国家庭金融调查报告》，中国居民中有 44.2% 的人无任何形式的养老保障，仅有 54.8% 的人有养老保障。退休后的养老金收入总体月平均为 753.95 元，城市月平均为 1 557.67 元，农村月平均为 188.67 元。有强制措施的基本养老保险和基本医疗保险都是这种状况，没有强制措施的商业保险等其他方面是一个什么样的状况可想而知。从这方面看，中国家庭更需要理财规划为家庭生活保驾护航。

个人理财规划从 20 世纪 90 年代开始在我国兴起，众多金融机构纷纷推出个人理财业务。越来越多的人日益认识到理财规划对家庭的重要性，社会对理财规划的需要日益扩大，与此同时，对理财规划人才的需求越来越多，要求越来越高。正是基于这种社会和市场需要，我们才编写了这本教材。

本书有以下特点：

（1）本书体系的逻辑结构。从理财规划的实际需要出发，以提高学生的综合素质、培养学生的理财规划能力为宗旨，对本书的体系结构进行一体化设计。每一部分都是紧紧围绕理财规划这个中心或这条主线展开的，都是理财规划这个整体的有机组成部分。

（2）内容的安排和表述力求直观、简洁。用易于理解和掌握的方式安排和表述每一项内容，使之形象生动、深入浅出、通俗易懂。

（3）十分注重实际理财规划操作能力的训练和培养。在多年的理财规划教学中，始终贯彻理财规划"从我做起，从现在做起"的理念。学习理财规划的过程就是理财规划的过程，理财规划的过程就是学习理财规划的过程。学生学习理财规划的过程同时也是为自己和家庭进行理财规划的过程，并在这个过程中不断锻炼和提高自己。因而，本书在每一个项目中都有大量的练习和实训项目供学生进行练习和实训，以不断提高他们的理财规划能力。

本书在编写过程中参考和借鉴了国内外同类的书籍、文献和报刊资料，在此向有关作者表示衷心感谢。

清华大学出版社职业教育分社的老师们为本书的出版付出了辛勤的劳动，借此机会向老师们表示最诚挚的谢意。同时衷心感谢深圳职业技术学院各级领导和同仁对本书的出版所给予的支持和帮助。

由于作者水平有限，书中不足之处在所难免，敬请广大读者批评指正，谢谢！

闫定军

1016188678@qq.com

2013 年 1 月

CONTENTS

录目

理财规划的基础工作

1. 熟悉理财规划的内容，掌握理财规划的流程。
2. 理解货币时间价值的概念、产生原因和表现形式。
3. 理解终值、现值和年金及其相互关系。
4. 掌握终值、现值和年金的计算与运用。
5. 掌握理财目标评价方法。

案例

资料如表 1-1 和表 1-2 所示。

表 1-1　美国有理财规划和无理财规划家庭财务差异　　　　　　　　%

家庭类型 生活感受	低收入家庭		中等收入家庭		中上收入家庭	
	有理财规划	无理财规划	有理财规划	无理财规划	有理财规划	无理财规划
生活安逸	15	7	21	20	40	38
管钱有方	85	68	88	79	88	83
理财有道	28	12	28	22	38	28
不欠卡债	28	14	38	20	39	38
投资有钱	6	<1	14	5	29	11
能攒下钱	14	9	34	13	54	24
应急不愁	15	5	26	12	28	20

表 1-2　美国不同收入家庭有全面理财规划和无全面理财规划财务差异　　　　%

家庭类型 家庭财务	低收入家庭		中等收入家庭		中上收入家庭	
	有全面理财规划	无理财规划	有全面理财规划	无理财规划	有全面理财规划	无理财规划
有 10 个月应急钱	30	5	33	17	40	20
有退休积蓄	70	31	81	77	94	88
可攒下收入的 10%	21	10	22	27	57	39
有 10 万美元以上的投资	13	<1	20	7	37	19
不拖欠信用卡债务	41	16	46	26	45	36

从表 1-1 和表 1-2 可以清楚地看出，在美国，有理财规划的家庭在生活安逸、管钱有方、理财有道、不欠卡债、投资有钱、能攒下钱和应急不愁方面都明显好于没有理财规划的家庭，而且有全面理财规划的家庭在有 10 个月应急钱、有退休积蓄、可攒下收入的 10％、有 10 万美元以上的投资和不拖欠信用卡债务方面又明显好于没有全面理财规划的家庭。由此可知，理财规划对改善家庭财务状况确实能够起到积极的正面作用。对个人或家庭来说，要进行理财规划，首先应该了解理财规划的基础工作。

任务 1.1　理财规划的内容和流程

1.1.1　理财规划的内容

个人理财作为一项金融服务业，在 20 世纪 30 年代产生于美国，70 年代得到大发展，成为一个稳定的金融服务行业。

1. 理财规划的概念

个人理财，又称为理财规划、理财策划和个人财务策划等，是一种金融服务，是指由专业的理财人员分析客户的生活、财务状况，帮助客户制定出合理的理财方案，使客户更好地规避风险和获得利润。

2005 年中国银行业监督管理委员会颁布的《商业银行个人理财业务管理暂行办法》中指出："个人理财业务，是指商业银行为个人客户提供的财务分析、财务规划、投资顾问、资产管理等专业化服务活动。"

"商业银行个人理财业务按照管理运作方式不同，分为理财顾问服务和综合理财服务。

理财顾问服务，是指商业银行向客户提供的财务分析与规划、投资建议、个人投资产品推介等专业化服务。

在理财顾问服务活动中，客户根据商业银行提供的理财顾问服务管理和运用资金，并承担由此产生的收益和风险。

综合理财服务，是指商业银行在向客户提供理财顾问服务的基础上，接受客户的委托和授权，按照与客户事先约定的投资计划和方式进行投资和资产管理的业务活动。

在综合理财服务活动中，客户授权银行代表客户按照合同约定的投资方向和方式，进行投资和资产管理，投资收益与风险由客户或客户与银行按照约定方式承担。"[1]

美国理财师资格鉴定委员会称个人理财是"制定合理利用财务资源实现个人人生目标的程序"。而国际理财协会则将个人理财定义为："理财策划是理财师通过收集整理顾客的收入、资产、负债等数据，倾听顾客的希望、要求、目标等，在专家的协助下为顾客进行

---

[1] 《商业银行个人理财业务管理暂行办法》中国银行业监督管理委员会令［2005 年］第 2 号，2005 年 9 月 24 日。

储蓄策划、投资策划、保险策划、税收策划、财产事业继承策划、经营策略等生活设计方案，并为顾客进行具体的实施提供合理的建议。"

改革开放以来，随着我国经济的快速增长，城乡居民收入稳步提高，家庭财产随之增加，对个人理财服务的需求日益增长。从 20 世纪 90 年代开始，我国部分金融机构逐步推出个人理财业务。目前，在我国开展个人理财业务的有商业银行、证券公司、保险公司、信托公司等银行和非银行金融机构。

国际上，一般将商业银行的个人理财业务理解为："由专业理财人员通过明确个人客户的财务目标，分析客户的生活及其财务现状，进而帮助客户制定出可以实现财务目标的方案或建议的一种综合金融服务。"由此看出，商业银行等金融机构提供的个人理财服务是具有不同层次的、有很强针对性的个性化的全方位的综合理财金融服务。

按照国际惯例，商业银行将个人理财市场细分为四种类型。

第一类：大众银行(mass banking)。低端个人理财业务市场，主要是为个人金融资产在 10 万美元以下的客户提供个人理财服务。

第二类：富裕的银行(affluent banking)。中端个人理财业务市场，主要是为个人金融资产在 10 万美元以上 100 万美元以下的客户提供个人理财服务。

第三类：私人银行(private banking)。高端个人理财业务市场，主要是由专职金融理财师或财产管理顾问为个人金融资产在 100 万美元以上的富有阶层，提供一对一的、量身定做的高度个性化的财产投资和管理服务。服务范围涉及资产管理、收藏、拍卖、信托、投资、纳税及遗产安排等诸多方面。

第四类：家庭办公室(family office)。顶端个人理财业务市场，主要是由具有很强专属性的一组业内顶级水平的财富管理团队专门为个人或家庭金融资产在 1.5 亿美元以上的极少数超级富豪提供全面的家族资产管理金融服务。家庭办公室个人理财业务有很好的连续性，与客户的业务合作关系比较固定，往往能延续几代人。

2. 理财规划的内容

个人理财规划是理财规划师针对客户的理财目标，通过分析客户的财务状况，帮助客户制定出合理的理财规划方案，实现生活目标的一个过程。其内容主要有个人或家庭财务管理、个人投资规划、个人住房规划、个人教育规划、个人保险规划、个人退休规划、个人纳税规划和个人遗产规划等。以下就这些方面进行简要介绍。

1) 个人或家庭财务管理

个人或家庭财务管理既是理财规划最基础的工作，又是理财规划最基本的内容。个人或家庭财务管理主要是收集客户一定时期内收入和支出的项目和金额，并加以整理，在此基础上编制客户个人或家庭的现金流量表；收集客户一定时点资产和负债的项目和金额，并加以整理，在此基础上编制客户个人或家庭的资产负债表；通过分析客户的现金流量表和资产负债表、分析客户的财务状况，找出客户财务状况中存在的问题，并提出解决这些问题的意见和建议。

2) 个人投资规划

个人投资规划主要是理财规划师帮助客户制订储蓄与投资计划，通过比较分析各种投资工具的收益风险特征,客户自己的投资目标、风险承受能力和风险偏好,建立合理有效的投资资产组合和核心资产配置,获得最佳的投资效果。

3) 个人住房规划

个人住房规划是理财规划师帮助客户进行租房与购房决策,现在买房、几年后买房以及换房的规划,帮助客户计划怎样通过储蓄和投资筹集购房所需的首付款和偿还贷款本息,以及贷款成数和年限以及贷款本息偿还方式的选择。

4) 个人教育规划

个人教育规划是理财规划师帮助客户进行子女教育金筹集的规划。这样规划主要是通过分析了解客户对其子女的教育目标和目前的年龄、当前的教育费用,在考虑未来一定时期内通货膨胀因素的前提下,估算客户为其子女达成教育目标所需的费用,进而计算客户为达成既定的教育目标的教育金缺口,以及怎样通过储蓄和投资弥补教育金的缺口。

5) 个人保险规划

个人保险规划是理财规划师帮助客户分析客户个人或家庭人身和财产可能遭遇的各种风险及其影响或危害,分析客户保险需求,帮助客户选择合适的保险品种、期限及保险金额,选择合适的保险公司进行投保,以避免风险发生时给个人或家庭生活带来冲击,系统考虑如何管理风险,让个人及家庭尽可能获得最大的安全保障,从而提高客户的生活质量。

6) 个人退休规划

个人退休规划是理财规划师帮助客户在退休后享有自立、尊严、高品质的退休生活而做的财务规划。它通过分析了解客户当前的年龄、退休时间、退休后的生活水平以及预期余寿,估算退休后的支出或生活需求,并估算退休后的收入,进一步估算退休金缺口,制定退休规划,通过储蓄投资或保险筹集资金以弥补退休金缺口,满足退休后漫长生活的支出需求,做到老有所养、老有所终,既减轻子女和社会的负担,又保证自己的生活品质,抵御通货膨胀的影响,显著提高个人的净财富。

7) 个人纳税规划

个人纳税规划是理财规划师帮助客户在纳税行为发生之前,在不违反法律、法规的前提下,通过分析客户个人或家庭的生产经营或投资行业和收入状况,对涉税事项进行事先安排,以达到少缴税和递延纳税的目的。

8) 个人遗产规划

个人遗产规划是理财规划师帮助客户分析了解我国遗产税制度的内容、遗产规划的各种有效工具,计算和评估客户的遗产价值,确定遗产规划目标,制订遗产计划,高效率地管理遗产,保证今后将遗产顺利地转移到受益人的手中。

个人理财的基本目的是实现人生目标中的经济目标,同时降低人们对于未来财务状况的焦虑。个人理财的核心是根据理财者的财务状况与风险偏好来实现客户的需求与目标。

俗话说,"你不理财,财不理你"。人们可以通过个人理财规划制定合适的理财目标,制订行之有效的理财计划,最大限度地利用有限的财务资源,兼顾当前消费和长远消费、消费与储蓄、消费与投资的关系,通过建立合理的投资组合和核心资产配置,取得最大的投资回报,获得最大的生活享受。

个人理财对一个人或家庭来讲,既是相伴终生的事业,也是关系个人或家庭终身幸福的事业,来不得半点疏忽和马虎,必须孜孜以求。

1.1.2 理财规划的流程

理财规划强调标准程序,这对于个人理财规划师在严格遵循职业道德和职业操守的基础上规范执业、保证服务质量、为客户提供切实可行的综合理财计划具有十分重要的意义。

理财规划的基本程序,即理财规划业务流程,包括以下六个步骤。

1. 建立客户关系

1) 客户关系的建立

理财规划师为客户进行理财规划,要提供一个切合客户实际的高水平的理财规划,就必须充分掌握客户信息、全面了解客户的财务状况、详尽细致地分析客户的财务状况。因此,建立客户关系是理财规划师为客户进行理财规划的首要步骤。

建立客户关系有多种方式,通过与客户面谈、电话交谈、网络联系、通信联系等,都能与客户进行有效沟通,其中与客户面谈是最直接、最重要、最行之有效也是必不可少的与客户进行沟通的方式,在此基础上就能建立起良好的客户关系。基于此,下面主要就与客户面谈建立客户关系进行介绍。

俗话说,良好的开端是成功的一半。社会心理学研究证实,第一印象极其重要,具有首因效应,在总体印象形成上最初获得的信息比后来获得的信息影响更大。而且最初印象有着高度的稳定性,后继信息甚至不能使其发生根本的改变。最初印象对于后面获得的信息的解释有明显的定向作用。也就是说,人们总是以他们对某一个人的第一印象为背景框架,去理解他们后来获得的有关此人的信息。

在商务交往活动中,给刚认识的人第一印象是非常重要的,因为良好的第一印象会给对方带来好感,从而决定是否愿意深入接触。

人际交往的开端——第一印象,同样会决定一个人的交往"命运"。第一印象的好坏往往决定交往的成败,成语"先入为主"就是对第一印象所起作用的最好概括。要好好装扮自己,因为第一印象是没办法重来一次的。因而理财规划师在第一次与客户见面时应予以高度重视。

由于初次面谈极其重要,因而理财规划师应做好充分的准备。理财规划师在初次面谈之前,应就以下几个方面做好准备。

(1) 明确与客户面谈的目的,确定谈话的主要内容;

(2) 准备好所有关于自己及过去客户评价等背景资料;

(3) 选择适当的面谈时间和地点;

(4) 确认客户有无财务决定权,是否清楚自身的财务状况;

(5) 告知客户需要提供的个人资料。

理财规划师应该通过初次面谈向客户解释个人理财规划的作用、目标和风险,初步了解和判断客户的财务目标、投资偏好、风险偏好和风险承受能力以及其他有关信息。

有人说,细节决定成败。在不了解和熟悉的时候,特别是在初次见面的时候,客户主要是通过理财规划师的衣着、语言、行为和会面的地点等细节来据以判断理财规划师的形象。因此,理财规划师在与客户会面时要极其注重这些细节,根据客户的偏好来安排会面和谈话,展现自己良好的职业化形象,以提高客户的信任度和与客户合作的可能性和机会。一般来说,具有职业化形象的理财规划师容易获得客户的信任。客户都会将自己的理财规划交给具有丰富的专业经验和严格的职业操守的良好的职业化形象的理财规划师。

为了让客户切身感受到理财规划师是真正关心自己、站在自己的立场看待问题,而不是推销产品或收取佣金,在与客户会面的过程中,理财规划师应注意为客户提供一个温馨、轻松愉快的谈话氛围,倾听客户的想法,使客户有更多发表其意见的机会。

为了保证在适当的时间内获取所需要的信息,进入正式谈话环节后,理财规划师应及时将话题转到与个人理财规划有关的内容上来。理财规划师可以通过问卷调查表和直接提问等方式来获得客户的有关信息。通过适当地有针对性地直接向客户提问,既可以获得准确而全面的信息,还能增进与客户的感情,提高合作的概率。

通过初步交谈,在初步了解了客户的咨询目的、基本信息、投资偏好和财务目标并达成初步共识后,理财规划师就可以结束与客户的初次谈话了。

如果客户有意请理财规划师为其进行理财规划,理财规划师就可以让客户填写理财建议要求书,以及相关表格。

2) 理财规划师应该向客户说明的信息

本着诚信的原则,在理财规划过程中,理财规划师有义务向客户介绍有关理财的基本知识和当前的经济背景,以便客户了解理财的作用和风险。理财规划师应该向客户披露的信息主要有:理财规划师的行业经验和资格、理财规划师团队的人员组成、理财规划服务的收费标准和计算方式、理财规划后续服务和评估等。

2. 收集客户数据,分析客户理财目标或期望

1) 收集和整理客户信息资料

全面而准确的财务信息,是理财规划师了解和分析客户的财务状况、确定合理的财务目标,进而提出切实可行的理财方案所不可缺少的条件。因而,理财规划师在收集信息的过程中应该使客户明白准确、可靠而完整的财务信息的重要性。

理财规划师需要掌握的信息主要是客户的个人信息和宏观经济信息。

个人信息是指与存在个体相关的,并且可用于识别特定个体的信息。例如,姓名、性别、年龄、生日、个人证件号码、标志或其他记号、图像或录音以及其他相关信息(包括某些单独使用时无法识别,但能方便地与其他数据进行对照参考,并由此识别特定个体的信息)。

个人信息的种类主要有以下几类。

(1) 基本事项:姓名、性别、年龄、住所、籍贯、国籍、生日、电话号码、照片等;

(2) 健康状况：保健医疗、健康状况、病历、伤残、身体、精神的特征；

(3) 家庭生活：家庭状况、亲族关系、婚姻史等；

(4) 社会生活：职业、职历、学业、学历、资格、赏罚、成绩、扶助、兴趣、嗜好等；

(5) 资产收入：资产状况、收入状况、纳税状况、交易状况、银行卡等信息。

在理财规划中，客户的个人信息主要是指客户个人或其家庭基本情况以及收入支出、资产负债、投资等方面的信息，分为财务信息和非财务信息。

客户财务信息是指客户个人及其家庭收支状况、资产状况、投资状况与预测等方面的信息。客户财务信息是理财规划师为客户制定理财规划方案的基础和依据。客户非财务信息是指客户个人及其家庭除财务信息外其他与理财规划有关的信息。如客户的性别、年龄、投资偏好、风险承受能力方面的信息。这些信息一方面有助于理财规划师更全面准确地掌握客户的情况，同时也是理财规划师为客户制定理财规划方案不可缺少的。

获取客户个人信息的主要途径是数据调查表，通过填写数据调查表可以获得客户的大部分信息，其余信息则可以通过与客户交谈、测试问卷等方式得到。

宏观经济信息是指国家宏观经济环境方面的信息。

理财规划师提供的理财建议与客户所处的宏观经济环境有着密切的联系。一般来说，理财规划师需要掌握的宏观经济信息主要有以下几项。

(1) 宏观经济状况：就业状况、通货膨胀率、利率、景气指数、经济周期等；

(2) 宏观经济政策：国家的货币政策、财政政策等；

(3) 金融市场：货币市场、资本市场、保险市场、外汇市场、黄金市场、金融监管等；

(4) 制度安排及改革：住房、医疗、教育制度、社会保障制度、个人税收制度及其改革等。

2) 协助客户制定理财目标

合理、可行的财务目标是理财规划的指路明灯。要进行理财规划，需要理财规划师全面准确地掌握客户的具体目标和期望。因此，客户理财最关键的一步是确定客户财务目标。

理财规划师应通过多种方式和客户进行充分而有效的沟通，在此基础上，指导和帮助客户确定财务目标。理财规划师既要协助客户清楚地了解自己的需求和期望，同时又要以十分委婉的方式及时而明确地指出客户那些有欠妥当的目标，从而帮助客户制定出具体而且切实可行的目标。

客户的财务目标按实现时间的长短可以划分为短期目标、中期目标和长期目标。短期目标是指那些需要客户每年制定和修改，并在较短时期内（通常在 5 年以内）实现的目标，如日常消费、旅游、存款、购买汽车。中期目标是指制定后必要时仍可调整，通常在 6～10 年内实现的目标，如购房、子女教育。长期目标是指一经确定，就需要客户通过长时期（通常为 10 年以上）的计划和努力才能实现的目标。退休养老和遗产筹划就是最典型的长期目标。

当然，短期目标、中期目标和长期目标的划分是相对的，而非绝对的，而且目标也是可变的，是你中有我，我中有你。随着时间的推移，长期目标将会逐渐转变为中期目标，并进而转变为短期目标。表 1-3 是客户不同人生阶段的理财目标。

表 1-3　不同人生阶段的理财目标

人 生 阶 段	短 期 目 标	中长期目标
单身期	自身教育投资、建立备用金	购买住房
（参加工作至结婚）	购买汽车、旅游、储蓄	投资创业
家庭形成期	育儿计划、购买住房	子女教育投资
（结婚至小孩出生）	投资创业、购买保险	换房计划
家庭成长期	子女基础教育投资、投资计划	子女大学教育投资
（小孩出生至上大学）	购买保险、换房计划	退休养老
家庭成熟期	子女教育投资	退休养老
（子女上大学时期）	保险计划	
空巢期	退休规划	财产传承
（子女独立至自己退休）	保险计划	
养老期	固定收益投资	制定遗嘱
（退休以后）	医疗保健、财产传承	

　　为了使客户不同人生阶段的理财目标直观明了，理财规划师可以采用表格的方式来分析和制定客户的财务目标，见表 1-4。客户的目标有时可能是含混不清或者模棱两可的，这就需要理财规划师充分与客户沟通，深入而准确地了解客户的期望和目标，在此基础上对客户提出的目标加以细化并量化。一般情况下，客户的目标往往不止一个，而且目标不可能一次就完成。因此，理财规划师应将客户的所有目标按照轻重缓急进行排序，以便综合规划时统筹安排。

表 1-4　客户目标一览表

目标类型		目标描述	优先程度	开始计划时间	希望实现时间	实现成本
短期目标	1.					
	2.					
	3.					
	⋮					
中期目标	1.					
	2.					
	3.					
	⋮					
长期目标	1.					
	2.					
	3.					
	⋮					

3. 分析和评价客户的财务状况

　　通过第二阶段的工作，理财规划师掌握了客户各方面的信息，了解了客户的理财目标和期望。但是只有对客户的财务状况有全面和深入的了解，并在此基础上全面而细致地分析客户的财务状况，理财规划师才能提出具体的切实可行的理财规划方案。分析客户的财务状况包括分析客户的资产负债表、现金流量表及财务比率。其中资产负债表的分析是分析客户目前已有的资产和负债情况。现金流量表的分析是分析客户在一定时期内的收支及其结余状况。财务比率分析则是在资产负债表和现金流量表的基础上，对相关数据或项目之间的比率关系进行分析，以比率的形式反映客户的现行财务状况。在财务分析基础上，理财规划师还要根据前面所掌握的相关信息、理财目标，对客户未来一定时期内的现金收支及其结余情况做出预测，并编制未来的现金流量表。

具体而详细的分析将在项目二中介绍。

4. 整合个人理财规划策略，编制理财规划建议书

1）分析理财规划目标

通过分析客户的财务状况，理财规划师对客户的资产负债情况、收入支出以及结余情况有了深入细致的了解，对客户财务状况的层次也有了一个基本的把握和判断。因此，针对客户的财务目标，理财规划师就可以提出相应的理财规划策略来予以达成。

理财规划师在提出理财规划策略之前，首先要针对客户具体的规划和目标进行需求分析（见图1-1），如子女教育投资规划是规划子女未来教育资金的需求，保险规划要分析客户保险需求的缺口。

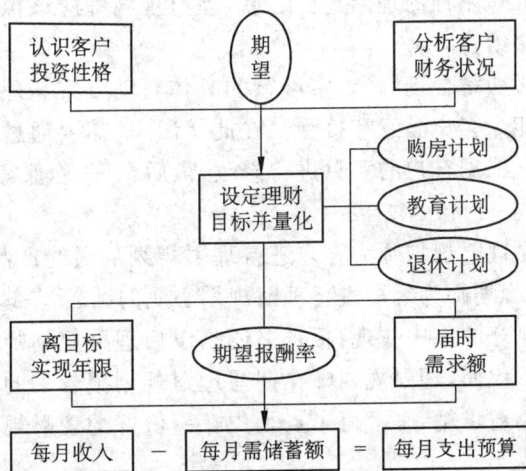

图1-1 理财目标需求分析

人生是多姿多彩的，包括结婚生子、购房购车、子女教育、退休养老等许多方面。因而，客户的财务目标不止一个，而是会有许多个。但是客户所拥有的财务资源却是极其有限的，以有限的财务资源满足多种多样的需求，不可能所有的需求都能100%得到满足，因此，必须分析客户多个目标满足的程度和怎样满足。考察客户现有的投资和未来的储蓄资源是否能够满足一生的多个目标，可以运用目标现值法、目标并进法、目标顺序法、目标基准点法等测算理财目标供需额度，以此判断客户财务目标实现的最大可能性有多大。具体内容参见本项目"任务1.6 理财目标评价方法"。

理财规划师在计算出达成各项理财目标的具体需求后，就可以着手拟订具体的理财计划。理财计划包括两大部分：一是理财建议，分析确定的理财目标及为了达到目标给出

的具体建议;二是执行方案,即实现理财计划的具体措施,包括实现时间、具体实施步骤、实现理财目标所需的各项资金的来源以及资金运用的投资选择。

理财规划的结果必须与客户的能力相匹配,当客户理财目标的实现与现状存在较大差距时,需要调整方案。当各项理财目标可以同时实现,而客户财务资源仍有剩余时,可以通过降低储蓄率、调高目标金额、缩短目标实现年限以及调降投资报酬率等方法调整理财方案。例如增加消费额、降低储蓄额、买更大的房子、提前退休、选用更保守的投资方式,或制定遗产规划,将用不完的财产留给后代。可以采用分年赠予或投保终身寿险的方式做遗产节税规划;当各项理财目标无法同时实现时,即达成理财目标的应有储蓄额远大于目前收入负担比率时,可采用以下方法进行调整:

(1) 延长目标实现年限,如将购房时间延后、延期退休。

(2) 调降目标金额,如下调购房总价、下调退休后消费水平或以国内深造代替出国留学甚至降低受教育层次。

(3) 在一定限度内增加储蓄额,提高投资报酬率。

(4) 根据理财目标的轻重缓急,舍弃最不重要的理财目标,以确保重要目标的实现。

2) 拟订理财规划报告书

将各种策略整合成一系列的理财建议之后,理财规划师应该拟订一份书面形式的个人理财规划报告书递交给客户。

理财规划报告书必须是合理的、切实可行的具体行动方案。理财规划师初次提出的综合理财建议不一定能令客户满意和接受。在此情况下,需要通过面谈的方式反复与客户进行沟通,交换意见,根据客户的意见进行修改,最后定稿,确保客户能理解和接受综合理财建议。

理财规划报告书是理财规划师为客户进行理财规划的最终产品,是进行理财规划的依据;报告书也是理财规划师为客户进行理财规划心血的结晶,是理财规划师进行理财规划的专业水平和职业操守的集中体现;报告书还是以后理财规划师协助客户进行理财规划的行动纲领和指针。因而,理财规划师在撰写理财规划报告书的过程中,要周密设计、严格认真、一丝不苟、精益求精,来不得半点马虎。一份好的理财规划报告书应达到以下三个要求。

(1) 可读性强,通俗易懂,易于客户阅读和理解

客户是理财规划报告书的最终读者。而客户来自不同的行业,其职业、年龄、性别、文化程度、兴趣爱好等各方面情况千差万别,可以说更多的是来自非金融行业。因而,理财规划师要尽量用大众化的语言,通俗易懂、深入浅出、形象生动地来写作理财规划报告书,要像天天看的报纸一样易于阅读和理解。如果报告书到处充斥着晦涩难懂的专业术语,一般客户无法阅读和理解,理财规划方案也就难于付诸行动,理财规划报告书就会成为一纸空文,理财规划就会成为纸上谈兵。因此,理财规划建议书应语言通俗流畅、言简意赅、结构合理、层次分明、思路严谨清晰、图表简洁易懂,使客户易于阅读和理解。

(2) 满足客户理财要求和目标

常言道,"顾客就是上帝"。理财规划师是应客户的需要为其进行理财规划的,因而客户就是我们的上帝,就是我们的衣食父母。满足客户的需要是我们进行理财规划的出发

点和归宿或最终目的。因而,理财规划报告书的最起码要求就是满足客户的理财要求和目标;反之,如果理财规划报告书满足不了客户的理财要求和目标,它就不是一份合格的理财规划报告书。

(3) 切实可行

客户进行理财规划的目的就是希望通过理财规划方案的实施,实现自己理财规划的目标,进而实现自己的人生目标,不断提高生活品质,最终达到终生的财务安全、自主和自由。理财规划报告书应以客户需求为导向,理财方案应思路清晰具体、有操作性、易于监控和执行。只有这样,才能实现客户的理财目标和人生目标,否则理财规划报告书就会成为空中楼阁,无任何用处。

总之,理财规划方案应该周密、详尽、细致、有计划、有对策措施和具体的行动方案。各方案在时间上、资源上要互相衔接,浑然一体。要将理财规划方案在未来的实施过程中所可能出现的各种复杂问题和情况都尽可能设想到,并且针对今后所可能出现的每一个问题、每一种情况都有应对措施和行动方案,尽量做到天衣无缝、万无一失。

3) 理财规划报告书的内容

理财规划报告书一般包括内容摘要、客户基本情况和财务目标介绍、客户财务状况分析与诊断、理财规划方案、监控计划表等内容。

(1) 内容摘要

内容摘要是报告书的浓缩,是对报告书的高度概括,是简单扼要介绍理财规划报告书的主要内容,方便客户快速了解本报告书主要内容的文字性说明。一篇好的内容摘要往往能反映理财规划报告书的内涵和精神实质,是理财规划报告书的灵魂。客户通过阅读内容摘要可以窥一斑而知全貌,了解该内容是否适合自己的需要以及反映的问题。

内容摘要的撰写要求如下:

• 抓住报告书内容的实质,概括准确;

• 实事求是,切忌吹嘘;

• 文字精练,简洁明了,字数一般以 300 字左右为宜。

(2) 客户基本情况和财务目标介绍

这部分主要是系统而全面地介绍客户的基本信息、财务状况和理财目标。

(3) 客户财务状况分析与诊断

这部分主要是分析客户的资产负债状况、收入支出状况以及财务比率,并通过分析对客户的财务状况进行诊断,做出诊断结论。

(4) 理财规划方案

这部分主要是阐述针对客户的理财目标所制定的各种理财规划方案,主要有投资规划、住房规划、教育规划、保险规划、退休规划、纳税规划和遗产规划等。

(5) 监控计划表

这部分主要是理财方案执行情况定期报告表和较大变动后个人理财计划的调整。

5. 协助客户实施理财规划方案

为客户制作理财规划书,只是理财师提供服务的第一步。当一份理财规划书最终得到客户的认可后,就进入了执行过程。在执行过程中,理财规划师还要根据市场情况的变化和客户的需要,定期对理财规划进行评估和调整。理财规划师在协助客户执行理财计划时,应坚持及时性、准确性和有效性原则。

及时性原则就是要及时落实各项行动措施,防止因各种因素的变化影响计划实施的效果。准确性原则就是理财师应该协助客户,对理财规划书中指定的产品和数量进行准确的执行。如规划书中提到的购买保险产品的种类和保险额度、投资的基金产品的品种和金额,都需要准确地执行,不能随意更改。有效性原则就是计划的执行应达到理财规划书中所预先设定的目标。理财规划的执行是一个严谨、科学的过程,综合个人财务计划要真正得到顺利执行,在执行前一定要制订一个周密、详细、具体的实施计划。这个计划应该包括规划书中所能解决的各种需求,以及解决这些需求所做的具体安排,包括时间、地点、人员、资金来源、方法、步骤。最后,理财规划师还需要列出计划实施的时间表。

执行理财计划时,理财规划师应做到:

(1) 在理财计划执行过程中,应经常积极主动地与客户进行沟通和交流,让客户亲自参与实施计划的制订和修改,以提高客户实施理财规划方案的热情和积极性。这样,理财规划方案更容易得到认真有效的执行。

(2) 执行综合理财计划应得到客户的相应授权。

(3) 做好个人理财计划的执行记录并妥善保管。

6. 监控理财规划执行进度,并定期修正理财方案

理财规划在一定程度上可以说是人的生涯规划,涉及的时间少则五六年,长则近 30 年。在这近 $1/4 \sim 1/3$ 个世纪的漫长时间里,由于时间长,加上当今世界日新月异,各种情况千变万化,因而不确定性因素数不胜数,任何宏观或微观环境的变化都会对理财计划的执行效果造成影响。环境、条件变了,理财规划方案也应与时俱进,及时进行修改和调整,否则就根本无法实现原有的理财目标。因此,理财规划师必须定期对理财计划的执行情况进行监控、检查,并就实施结果及时与客户沟通,必要时做出适当的调整和修改。

在理财计划制订和执行过程中,如果与客户发生争端,理财规划师应主动与客户进行沟通,争取问题得到妥善解决。如果双方协商后仍无法解决,则可以提交仲裁机构或申请法院裁决。一般来说,理财规划师在与客户发生纠纷时,要尽可能争取采用第一种方式解决争端,避免采用后两种解决方式。

任务 1.2 货币时间价值

在阐述货币时间价值之前,先思考一个问题:在不考虑通货膨胀的情况下,2008 年的 1 万元是否等于 2010 年的 1 万元? 哪个价值更大? 为什么?

对这个问题的回答是:根据常识,我们都知道,2008 年的 1 万元与 2010 年的 1 万元不相等,2008 年的 1 万元价值更大。究竟为什么呢? 原因就是我们下面要介绍的货币时间价值。

1.2.1　货币时间价值的概念

什么是货币的时间价值？货币时间价值也称资金的时间价值，就是货币经历一定时间的投资和再投资所增加的价值。货币时间价值的量的规定性是等于没有风险和通货膨胀率为零的情况下社会平均的资金使用回报率。

本杰明·弗兰克说，钱生钱，并且所生之钱会生出更多的钱。这就是货币时间价值的本质。

时间价值是客观存在的经济范围，任何企业的财务活动，都是在特定的时空中进行的。时间价值原理，正确地揭示了不同时点上资金之间的换算关系，是财务决策的基本依据。为此，财务人员必须了解时间价值的概念和计算方法。

货币的时间价值（time value of money）这个概念认为，目前拥有的货币比未来收到的同样金额的货币具有更大的价值，因为目前拥有的货币可以进行投资，在目前到未来这段时间里获得复利。即使没有通货膨胀的影响，只要存在投资机会，货币的现值就一定大于它的未来价值。

关于时间价值的概念，西方国家的传统说法是：即使在没有风险和通货膨胀的条件下，今天1元钱的价值也大于1年以后1元钱的价值。股东投资1元钱，就牺牲了当时使用或消费这1元钱的机会或权利，按牺牲时间计算的这种牺牲的代价或报酬，就叫时间价值。

货币的时间价值就是指当前所持有的一定量货币比未来获得的等量货币具有更高的价值。从经济学的角度而言，现在的一单位货币与未来的一单位货币的购买力之所以不同，是因为要节省现在的一单位货币不消费而改在未来消费，则在未来消费时必须有大于一单位的货币可供消费，作为弥补延迟消费的贴水。

通常情况下，货币时间价值相当于没有风险和通货膨胀情况下社会平均的利润率。在实务中，通常以国债1年的利率作为参照。货币时间价值应用贯穿于企业财务管理的方方面面：在筹资管理中，货币时间价值让我们意识到资金的获取是需要付出代价的，这个代价就是资金成本。资金成本直接关系到企业的经济效益，是筹资决策需要考虑的一个首要问题；在项目投资决策中，项目投资的长期性决定了必须考虑货币时间价值，净现值法、内涵报酬率法等都是考虑货币时间价值的投资决策方法；在证券投资管理中，收益现值法是证券估价的主要方法，同样要求考虑货币时间价值。

货币时间价值是一种客观存在的事实，根据可靠性会计信息质量的要求，以货币计量企业资金运动全过程的会计实务，充分考虑货币时间价值成为必然。

1.2.2　货币时间价值产生的原因

严格来说，货币是没有时间价值的，有时间价值的是资金。在不考虑通胀的情况下，1元钱的货币，你放在桌上1万年它也是1元钱，而资金的1元钱与明天的1元钱都是不同的。货币时间价值是货币在使用过程中，随着时间的变化发生的增值，也称资金的时间价值。在商品经济条件下，即使不存在通货膨胀，等量货币在不同时点上，其价值也是不相等的。应当说,今天的1元钱要比将来的1元钱具有更大的经济价值。

货币时间价值产生的原因主要有以下几个方面:

(1) 货币可以满足当前消费或用于投资而产生投资回报,因此货币占用具有机会成本;

(2) 通货膨胀可能造成货币贬值;

(3) 投资可能产生投资风险,需要提供风险补偿。

货币能够增值,首要的原因在于它是资本的一种形式,可以作为资本投放到企业的生产经营过程中去,经过一段时间的资本循环后会产生利润。由于货币直接或间接地参与了社会资本周转,从而获得了价值增值。所以,货币时间价值的实质就是货币周转使用后的增值额。

1.2.3　货币时间价值的形式

不同时间的资金价值不同。在进行价值大小对比时,必须将不同时间的资金折算为同一时点的价值才能进行大小比较。

货币的时间价值可用绝对数形式和相对数形式表示。

1. 绝对数形式

货币时间价值的绝对数形式即时间价值额,是资金在生产经营过程中带来的真实增值额,即一定数额的资金与时间价值率的乘积,也就是货币在经过一段时间后的增值额,具体表现为存款的利息、债券的利息和股票的股息等。

2. 相对数形式

货币时间价值的相对数形式即时间价值率,是指没有风险和没有通货膨胀条件下的社会平均资金利润率;即不同时间段货币的增值幅度,具体表现为存款利率、投资回报率等。

例如,某企业在 2005 年年初投资 20 000 000 元用于购买国债,2006 年年底收回 22 000 000 元,则该投资项目两年内的货币时间价值,从绝对数形式来看为:22 000 000 元—20 000 000元＝2 000 000 元;从相对数形式看为:20 000 000 元÷20 000 000 元×100%＝10%。

1.2.4　利率

从货币时间价值的表现形式来看,利率是计算货币时间价值的重要形式。利率(interest rate)是指在借贷期内所获得的利息额与借贷本金的比率,它是衡量利息大小的尺度。其计算公式为:

$$利率＝\frac{利息}{本金}$$

利率的形式主要有以下几种。

1. 单利和复利

按计息方式不同,利率可分为单利和复利。

1) 单利

在计算利息时,不论借贷期限的长短,仅按本金计算利息,所产生的利息不再计息。

利息计算公式:

$$I = Prn$$

本利和计算公式:

$$S = P(1 + r \times n) = P + Prn$$

式中:I 表示利息;P 表示本金;S 表示本利和;r 表示利率;n 表示期限。

2) 复利

复利是指在每经过一个计息期后,都要将所生利息加入本金,以计算下期的利息。这样,在每一个计息期,上一个计息期的利息都将成为生息的本金,即以利生利,也就是俗称的"利滚利"。复利是在计算利息时,按一定期限将上一期所产生的利息计入本金一并计算利息的方法。

复利本利和计算公式为:

$$S = P(1 + r)^n$$

利息计算公式为:

$$I = S - P$$

2. 名义利率与实际利率

名义利率,也称货币利率,是以货币为标准计算出来的利率,通常情况下,借贷合同和有价证券上载明的利率就是名义利率。实际利率,是名义利率剔除物价变动因素后的利率。

$$实际利率 = 名义利率 - 通货膨胀率$$

例如,1998 年我国银行一年期存款利率为 5.22%,同期通货膨胀率为 −1.2%。由此可知,1998 年我国银行一年期存款的名义利率为 5.22%,实际利率为 5.22% − (−1.2%) = 6.42%。

在实际生活和经营决策中,实际利率更为重要,因为它反映了资金真实的价值与报酬。

3. 年利率、月利率与日利率

按计算利息的时间长短,可以将利率分为年利率、月利率与日利率。

(1) 年利率:以年为时间单位计算利息的利率,通常用百分数表示,如 5%。

年利率与月利率、日利率之间的换算关系如下:

$$年利率 = 月利率 \times 12$$
$$= 日利率 \times 360$$

(2) 月利率:以月为时间单位计算利息的利率,通常用千分数表示,如 4‰。

月利率与年利率、日利率之间的换算关系如下：

$$月利率＝年利率÷12$$
$$＝日利率×30$$

（3）日利率：以日为时间单位计算利息的利率，通常用万分数表示，如 2‰ 。

日利率与年利率、月利率之间的换算关系如下：

$$日利率＝月利率÷30$$
$$＝年利率÷360$$

任务 1.3　终值的计算

终值(future value)又称将来值或本利和，是指现在一定量的资金在未来某一时点上的价值，或者说是用复利计息方法计算的一定金额的初始投资在未来某一时点的本利和，通常记做 F。通俗地讲，是指现在存入一笔钱，按照一定的利率计算方式，计算将来或未来能得到多少钱。

终值大小与初始投资、期限和利率同方向变化。

终值按计算利息的方式不同，可以划分为单利终值和复利终值。

1.3.1　单利终值的计算

单利终值就是用单利计息方法计算的一定金额的初始投资在未来某一时点的本利和。

单利终值的计算公式为：

$$F = P(1 + i \times n)$$

式中：F 为终值；P 为现值；i 为年利率；n 为计息期数或年数。

【例 1-1】　张先生现在存入银行 100 000 元，存期 5 年，以备 5 年后小孩上大学之用。5 年期存款利率为 4.75% 。问张先生现在存入银行的 100 000 元钱，5 年后是多少？

解析：已知 $P = 100\ 000$ 元，$i = 4.75\%$，$n = 5$，求 $F = ?$

$$F = P(1 + i \times n)$$
$$= 100\ 000 \times (1 + 4.75\% \times 5)$$
$$= 123\ 750(元)$$

1.3.2　复利终值的计算

复利终值是用复利计息方法计算的一定金额的初始投资在未来某一时点的本利和。或者说一定量的货币，按复利计算的若干期后的本利总和。

复利终值按一年内计算利息的次数，又可以划分为普通复利终值和周期性复利终值。

1. 普通复利终值

普通复利终值是用复利计息方法，但一年内只计算一次利息计算的一定金额的初始投资在未来某一时点的本利和。

普通复利终值的计算公式为：

$$F = P(1+i)^n$$

【例 1-2】 如果存款利率为 3.25%，每年计息一次，某客户存入 200 000 元，存期 4 年，问 4 年后该客户能得到多少钱？

解析：已知 $P = 200\,000$ 元，$i = 3.25\%$，$n = 4$，求 $F = ?$

$$\begin{aligned} F &= P(1+i)^n \\ &= 200\,000 \times (1+3.25\%)^4 \\ &= 227\,295.19(元) \end{aligned}$$

2. 周期性复利终值

在复利终值计算中，可以按年计算复利，也可以按半年、按季度、按月、按周和按日等不同的周期计算复利，当计息周期小于一年或一年计息次数在两次以上（包括两次）时，即为周期性复利。这样计算出来的复利终值就是周期性复利终值。

周期性复利终值的计算公式为：

$$F = P\left(1+\frac{i}{m}\right)^{mn}$$

式中：i 为市场利率；m 为一年中计算复利的次数；n 为年数。

【例 1-3】 如果某投资者现在投入 100 000 元，年利率为 6%，每半年计息一次，问 5 年后该投资者可以得到多少钱？

解析：已知 $P = 100\,000$ 元，$i = 6\%$，$n = 5$，$m = 2$，求 $F = ?$

$$\begin{aligned} F &= P\left(1+\frac{i}{m}\right)^{mn} \\ &= 100\,000 \times \left(1+\frac{6\%}{2}\right)^{2\times5} \\ &= 134\,391.64(元) \end{aligned}$$

3. 实际年利率

实际年利率（effective annual interest rate，EAR）也称为有效年利率，是指能带给投资者相同回报的年收益率。在按照给定的计息期利率和每年复利次数计算利息时，能够产生相同结果的每年复利一次的年利率被称为有效年利率，或者称为等价年利率。

【例 1-4】 依例 1-3，如果每年只计息一次，要使投资者得到与年利率为 6%，每半年计息一次相同的回报，则年利率应为多少？

解析：已知 $P = 100\,000$ 元，$F = 134\,391.64$ 元，$n = 5$，求 $i = ?$

由 $F = P(1+i)^n$，得 $i = \sqrt[n]{\dfrac{F}{P}} - 1$

$$\begin{aligned} i &= \sqrt[5]{\frac{134\,391.64}{100\,000}} - 1 \\ &= 6.09\% \end{aligned}$$

由以上计算结果可知,如果年利率为 6.09%,一年只计息一次,也能获得与年利率为 6%,一年计息两次相同的回报。

这样的话,本来的年利率一般就叫名义年利率,例如例 1-3 中的年利率 6%。由于一年计息两次以上(包括两次),这样就造成一个结果,即实际的年利率不再是 6%,而是要比 6% 高一些,那么这个比名义年利率高一些的实际的年利率,即例 1-4 中的 6.09%,就叫做实际年利率或有效年利率。名义年利率与实际年利率不是名义利率和实际利率。它们之间的关系是:如果一年只计息一次,名义年利率就是有效年利率或实际年利率,两者相等。如果一年计息两次以上(包括两次),有效年利率或实际年利率就会高于名义年利率。

有效年利率的计算公式为:

$$EAR = \left(1 + \frac{i}{m}\right)^m - 1$$

式中:EAR 为有效年利率;i 为名义年利率;m 为一年内计息的次数。

【例 1-5】　如果年利率为 6%,每半年计息一次,问有效年利率是多少?

解析:已知 $i = 6\%$,$m = 2$,求 EAR = ?

$$EAR = \left(1 + \frac{i}{m}\right)^m - 1$$
$$= \left(1 + \frac{6\%}{2}\right)^2 - 1$$
$$= 6.09\%$$

任务 1.4　现值的计算

现值(present value)是指将来的一笔收付款折算为现在的价值,也就是一笔资金按规定的折现率折算成现在或指定起始日期的数值。

现值具有可加性,一组现金流总的现值即等于单笔资金的现值的总和。

现值与终值一样,也可以划分为单利现值和复利现值。

1.4.1　单利现值的计算

在单利计息的情况下,将未来的一笔收付款折算成现在或指定起始日所得到的价值就是单利现值。单利现值的计算公式为:

$$P = \frac{F}{1 + i \times n}$$

【例 1-6】　张先生打算存入一笔钱,以备 5 年后小孩上大学之用。如果上大学的费用需 80 000 元,年利率为 5%(单利),问张先生应存入多少钱才够小孩上大学的费用?

解析:已知 $F = 80\,000$ 元,$i = 5\%$,$n = 5$,求 $P = ?$

$$P = \frac{F}{1 + i \times n}$$

$$= \frac{80\ 000}{1 + 5\% \times 5}$$

$$= 64\ 000\ (\text{元})$$

1.4.2 复利现值的计算

由于复利有普通复利和周期性复利之分,与复利终值一样,复利现值也有普通复利现值和周期性复利现值。

1. 普通复利现值的计算

普通复利现值,是指在普通复利计息的情况下,将未来的一笔收付款折算成现在或指定起始日所得到的价值。普通复利现值的计算公式为:

$$P = \frac{F}{(1+i)^n}$$

【例 1-7】 某客户计划现在存入一笔钱准备 4 年后买车,估计 4 年后买一辆车需用 300 000 元,如果年利率为 5%,每年计息一次,问客户需存入多少钱才够 4 年后买车之用?

解析:已知 $F = 300\ 000$ 元,$i = 5\%$,$n = 4$,求 $P = ?$

$$P = \frac{F}{(1+i)^n}$$

$$= \frac{300\ 000}{(1+5\%)^4}$$

$$= 246\ 810.74\ (\text{元})$$

2. 周期性复利现值的计算

周期性复利现值,是指在周期性复利计息的情况下,将未来的一笔收付款折算成现在或指定起始日所得到的价值。周期性复利现值的计算公式为:

$$P = \frac{F}{\left(1 + \dfrac{i}{m}\right)^{mn}}$$

【例 1-8】 某投资者计划现在存入一笔钱准备 8 年后买房,估计 8 年后买一套商品房需用 1 000 000 元,如果名义年利率为 8%,每季计息一次,问投资者需存入多少钱才够 8 年后买房之用?

解析:已知 $F = 1\ 000\ 000$ 元,$i = 8\%$,$n = 8$,$m = 4$,求 $P = ?$

$$P = \frac{F}{\left(1 + \dfrac{i}{m}\right)^{mn}}$$

$$= \frac{1\ 000\ 000}{\left(1 + \dfrac{8\%}{4}\right)^{4 \times 8}}$$

$$= 530\ 633.30\ (\text{元})$$

3. 终值与现值的关系

终值与现值是与复利、单利相关联的概念,互为倒数关系,现值是终值的逆运算。终值、现值与利率和期限的关系可概括如下:

(1) 终值一定时,现值与利率和期限成反比。终值一定时,期限越长,贴现率或利率越高,现值越小;反之,期限越短,贴现率或利率越低,现值越大。

(2) 现值一定时,终值与利率和期限成正比。现值一定时,期限越长,贴现率或利率越高,终值越大;反之,期限越短,贴现率或利率越低,终值越小。

任务 1.5　年金的计算

1.5.1　年金概述

【例 1-9】 王先生 30 岁,投保了人寿保险,每年交保费 20 000 元,连续交 20 年。在他 55 岁开始每年领取养老金 25 000 元,直至去世。

【例 1-10】 陈太太办理了住房按揭贷款,每月供款 4 000 元,连续 20 年。

1. 年金的概念

年金(annual worth)是定期或不定期的时间内一系列的现金流入或流出,或者说年金就是一定时期内每次等额收付的系列款项。简而言之,年金是指等额、定期的系列收支。

在年金这一问题中,要搞清楚年金额、年金期间和年金时期三个概念。年金额是指每次发生收支的金额。年金期间是指相邻两次年金额的间隔时间,年金时期是指整个年金收支的持续期,一般有若干个期间。

年金在理财中有广泛运用,最常见的是以年和月为时间间隔进行收支。分期付款赊购、分期偿还贷款、发放养老金、支付租金和提取折旧等都是年金的具体表现形式。

在例 1-9 中,王先生每年交保费 20 000 元,55 岁后每年领取养老金 25 000 元,都是年金。而在例 1-10 中,陈太太每月供款 4 000 元也是年金。

2. 年金的分类

年金按其每次收付款项发生的时点不同,可以分为普通年金(后付年金)、即付年金(先付年金,预付年金)、递延年金(延期年金)、永续年金等类型。

1) 普通年金

普通年金是指从第一期起,在一定时期内每期期末等额收付的系列款项,又称为后付年金、期末年金。

2) 即付年金

即付年金是指从第一期起,在一定时期内每期期初等额收付的系列款项,又称先付年金、期初年金、预付年金。即付年金与普通年金的区别仅在于付款时间的不同。期初付款的是即付年金,期末付款的是普通年金。

3）递延年金

递延年金是指第一次收付款发生时间与第一期无关,而是隔若干期(m)后才开始发生的系列等额收付款项。它是普通年金的特殊形式。

4）永续年金

永续年金是指无限期等额收付的特种年金。它是普通年金的特殊形式,即期限趋于无穷的普通年金。

1.5.2 普通年金的计算

年金的计算可分为年金终值的计算和年金现值的计算。不同类型的年金,年金的计算也不同。

1. 普通年金终值的计算

普通年金又称后付年金或期末年金,是指各期期末收付的年金。偿债基金就是普通年金的一种表现形式,它是为使年金终值达到既定金额,每年应支付的年金数额。

普通年金终值是指一定时期内,每期期末等额收入或支出的年金的本利和。也就是将每一期的金额按复利换算到最后一期期末的终值,然后加总,就是该年金终值。

例如,假设每年年末存款 1 元,年利率为 10%,经过 5 年,年金终值的计算如图 1-2 所示。

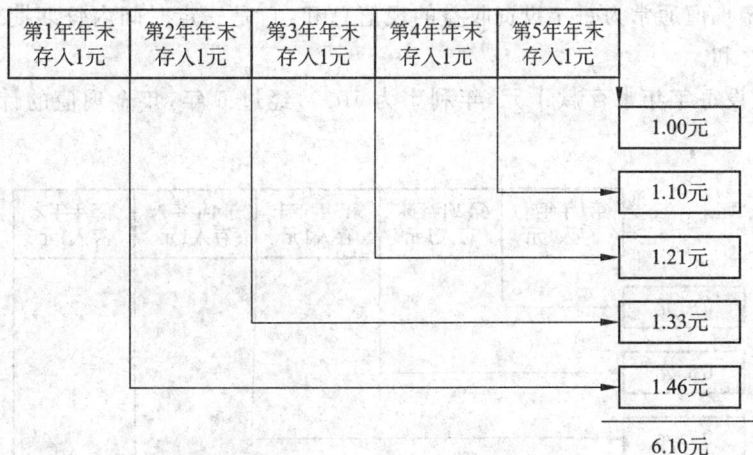

第1年年末 存入1元	第2年年末 存入1元	第3年年末 存入1元	第4年年末 存入1元	第5年年末 存入1元

1.00元
1.10元
1.21元
1.33元
1.46元
6.10元

图 1-2 普通年金终值的计算

各年或各期期末年金的终值见表 1-5。

表 1-5 各年或各期普通年金终值

第 1 年年末到期末	第 2 年年末到期末	……	第 $(n-1)$ 年年末到期末	第 n 年年末到期末
$A(1+i)^{n-1}$	$A(1+i)^{n-2}$	…	$A(1+i)$	A

$$期末年金终值＝各年期末年金终值总和$$

$$= A(1+i)^{n-1} + A(1+i)^{n-2} + \cdots + A(1+i) + A$$

计算可得期末年金终值公式为：

$$F = A\frac{(1+i)^n - 1}{i}$$

式中：F 为期末年金终值；A 为期末年金；$\dfrac{(1+i)^n - 1}{i}$ 为期末年金终值系数。

由以上公式，可以推导已知终值，求期末年金的公式，即：

$$A = F\frac{i}{(1+i)^n - 1}$$

【例 1-11】 高先生的小孩正在上初一。现在夫妇俩打算为 6 年后小孩上大学准备教育金。在利率为 2.2% 的情况下，如果高先生每年年末存入 20 000 元，试问 6 年后高先生能为小孩上大学准备多少钱？

解析：已知期末年金求期末年金终值。即 $A = 20\,000$ 元，$i = 2.2\%$，$n = 6$，求 $F = ?$

$$F = A\frac{(1+i)^n - 1}{i}$$

$$= 20\,000 \times \frac{(1+2.2\%)^6 - 1}{2.2\%}$$

$$= 126\,796.82(元)$$

2. 普通年金现值的计算

普通年金现值通常为每年投资收益的现值总和，它是一定时间内每期期末收付款项的复利现值之和。

例如，假设每年年末存款 1 元，年利率为 10%，经过 5 年，年金现值的计算如图 1-3 所示。

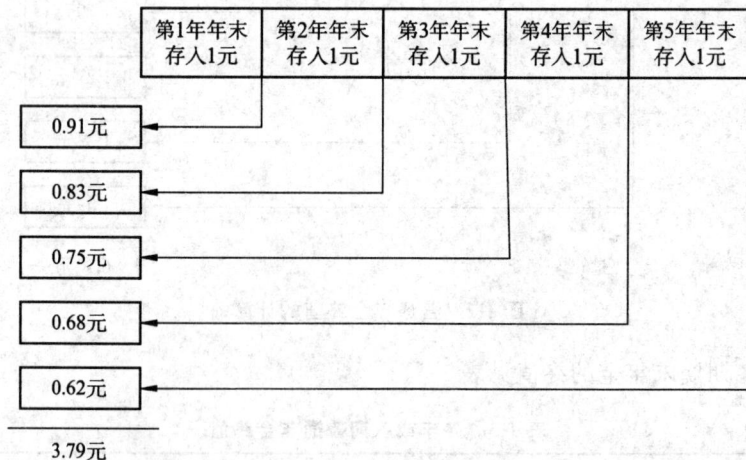

图 1-3 普通年金现值的计算

各年或各期期末年金的现值见表 1-6。

表 1-6   各年或各期普通年金现值

第 1 年年末到期初	第 2 年年末到期初	……	第 $(n-1)$ 年年末到期初	第 n 年年末到期初
$A(1+i)$	$A(1+i)^2$	…	$A(1+i)^{n-1}$	$A(1+i)^n$

期末年金现值＝各年期末年金现值总和
$$= A(1+i) + A(1+i)^2 + \cdots + A(1+i)^n$$

计算可得期末年金现值计算公式为：

$$P = A\frac{(1+i)^n - 1}{i(1+i)^n}$$

式中：P 为期末年金现值；A 为期末年金；$\dfrac{(1+i)^n - 1}{i(1+i)^n}$ 为期末年金现值系数。

由以上公式，也可以推导出已知现值，求期末年金的公式，即：

$$A = P\frac{i(1+i)^n}{(1+i)^n - 1}$$

【例 1-12】   高先生的小孩正在上初一。现在夫妇俩打算为 6 年后小孩上大学准备教育金。在利率为 2.2% 的前提下，高先生每年年末存入 20 000 元，问这笔钱的现值是多少钱？

解析：已知期末年金求期末年金现值。即 $A = 20\,000$ 元，$i = 2.2\%$，$n = 6$，求 $P = ?$

$$P = A\frac{(1+i)^n - 1}{i(1+i)^n}$$
$$= 20\,000 \times \frac{(1+2.2\%)^6 - 1}{2.2\% \times (1+2.2\%)^6}$$
$$= 111\,276.38(元)$$

1.5.3   期初年金的计算

期初年金又称先付年金、预付年金，是指在每期期初支付的年金。

1. 期初年金终值的计算

期初年金的终值就是各年或各期期初年金终值的总和。各年或各期期初年金的终值见表 1-7。

表 1-7   各年或各期期初年金终值

第 1 年年初到期末	第 2 年年初到期末	……	第 $(n-1)$ 年年初到期末	第 n 年年初到期末
$A(1+i)^n$	$A(1+i)^{n-1}$	…	$A(1+i)^2$	$A(1+i)$

期初年金终值＝各年期初年金终值总和
$$= A(1+i)^n + A(1+i)^{n-1} + \cdots + A(1+i)^2 + A(1+i)$$
计算可得期初年金终值公式为：

$$F = A\frac{(1+i)[(1+i)^n - 1]}{i}$$

式中：$\dfrac{(1+i)\left[(1+i)^n-1\right]}{i}$ 为期初年金本利和系数。

由以上公式，也可以推导出已知终值，求期初年金的公式，即：

$$A = F\dfrac{i}{(1+i)\left[(1+i)^n-1\right]}$$

【例 1-13】 某人从 2000 年到 2005 年，每年年初在银行存款 10 000 元，在年利率为 3.5% 的情况下，该人在 2005 年年末能从银行取到多少钱？

解析：已知期初年金求期初年金终值，即 $A = 10\ 000$ 元，$i = 3.5\%$，$n = 6$，求 $F = ?$

$$
\begin{aligned}
F &= A\dfrac{(1+i)\left[(1+i)^n-1\right]}{i}\\
&= 10\ 000 \times \dfrac{(1+3.5\%)\times\left[(1+3.5\%)^6-1\right]}{3.5\%}\\
&= 67\ 794.08(元)
\end{aligned}
$$

2. 期初年金现值的计算

期初年金现值就是各年或各期期初年金现值的总和。各年或各期期初年金的现值如表 1-8 所示。

表 1-8　各年或各期期初年金现值

第 1 年年初到期初	第 2 年年初到期初	……	第 $(n-1)$ 年年初到期初	第 n 年年初到期初
A	$\dfrac{A}{(1+i)}$	…	$\dfrac{A}{(1+i)^{n-2}}$	$\dfrac{A}{(1+i)^{n-1}}$

期初年金现值＝各年期初年金现值总和

$$= A + \dfrac{A}{(1+i)} + \cdots + \dfrac{A}{(1+i)^{n-2}} + \dfrac{A}{(1+i)^{n-1}}$$

计算可得期初年金现值计算公式为：

$$P = A\dfrac{(1+i)^n-1}{i(1+i)^{n-1}}$$

式中：$\dfrac{(1+i)^n-1}{i(1+i)^{n-1}}$ 为期初年金现值系数。

由以上公式，也可以推导出已知现值，求期初年金的公式，即：

$$A = P\dfrac{i(1+i)^{n-1}}{(1+i)^n-1}$$

【例 1-14】 某人从 2000—2005 年每年年初在银行存款 10 000 元，在年利率为 3.5% 的情况下，该人所存款项的现值是多少？

解析：已知期初年金求期初年金现值，即 $A = 10\ 000$ 元，$i = 3.5\%$，$n = 6$，求 $P = ?$

$$
\begin{aligned}
P &= A\dfrac{(1+i)^n-1}{i(1+i)^{n-1}}\\
&= 10\ 000 \times \dfrac{(1+3.5\%)^6-1}{3.5\% \times (1+3.5\%)^{6-1}}\\
&= 55\ 150.52(元)
\end{aligned}
$$

1.5.4 递延年金的计算

递延年金是指第一次年金发生在 m 年(或期)以后的 n 次年金。递延年金按发生时间可分为期末递延年金和期初递延年金。

在 m 年(或期)后的每年年末发生的等额年金为期末递延年金,在 m 年(或期)后的每年年初发生的等额年金为期初递延年金。

1. 递延年金终值的计算

递延年金终值的计算可分为期初递延年金终值的计算和期末递延年金终值的计算。由于递延年金是第一次年金发生在 m 年(或期)以后的 n 次年金,也就是在前面的第一个时间段 m 年或期内没有发生年金流,有年金流的是发生在第二个时间段里,而且年金流的次数是 n 次,这与期初年金和期末年金的情况正好相同,因而递延年金终值的计算与期初年金终值的计算和期末年金终值的计算相同。具体来说,期末递延年金终值的计算与期末年金终值的计算相同,也就是说,期末年金终值的计算公式就是期末递延年金终值的计算公式。同理,期初年金终值的计算公式就是期初递延年金终值的计算公式。因前面已介绍,在此不再赘述。

2. 递延年金现值的计算

递延年金现值计算的原理与递延年金终值相同,但具体计算公式则略有不同,有两种计算方法。

第一种方法:假定递延年金两个时间段里都有年金流,并计算其年金的现值,然后计算第一时间段 m 期年金的现值,再用整个时间段年金的现值减去第一时间段 m 期年金的现值。其计算公式如下。

期初递延年金现值:

$$P = A\frac{(1+i)^{m+n}-1}{i(1+i)^{m+n-1}} - A\frac{(1+i)^m-1}{i(1+i)^{m-1}}$$

同理,期末递延年金现值:

$$P = A\frac{(1+i)^{m+n}-1}{i(1+i)^{m+n}} - A\frac{(1+i)^m-1}{i(1+i)^m}$$

第二种方法:先计算第二时间段 n 期内的年金现值,但是由于这样计算的现值只折现到第二时间段的期初,而我们所需要的现值是折现到第一时间段的期初,因而必须将折现到第二时间段的期初的现值当做终值,然后再将其折现到第一时间段的期初,也就是折现两次。计算公式如下。

期初递延年金现值:

$$P = A\frac{(1+i)^n-1}{i(1+i)^{n-1}(1+i)^m}$$

简化公式可得

$$P = A \frac{(1+i)^n - 1}{i(1+i)^{m+n-1}}$$

由以上公式,也可以推导出已知现值,求期初递延年金的公式,即:

$$A = P \frac{i(1+i)^{m+n-1}}{(1+i)^n - 1}$$

期末递延年金现值:

$$P = A \frac{(1+i)^n - 1}{i(1+i)^n (1+i)^m}$$

简化公式可得

$$P = A \frac{(1+i)^n - 1}{i(1+i)^{m+n}}$$

由以上公式,也可以推导出已知现值,求期末递延年金的公式,即:

$$A = P \frac{i(1+i)^{m+n}}{(1+i)^n - 1}$$

【例 1-15】　秦先生从银行贷款 200 000 元购买住房,贷款合同要求从贷款第 7 个月月底等额偿还贷款,贷款期限 10 年,如果贷款利率为 6%,试计算每月应还款多少?

解析:这是一个期末递延年金的案例,已知现值求期末递延年金,即 $P = 200\,000$ 元,$i = \frac{6\%}{12} = 0.5\%, n = 120 - 6 = 114, m = 6$,求 $A = ?$

$$
\begin{aligned}
A &= P \frac{i(1+i)^{m+n}}{(1+i)^n - 1} \\
&= 200\,000 \times \frac{0.5\% \times (1+0.5\%)^{6+114}}{(1+0.5\%)^{114} - 1} \\
&= 2\,376 \text{(元)}
\end{aligned}
$$

1.5.5　永续年金的计算

永续年金是指年金的期数永久持续时,无限期定额支付的年金,如存本取息。由于永续年金的期数是永久持续的,或者说是无限期的,因而,永续年金的终值是发散的,没有终值。永续年金的现值,即每期年金数额除以贴现率。计算公式为:

$$P = \frac{A}{i}$$

由以上公式,可以推导出已知永续年金现值,求年金的公式:

$$A = P \times i$$

【例 1-16】　2008 年 5 月 5 日李嘉诚基金会拨款 1 000 000 元设立"汕头大学杰出新生奖学金",在投资回报率为 9% 的情况下,该奖学金管委会每年可拿出多少钱来奖励杰出新生?

解析:已知现值求永续年金,即 $P = 1\,000\,000$ 元,$i = 9\%$,求 $A = ?$

$$
\begin{aligned}
A &= P \times i = 1\,000\,000 \times 9\% \\
&= 90\,000 \text{(元)}
\end{aligned}
$$

任务 1.6　理财目标评价方法

1.6.1　目标现值法

目标现值法的具体做法是,以现在的时间作为基准点,将所有的理财目标都折算为现值,然后进行加总,得出总目标需求现值;同理,将所有的财务资源都折算为现值,然后将这些现值加总,得出总资源供给现值。最后比较总资源供给现值和总目标需求现值的大小。如果总资源供给现值大于或等于总目标需求现值,则说明资源供给大于或等于目标需求,理财目标能够顺利实现;反之,如果总目标需求现值大于总资源供给现值,则意味着目标需求大于资源供给,理财目标难以全部按时实现。

【例 1-17】　徐女士打算 4 年内准备购房资金总价 1 000 000 元,8 年内准备子女教育金 270 000 元,15 年内准备退休金 2 000 000 元,她的投资报酬率约 8%,现有资产 400 000元,她应有多少年储蓄?如果她的年收入 200 000 元,年支出 70 000 元,理财目标的供需缺口是多少?

解析:

购房资金现值＝1 000 000×$(P/F,8\%,4)$＝735 000(元)

子女教育金现值＝270 000×$(P/F,8\%,8)$＝145 900(元)

退休金现值＝2 000 000×$(P/F,8\%,15)$＝630 500(元)

15 年支出现值＝70 000×$(P/A,8\%,15)$＝647 100(元)

15 年收入现值＝200 000×$(P/A,8\%,15)$＝1 711 900(元)

总需求现值＝735 000＋145 900＋630 500＋647 100＝2 158 500(元)

总供给现值＝1 711 900＋400 000＝2 111 900(元)

总供给现值＜总需求现值

由于总供给现值小于总需求现值,客户要想实现所有理财目标就必须增加收入,减少支出,或提高投资报酬率。

1.6.2　目标并进法

在财务目标的重要性和紧迫性都相同,实在无法取舍的情况下,可以运用目标并进法进行计算。即用各目标还原现值后占目标总额的比率来分配现有投资及未来的储蓄资源。

目标并进法是将所有目标的现值加总,再将所有的资金供给现值加总,然后根据各理财目标现值占所有理财目标总需求现值的比率来分配现有资源,不足的部分由以后的储蓄额进行补充。简单地说,理财目标并进法就是当有几个理财目标(如购房、子女教育、退休)时,同时为所有理财目标投入资源。因同时为各理财目标配置储蓄,因此早期所需储蓄偏高。目标并进法是一种最保守又能兼顾所有理财目标的方式。

【例 1-18】　依例 1-17,徐女士打算 4 年内准备购房资金总价 1 000 000 元,8 年内准备子女教育金 270 000 元,15 年内准备退休金 2 000 000 元,她的投资报酬率约 8%,现有资产 400 000 元,她应有多少年储蓄?如果她的年收入 200 000 元,年支出 70 000 元,理财目标的供需缺口是多少?

若想以目标并进法完成任务,各阶段需储蓄多少元?

解析:

购房资金现值＝1 000 000×(P/F,8%,4)＝735 000(元)

子女教育金现值＝270 000×(P/F,8%,8)＝145 900(元)

退休金现值＝2 000 000×(P/F,8%,15)＝630 500(元)

理财目标总需求＝735 000＋145 900＋630 500＝1 511 400(元)

$$\frac{购房现值}{理财目标总需求}=\frac{735\ 000}{1\ 511\ 400}\times100\%=48.63\%$$

$$\frac{教育金现值}{理财目标总需求}=\frac{145\ 900}{1\ 511\ 400}\times100\%=9.65\%$$

$$\frac{退休金现值}{理财目标总需求}=\frac{630\ 500}{1\ 511\ 400}\times100\%=41.72\%$$

400 000 元资产的分配:

购房资金＝400 000×48.63%＝194 520(元)

子女教育金＝400 000×9.65%＝38 600(元)

退休资金＝400 000×41.72%＝166 880(元)

客户未来储蓄分配:

购房资金＝(735 000－194 520)×(A/P,8%,4)＝163 200(元)

子女教育金＝(145 900－38 600)×(A/P,8%,8)＝18 700(元)

退休金＝(630 500－166 880)×(A/P,8%,15)＝54 200(元)

所以,客户所有目标同时进行,则

前 4 年每年需储蓄＝163 200＋18 700＋54 200＝236 100(元)

5～8 年每年需储蓄＝18 700＋54 200＝72 900(元)

9～15 年每年需储蓄＝54 200(元)

从以上计算结果可以看出,前 4 年每年需储蓄 236 100 元,5～8 年每年需要的储蓄额为 72 900 元,9～15 年每年需要的储蓄额仅为 54 200 元。前 4 年的储蓄压力太大,而后面 11 年又过于轻松,负担不均。因此,在这种情况下,可以采用目标顺序法来达成财务目标,即先实现最紧迫的理财目标,然后再来策划时间较长的其他目标。

1.6.3 目标顺序法

对于重要性虽然相同,而实现时间不同的目标,如果前期压力过大,可以采用目标顺序法,即先实现最紧迫的理财目标,再考虑策划时间较长的其他目标。

目标顺序法是顺次将各目标进行资金需求与资金供求的折现值进行比较判断,先完成目标一,再完成目标二等,每个目标都要判断一次。目标顺序法的好处是每一个阶段理财目标清晰。

【例 1-19】 仍以例 1-17 例,如果徐女士采用目标顺序法完成理财目标,各阶段所需储蓄多少万元?

解析:

前 4 年准备购房资金,每年需储蓄:

$$(735\ 000-400\ 000)\times(A/P,8\%,4)=101\ 100(元)$$

5~8年准备子女教育金,每年需储蓄:
$$270\,000×(A/F,8\%,4)=59\,900(元)$$
9~15年准备退休金,每年需储蓄:
$$2\,000\,000×(A/F,8\%,7)=224\,100(元)$$

1.6.4 目标基准点法

当只有一个理财目标需要规划时,可以运用目标基准点法进行计算。目标基准点法是理财规划师处理客户单个理财目标时常用的规划方法。

目标基准点法是先将理财目标实现或开始实现的时点作为基准点。基准点之前通过累积资产来实现理财目标,是用现值或年金来求复利终值或年金终值。基准点之后,可以看做先借贷一笔资金来实现理财目标,以后分期偿还,是用终值或年金来求复利现值或年金现值。目标基准点法的关键是找出目标基准点,目标基准点往往是该目标开始持续支付现金流量的时间点。一般来说,购房规划的基准点是购房当年,子女教育金规划的基准点是子女18岁上大学当年,退休规划的基准点是客户退休当年。

【例1-20】 依例1-17,徐女士打算4年内准备购房资金总价1 000 000元,她的投资报酬率约为8%,现有资产400 000元,她应有多少年储蓄?如果她的年收入200 000元,年支出70 000元,理财目标的供需缺口是多少?

解析:

现有资产400 000元4年后的终值:$400\,000×(F/P,8\%,4)=544\,200(元)$

每年需储蓄: $(1\,000\,000-544\,200)×(A/F,8\%,4)=101\,200(元)$

从计算结果可以看出,徐女士要在4年内准备购房资金1 000 000元,除了现有资产400 000元以外,今后4年每年需储蓄101 200元。她的年收入200 000元,年支出70 000元,结余130 000元,用于年储蓄101 200元绰绰有余。因而,徐女士理财目标的供需没有缺口。

理财絮语

家庭理财常见的四大误区

误区一:理财是有钱人的事情

这是普通民众理财最大的误区,也是他们与财富可能擦肩而过的最大原因。所谓"你不理财,财不理你"。财富不会主动跑到你家里来任你支配,相反,财富的最大特点却是非常典型的"嫌贫爱富",这就是财富累积过程中的所谓"马太效应"。其实,对于穷人来说,理财的紧迫性与必要性较之富人更加迫切。毕竟对于有钱人来说,即使不理财,这一辈子基本上也不愁吃,不愁穿。既不需要为子女上不起好学校而发愁,也不需要为买不起房子而发愁,更不需要为养老、医疗等对普通民众来说是头等大事的事情而犯愁。但对于普通民众,上面的哪一样落到头上都是一件愁白头的事情。俗话说"吃不穷,穿不穷,没有划算一世穷",其实说的就是理财的重要性。对于穷人来说,通过理财让手中那一点点余钱能够在将来急需的时候发挥其最大作用是其最现实的选择了。

误区二：理财＝投资

说到理财，普通民众的第一反应往往就是投资，更有甚者说，就是买股票。不错，理财离不开投资，但是理财绝对不是投资那么简单，理财更不只是拿钱去买股票。其实，不要把自己的余钱都拿去买股票。

对于理财，第一是要把自己所有的收入与支出做一个详细的记录与规划，然后看看一段时间后可以有多少钱剩下来，比如说一个月，或者一年。然后再把这些剩下来的钱按照轻重缓急做个计划，比如留下多少做应急之用，这部分钱最好是以银行活期存款或者债券的方式放着；只有那些较长时期，至少一年以上不需要用的钱，才可以拿来进行股票投资，而且初次股票投资的金额在自己的财产之中占比绝对不能太高，而且最好以指数基金为佳，此外，企业债券、国债、可转债等都是较为可靠稳妥的选择。

误区三：理财随大流

很多普通民众没有一个整体的规划，而是喜欢随大流，看股市行情火爆了，周围的亲朋好友都在谈论股票，某人炒股赚了多少，某人昨天买的股票今天就涨了多少。于是，自己也决定去炒股。殊不知这种情况下贸然进入股市往往都是接了"最后一棒"。别人炒股我也炒股，别人炒房我也炒房，别人做什么，我也跟着做什么，这是"羊群效应"。

对于理财，我们一定不能盲从别人，毕竟每个人的情况不同，每个家庭的境况也不一样，怎么可以大家都做同样的事情呢？适合他人的事情就一定适合你吗？非也。

对于理财，应该根据自己的特长、喜好，以及自己所处的人生阶段合理地做规划才有可能取得良好的成效。一个人的一生都可以分为很多不同的阶段，在每一个不同的阶段，我们的收入、支出、风险承受能力都不一样，理财目标也就不一样，自然理财的侧重点也就不可能相同了。

一般说来，年纪较轻的时候，我们可以进行一些风险相对较高的投资，或者在我们的理财产品中，那些风险高同时收益也可能高的投资项目可以占投资理财的比重高一些。比如说股票投资、期货投资，甚至期权投资等皆是如此；而随着年纪的增长，则需要慢慢地开始以稳健为主了。对应于高风险、中风险、低风险的投资组合，我们在年轻的时候（比如30岁以前），其比重可以是50%、30%和20%；而到了50岁以上，这一比例就一定要倒过来了；至于中间，我们可以根据各人的喜好，以及财产能力自己做些调整。但是，总的原则是高风险的要逐步降低，而低风险的要逐步提高。此外，个人的投资能力与投资水平也是决定这一比例的重要因素。

误区四：追求广而全的投资组合

对于投资，有很多很有价值的俗语，比如"不要把鸡蛋放在同一篮子里"就是流传最为广泛的一条，很多入门的，甚至是那些投资已经很久的投资者都把这一句话牢记在心，可以说是烂熟于心。不过，其结果却是走到了另外一个极端，往往是一个"鸡蛋"就放在一个"篮子"，最后因为"篮子"太多而照顾不过来。有一个人，10万元都不到的资金，竟然买了40多只股票，很多股票都只有区区100股的最低买进量。如此一来，他所能买的股票数量越来越有限，而且即使他买到了一只大牛股，而且很荣幸意外地守住了。可是，由于只有区区 100 股,对自己总市值起不到什么提升的作用。

要知道,分散投资本身没有错,但是分散投资绝对不是让你闭着眼睛每样都买一点点,那样的话,分散是分散了,可是你投资理财的目的也迷失了。而且如果你的"篮子"过多的话,照看起来也会非常麻烦,你正常的投资追踪就困难了,每天草草地看一遍都困难,哪里还能够做详细的分析? 分析不到位,投资收益自然也就会下降了。

以上家庭理财的四大误区可以说绝大多数的家庭都或多或少地存在着,而解决的方法也因人而异,不可一律。总之还是我们反复强调过的一句话:适合自己的就是最好的。但是,前提是你首先得找到那个适合你的才行。

重点概括

本项目的内容结构如图 1-4 所示。

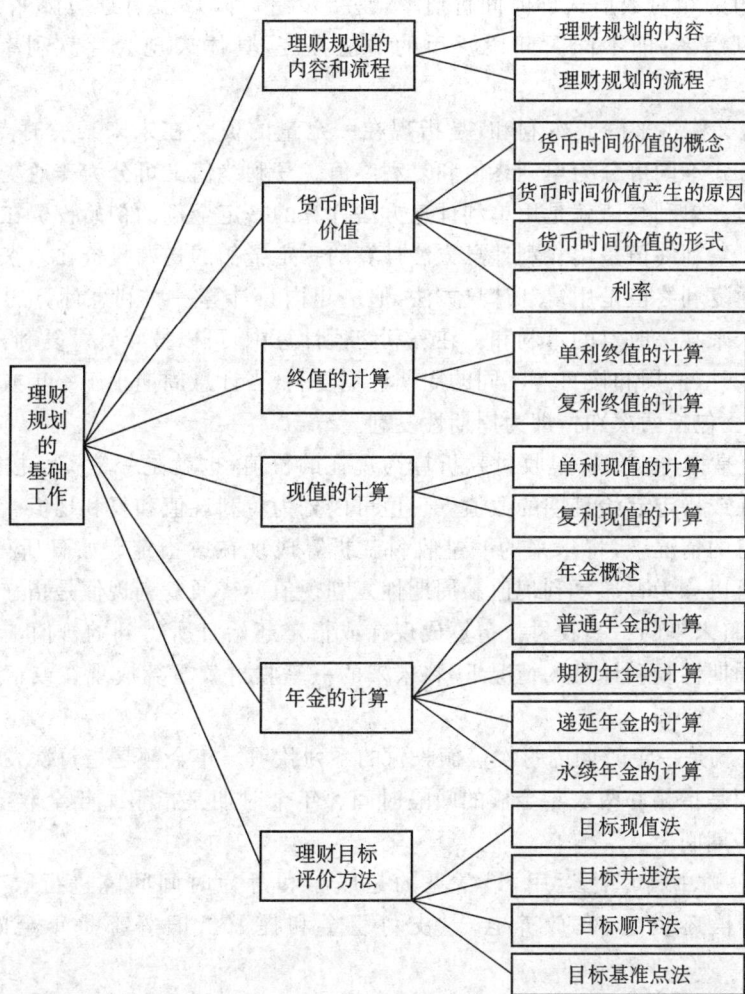

图 1-4　项目一的内容结构

(1) 个人理财,又称为理财规划、理财策划和个人财务策划等,是一种金融服务,是指由专业的理财人员分析客户的生活、财务状况,帮助客户制订出合理的理财方案,使客户更好地规避风险和获得利润。

(2) 个人理财的内容:家庭财务管理、个人投资规划、个人住房规划、个人教育规划、个保险规划、个人退休规划、个人纳税规划和个人遗产规划。

(3) 个人理财的流程:建立客户关系;收集客户数据,分析客户理财目标或期望;分析和评价客户的财务状况;整合个人理财规划策略,编制理财规划建议书;协助客户实施理财规划方案;监控理财规划执行进度,并定期修正理财方案。

(4) 货币时间价值的实质是货币周转使用后的增值额。货币的时间价值可用绝对数形式和相对数形式表示。货币时间价值的绝对数形式即时间价值额,是资金在生产经营过程中带来的真实增值额,即一定数额的资金与时间价值率的乘积,也就是货币在经过一段时间后的增值额,具体表现为存款的利息、债券的利息和股票的股息等。货币时间价值的相对数形式即时间价值率,是指没有风险和没有通货膨胀条件下的社会平均资金利润率;即不同时间段货币的增值幅度,具体表现为存款利率、投资回报率等。

(5) 终值又称将来值或本利和,是指现在一定量的资金在未来某一时点上的价值。终值按计息方式不同可分为单利终值和复利终值。复利终值又可分为普通复利终值和周期性复利终值。单利终值就是用单利计算方法计算的一定金额的初始投资在未来某一时点的本利和。复利终值是用复利计息方法计算的一定金额的初始投资在未来某一时点的本利和。普通复利终值是用复利计息方法,但一年内只计算一次利息计算的一定金额的初始投资在未来某一时点的本利和。在复利终值计算中,可以按年计算复利,也可以按半年、按季度、按月、按周和按日等不同的周期计算复利,当计息周期小于一年或一年计息次数在两次以上(包括两次)时,即为周期性复利。

(6) 现值是指将来的一笔收付款折算为现在的价值,也就是一笔资金按规定的折现率折算成现在或指定起始日期的数值。现值可以分为单利现值和复利现值。单利现值是指在单利计息的情况下,将未来的一笔收付款折算成现在或指定起始日所得到的价值。复利现值也可以分为普通复利现值和周期性复利现值。普通复利现值是指在普通复利计息的情况下,将未来的一笔收付款折算成现在或指定起始日所得到的价值。周期性复利现值是指在周期性复利计息的情况下,将未来的一笔收付款折算成现在或指定起始日所得到的价值。

(7) 年金就是一定时期内每次等额收付的系列款项。年金额是指每次发生收支的金额。年金期间是指相邻两次年金额的间隔时间。年金时期是指整个年金收支的持续期,一般有若干个期间。

年金在理财中有广泛运用,最常见的是以年和月为时间间隔进行收支。分期付款赊购、分期偿还贷款、发放养老金、支付租金和提取折旧等都是年金的具体表现形式。

年金按其每次收付款项发生的时点不同,可以分为普通年金(后付年金)、即付年金(先付年金、预付年金)、递延年金(延期年金)、永续年金等类型。

普通年金是指从第一期起,在一定时期内每期期末等额收付的系列款项,又称为后付年金、期末年金。

即付年金是指从第一期起,在一定时期内每期期初等额收付的系列款项,又称先付年金、期初年金、预付年金。即付年金与普通年金的区别仅在于付款时间的不同。期初付款的是即付年金,期末付款的是普通年金。

递延年金是指第一次收付款发生时间与第一期无关,而是隔若干期(m)后才开始发生的系列等额收付款项,它是普通年金的特殊形式。递延年金按发生时间,可分为期末递延年金和期初递延年金。

在 m 年(或期)后的每年年末发生的等额年金为期末递延年金,在 m 年(或期)后的每年年初发生的等额年金为期初递延年金。

永续年金是指无限期等额收付的特种年金。它是普通年金的特殊形式,即期限趋于无穷的普通年金。

年金的计算可分为年金终值的计算和年金现值的计算。

普通年金终值是指一定时期内,每期期末等额收入或支出的年金的本利和,也就是将每一期的金额按复利换算到最后一期期末的终值,然后加总,就是该年金终值。

普通年金现值通常为每年投资收益的现值总和,它是一定时间内每期期末收付款项的复利现值之和。

期初年金的终值就是各年或各期期初年金终值的总和。

期初年金现值就是各年或各期期初年金现值的总和。

递延年金终值的计算可分为期初递延年金终值的计算和期末递延年金终值的计算。期初递延年金终值的计算与期初年金终值的计算相同,期末递延年金终值的计算与期末年金终值的计算相同。

递延年金现值的计算有两种方法:一是假定递延年金两个时间段里都有年金流,并计算其年金的现值,然后计算第一时间段 m 期年金的现值,再用整个时间段年金的现值减去第一时间段 m 期年金的现值。二是先计算第二时间段 n 期内的年金现值,但是由于这样计算的现值只折现到第二时间段的期初,而我们所需要的现值是折现到第一时间段的期初,因而必须将折现到第二时间段的期初的现值当做终值,然后再将其折现到第一时间段的期初,也就是折现两次。

永续年金是指年金的期数永久持续时,无限期定额支付的年金,如存本取息。由于永续年金的期数是永久持续的,或者说是无限期的,因而永续年金的终值是发散的,没有终值。永续年金的现值,即每期年金数额除以贴现率。

实训项目

1. 计算终值、现值和年金。
2. 模拟理财规划流程并撰写理财规划报告书。

思考练习

单项选择题

1. 没有终值的年金是（   ）。
   A. 递延年金   B. 期末年金   C. 期初年金   D. 永续年金

2. 手机月租费属于（   ）。
   A. 普通年金   B. 预付年金   C. 递延年金   D. 永续年金

3. 商品房按揭贷款的月供一般属于（   ）。
   A. 期末年金   B. 先付年金   C. 递延年金   D. 永续年金

4. 某投资者想购买一处房产，卖主提出的一种付款方案为：从第 6 年开始，每年年底支付 20 万元，连续支付 12 次，共支付 240 万元。在这一案例中，m 和 n 分别为（   ）。
   A. m 为 6，n 为 6   B. m 为 5，n 为 6
   C. m 为 6，n 为 12   D. m 为 5，n 为 12

5. 货币经历一定时间的投资和再投资所增加的价值为（   ）。
   A. 货币的机会成本   B. 货币的边际成本
   C. 货币的边际利润   D. 货币的时间价值

多项选择题

1. 理财目标评价方法有（   ）。
   A. 目标基准点法   B. 目标现值法
   C. 目标顺序法   D. 目标并进法

2. 以下属于年金收付形式的有（   ）。
   A. 分期偿还贷款   B. 支付房租
   C. 提取折旧   D. 购买股票分批建仓

3. 理财规划的主要内容有（   ）。
   A. 投资规划   B. 退休规划   C. 土地规划   D. 住房规划

4. 年金可以分为（   ）。
   A. 普通年金   B. 递延年金   C. 期初年金   D. 永续年金

5. 终值可以有（   ）。
   A. 单利终值   B. 复利终值
   C. 年金终值   D. 周期性复利终值

判断题

1. 期末递延年金终值的计算与普通年金终值的计算相同。   （   ）
2. 现值一定时，终值与利率和期限成正比。   （   ）
3. 一般情况下，年金必然小于现值。   （   ）
4. 个人理财最早产生于 20 世纪 30 年代的英国。   （   ）

5. 目标现值法是理财规划师处理客户单个理财目标时常用的规划方法。　　（　　）

简答题

1. 简述理财规划的内容。
2. 简述理财规划的流程。
3. 简述终值、现值与年金之间的相互关系。
4. 简述理财目标评价方法。

计算题

1. 某人有 15 000 元,拟投入报酬率为 7% 的投资,6 年后能得到多少钱?

2. 某投资者现在存入年利率为 4.75%,每年计算一次利息的存款 300 000 元,存期 5 年,问 5 年后该投资者能得到多少钱?

3. 如果名义年利率为 7%,一年计息 3 次,则有效年利率是多少?

4. 某投资者存入一笔年利率为 5%,每季计息一次的存款 150 000 元,问 4 年后该投资者可得到多少钱?

5. 已知住房按揭贷款终值为 2 000 000 元,贷款期限为 20 年,贷款年利率为 7.05%,业主每月供款 2 次,问该业主向银行贷了多少款?

6. 已知某车主汽车分期付款终值为 45 万元,分期付款期为 5 年,贷款年利率为 7%,每 2 个月付款一次,问该车主向银行贷了多少款?

7. 某人出国三年,其所住房屋须交管理费,每年年末支付,每年 6 000 元,设银行存款利率为 3.25%,他应当现在在银行存入多少钱?

8. 阿华是一个赛车迷,目标是 8 年后拥有一部奔驰赛车。假设车价为 900 000 元,阿华的投资报酬率 9% 维持不变。作为他的理财师,你建议阿华每年年末应投入多少钱?

9. 设周女士从银行贷款 700 000 元,贷款利率为 6%,期限 15 年,每年年末等额偿还多少钱?

10. 某人将其所拥有的房屋出租,每年年初收到租金 60 000 元,共出租 5 年,若利率为 5%,问 5 年后这笔租金价值多少?

11. 设某投资者每年年初在银行存款 6 000 元,存款利率为 3.25%,到第 12 年年末可以得到累积金额多少?

12. “李嘉诚捐助学术奖学金”只提供给中国内地和中国香港就读于新加坡大学、成绩优秀的本科全日制留学生,每年 40 名,每人 40 000 新币。在年投资回报率为 8% 的情况下,李嘉诚先生需要捐赠多少钱才能设立这一奖学金?

13. “李光潜奖学金”每年有 50 名学生获得者,每人 5 000 新币津贴、3 000 新币的笔记本电脑购买补助费、500 新币购书费。在年投资回报率为 7% 的情况下,需要多少钱才能设立这一奖学金?

14. 2002 年 5 月 21 日,为帮助家庭经济困难的普通高校学生顺利完成学业,财政部和教育部在京宣布:2002 年起我国将设立国家奖学金,每年在全国范围内定额发放给 50 000 名优秀在校大学生,每人 8 000 元,如果投资回报率为 4%,设立这一奖学金需要投入多少钱?

个人或家庭财务管理

1. 了解个人财务管理的特点和基本原则。
2. 熟悉个人资产负债表和现金流量表的内容与结构。
3. 能编制个人资产负债表和现金流量表。
4. 能分析和诊断客户财务状况。
5. 能编制家庭收支预算。

案例

郑先生今年 45 岁,在一家企业做高层管理,月薪 30 000 元,年终奖约 200 000 元。妻子 42 岁,在一家企业做中层管理,月薪 10 000 元,年终奖约 40 000 元。各自购买了足够的社保补充医疗保险及商业保险的重大疾病险。每月花销约 26 000 元(包括养车、房贷、生活费、置装费、旅游费、应酬费等),每月剩下的钱都各自存为活期,没有其他的具体安排。

家庭财产如下:两人共 10 套房产,其中 3 套为双方父母和自己居住,市场价共约 13 000 000 元。在郊外风景区有套度假小公寓,市场价约 600 000 元。投资性房产 5 套,月租金共 10 300 元,以上均无按揭。前几年购了一套 160 平方米大户型,目前市面价约 1 400 000 元,贷款 500 000 元,20 年按揭每月约 2 900 元,每月公积金提取约 1 600 元。

金融资产如下:2010 年投入 110 万元炒股,现在市值约 650 000 元,基金市值约 90 000 元,一年期定期存款 450 000 元,3 年期信托 550 000 元,年利率约 8%。有 2 辆车,"丁克"家庭,以后也不打算要小孩,郑先生和妻子都想再工作 10 年就退休。希望退休后有足够质量的生活,每年能有 2 个月时间在外地旅游,能够保持目前的生活水平。

以上为郑先生家庭的收入支出情况和资产负债情况。试编制郑先生家庭的资产负债表和现金流量表,并对郑先生家庭的财务状况进行分析和诊断。

任务 2.1 个人或家庭财务管理的基本原则

2.1.1 个人或家庭财务管理的特点

个人或家庭财务管理非常类似于企业的财务管理、会计工作,个人理财规划就是借用企业会计和财务管理领域已经发展比较完善的方法和技术对个人或家庭的财务进行计划和管理。简单地说,家庭财务管理就是套用企业会计和财务管理的原理和方法对个人或家庭的资产、负债、收入、支出、消费和投资等财务活动进行计划和管理。那么,家庭财务报表的编制与分析就是金融理财中非常重要的基本技能。学习理财,首先要学会阅读简单的财务报表。资产负债表能帮助你了解你有多少财可理,有多少债还没有还;收支表能帮助你做好收支管理,记录每天、每月的收支,钱从哪里来,又到哪里去了,定期检查你是否有不必要的开支等。但是,企业是从事生产、流通、服务等经济活动,以生产或服务满足社会需要,实行自主经营、独立核算、依法设立的一种营利性的经济组织。企业是以营利为目的的,追求企业利润最大化。而家庭可以说是社会的细胞,它是由婚姻、血缘和领养关系所构成的最基本的社会组织形式或者由以上这些所组成的社会生活的基本单位。它的活动尽管有经济活动,但不全是经济活动,它不是以营利为目的的,它是个体的人生存和发展的一个载体或依托。由于企业和家庭有这些不同,因而,个人或家庭财务管理与企业财务管理相比,有以下区别。

1. 目的不同,信息不必公开

家庭财务管理的目的不同于企业财务管理,家庭财务信息不必公开。制作个人或家庭财务报表的目的是更好地进行家庭财务管理,这些信息一般情况下都不需要对外公开;而企业财务管理的目标是更好地进行企业财务管理,企业财务信息要对外公开。

2. 记账方式不同

家庭财务管理与企业财务管理采用的记账方式不同。家庭财务管理一般采用收付实现制进行记账,有现金流入流出时才记账;而企业财务管理采用权责发生制进行记账。

3. 会计严格程度不同

由于家庭记不记账,记得好不好,只会对家庭理财产生一些影响,不会影响他人的利益,而且家庭经济实力有限,不可能也没必要在记账上花费过多的人力、物力和财力。因而,家庭财务管理无须严格的会计制度,不受准则和制度约束。但是企业会计核算是否全面、准确、完整直接影响到企业的成本利润,影响到多方面的利益关系,所以必须遵循严格的会计制度,采用统一的会计科目和会计分录进行记账核算,以维护各方面的利益。

4. 不要求计提资产减值准备

为了审慎地计量企业资产,保证企业财务资料的真实性,会计的审慎性原则要求企业在进行会计核算和财务管理过程中,对各个资产项目计提减值准备。如对库存商品、原材料计提存货跌价准备,对企业拥有的房屋、建筑物、机器设备计提固定资产减值准备,对应收账款与其他应收款计提坏账准备,对长期投资计提长期投资减值准备等。而对家庭财务管理来说,家庭资产基本上都是消费性资产,目的是更好地满足家庭成员的消费需要,资产品种少、价值小，一般情况下，不计提资产减值准备，不会对家庭生活甚至理财产生什么不利影响，而计提资产减值准备，不仅不会为家庭生活和理财带来多大好处，反而增添不少麻烦，空耗人力、物力和财力，得不偿失。因而，在家庭财务管理中没有必要计提资产减值准备。

5. 不必计提折旧

企业的生产经营活动是周而复始地进行的，生产经营过程中消耗的各种物资要得到补偿，生产经营活动才能继续进行，因而，对固定资产的损耗要通过计提折旧进行补偿。而家庭的资产基本上是消费性资产，用完了重新购买，没必要计提折旧。即使是投资性资产，既没有必要也不可能计提折旧。

6. 不进行收入支出的资本化

由于企业是以营利为目的的，因而企业的生产经营活动从价值方面来看都是表现为资本或资金的运动，企业的供、产、销在价值上就表现为资本的循环和周转。企业的收入和支出都是资本的运动，是资本运动的表现形式，因而要进行收入支出的资本化。而家庭是以婚姻、血缘和领养关系等所组成的社会生活的基本单位，是作为个体的人生存和发展的依托或平台，不是经济组织，更不是以营利为目的。家庭的收入支出不是资本的表现和运动形式，是以满足生活需要而进行的。即使有时人们把花在子女身上的教育费用叫做教育投资，也与一般含义上的投资不同。教育投资的目的不是营利，而是有着多重目的，最根本的是为了子女将来生活过得更好，有一个更好的人生。姑且不论恐怕没有人算过投入多少、收回多少、赚了多少，要算的话，父母投入的时间、精力、心血、那种可怜天下父母心的拳拳之心是无法用金钱来衡量的，所以既没有必要，也算不清。因而，在家庭财务管理中，不进行收入支出的资本化。即使教育投资也视为生活开支，但不计增加的人力资本，购买住房支出不摊销到未来。

2.1.2　个人或家庭财务管理的基本原则

企业财务管理有它必须遵循的原则，家庭财务管理也有一定的原则，主要有以下几个原则。

1. 借贷相等原则

"有借必有贷，借贷必相等"是会计核算的基本原则。个人或家庭会计的会计科目大致可设置为资产、负债、净资产、收入和支出。会计分录的左边是借方，右边是贷方。遵循"有借必有贷，借贷必相等"的会计核算基本原则。资产和支出的增加记在借方，负债、净资产和收入的增加记在贷方。如发工资奖金直接存入银行，一方面是资产——银行存款增加，记入借方；另一方面是收入增加，记入贷方。又如，用银行存款购买汽车，则一方面是资产——自用资产汽车增加，记入借方；另一方面是资产——银行存款减少，记入贷方。借贷双方反映的内容如表2-1所示。

表 2-1　借贷双方反映的内容

会计科目	借　方	贷　方
资产	增加	减少
负债	减少	增加
净资产	减少	增加
收入	减少	增加
支出	增加	减少

2. 收付实现制原则

收付实现制又称现金制,是以收入带来的现金"收到"时间和由费用导致的现金"付出"时间为准,确认收入和费用的一种会计核算基础。有现金流入和流出时才记账,没有现金流入和流出时就不记账。为简便起见,家庭收支流量大多采用收付实现制进行记账,区别于企业的权责发生制。

3. 成本价值与市场价值双度量原则

在家庭财务管理中,存在着大量的非现金资产的记账问题。非现金资产的成本价值以购入时所支付的现金额来计算,而在每个记账基准日计算资产价值时则以结算时点资产的市场价格计算。

4. 流量与存量相对应原则

在家庭财务管理中,家庭资产负债表反映的是某一时点家庭资产和负债的静止量,因而资产负债表中的各个项目是存量的概念。而家庭现金流量表反映的是一定时期内收入和支出的数量金额,因而家庭现金流量表中的各个项目都是流量的概念。

资产和负债是存量的概念,显示的是某个结算时点资产和负债的状况。结算时点就是结算基准日,资产和负债通常以月末、季末或年末作为结算基准日。

收入和支出是流量的概念,显示的是一定时期内收入和支出的变动情况。资产负债表以月末、季末和年末作为基准日,与此相对应,收入和支出流量的计算也就以一个月、一个季度和一年为时间单位进行计算。

流量和存量密切相关,流量来自于存量,又归于存量。存量是流量变化的结果,流量决定存量,存量的结构决定流量的结构。存量和流量之间的关系可用公式表示:

$$期初存量＋本期流入量－本期流出＝期末存量$$

任务 2.2　个人或家庭资产负债表的编制与分析

2.2.1　个人或家庭资产负债表的内容

个人或家庭资产负债表反映某一时点上的个人资产总额与结构、个人负债总额与结构,是分析个人财务状况的必需资料。

个人或家庭资产负债表的内容如表 2-2 所示。

表 2-2　个人或家庭资产负债表

序号	资 产 科 目	金额	序号	负 债 科 目	金额
	自用性资产			流动负债	
1	自用住宅		1	信用卡透支	
2	家具、家电等家居用品		2	应付电话费	
3	汽车		3	应付水电气费	
4	衣物		4	应付租金	
5	运动器材		5	应付保费	
6	其他自用资产		6	应付所得税	
7	珠宝		7	当月应付长期贷款	
8	度假房产或别墅		8	其他流动负债	
9	有价值的收藏品			流动负债小计	
10	其他奢侈资产			长期负债	
	自用资产小计		9	房屋按揭贷款	
	流动性资产			9.1 商业性住房贷款	
11	现金			9.2　住房公积金贷款	
12	活期存款			9.3　商用房贷款	
	流动性资产小计		10	汽车贷款	
	投资性资产		11	装修、家具、家居用品贷款	
13	定期存款		12	大额耐用消费品贷款	
14	其他短期投资		13	医疗消费贷款	
15	债券		14	旅游贷款	
16	股票		15	其他长期消费信贷	
17	基金		16	投资贷款	
18	信托和理财产品		17	教育贷款	
19	金融衍生产品			17.1　国家助学贷款	
20	管理性或商业性投资			17.2　商业性助学贷款	
21	不动产投资（如投资性房产）		18	租赁费用	
22	贵金属或宝石		19	其他长期负债	
23	储蓄型保险及投资联结保险现金价值			长期负债小计	
24	养老金或寿险保单现金价值				
25	其他金融资产				
	投资性资产小计				
	资产总计			负债总计	
				净资产	
				负债与净资产总计	

1. 个人或家庭资产

俗话说,"麻雀虽小,五脏俱全"。为了满足家庭衣食住行各方面的需要,家庭的资产可谓五花八门、种类繁多,无法一一详细列出。从有利于家庭财务管理的角度,将其归纳为自用性资产、流动性资产和投资性资产三大类。

1) 自用性资产

家庭的自用性资产是家庭日常生活中衣食住行经常要用到的资产,大多以实物形式存在,包括房屋、汽车、家具、家电、衣物、珠宝首饰以及各种装饰品等。这些资产的主要功能是满足家庭当前日常生活需要,是实现家庭生活目标的基础和前提。这些资产不仅不会给家庭带来收入,而且它们的使用还会不断消耗家庭的资源。如房屋要维修,汽车要加油、买保险等,家用电器的使用要耗电等。另外,家庭的自用性资产也不容易变现,贬值快。对家庭来说,自用性资产的数量和质量又在一定程度上直接影响到家庭生活的质量和品质。但是总的来说,理财规划与自用性资产没有直接的对应关系,因而自用性资产不是理财规划考察的主要内容。

2) 流动性资产

流动资产主要是用于满足家庭日常生活开支需要的资产,主要包括现金和活期存款。现金的占用不能带来收入,活期存款由于利率极低,所能带来的利息收入几乎可以忽略不计。因而过多流动性资产既不能满足家庭日常生活需要,又不能给家庭带来收入。理财规划时应将其控制在合理的范围内。

3) 投资性资产

投资性资产是指家庭用于投资的能够给家庭带来收入的资产。就家庭而言,投资性资产主要是金融资产,主要包括银行定期存款、股票、债券、基金、信托和理财产品、储蓄性保险产品、黄金、外汇、投资性房产等。这部分资产是家庭资产中最重要的部分,是个人理财规划中最重要的项目之一,也是实现家庭理财目标的重要资金来源。理财规划师在为客户进行理财规划时应特别重视和关注客户资产中的投资性资产。

2. 个人或家庭负债

家庭负债是指家庭成员欠非家庭成员的所有债务。相对于家庭资产来说,家庭负债的项目是有限的。大致可以归纳为流动负债和长期负债两大类。

1) 流动负债

流动负债是指 1 个月以内到期的负债,也包括当月要偿还的长期负债。主要有信用卡透支、应付租金、税金、保险金,应付水电气费、电话费等。

2) 长期负债

长期负债是指 1 个月以后到期或多年内每月都要支付的负债。典型的如商品房按揭贷款、消费贷款、汽车贷款、教育贷款等。从一般情况来看,长期负债的数额大、期限长。

3. 个人或家庭净资产

家庭净资产是家庭资产减去家庭负债后的余额或净值。家庭净资产的增减变化与家庭生命周期密切相关,一般来说,家庭净资产在子女参加工作到客户本人退休前达到最高,之前是一个不断累积的过程,之后是一个不断减少的过程。

2.2.2　个人或家庭资产负债表的编制

1. 现金

计算现金余额时,应准确清点手头现金数额,如果以家庭为单位记账,则应将全部家庭成员的手头现金加总后的金额填入现金项目"金额"栏中。

2. 银行存款

如果有多个不同的账户,则应将不同账户的余额加总后的金额填入银行存款项目"金额"栏中。

3. 其他资产

资产中的投资资产、汽车等,流动资产中的银行存款等一般按照市场价值确定当期价值。个人自用资产中的房屋的成本由商品房购销合同上的总价款与购房时支付的各项税费之和加总确定。其市场价值以面积(平方米)乘以每平方米市价确定。普通电器、家具等耐用消费品的市场价值以旧货市场上同等商品的收购价确定。自用汽车的市场价值以二手车市场上同等车的市场价格确定。

4. 负债项目

负债项目按照所欠金额的当前价值来计价。小额信贷、车贷和房贷余额按最近缴款通知单上所载的余额减去本期的本金还款额计算。

5. 信用卡透支

信用卡透支余额可根据信用卡缴款通知单和缴款收据共同确认,用公式表示为:

信用卡透支金额＝上月未还余额＋本月应缴款额－本月实际缴款额

6. 保单现金价值

对于投保的意外险、产险和医疗等费用性质的险种,不出险不会得到赔偿,保单现金价值不高,不必列入资产项目中。但对于投保的子女教育储蓄年金、终身寿险、养老保险、退休年金、特别投资型保险,只要投保在两年以上,就有现金价值,一般以保单周年为准,列出满2年后每年的现金价值。如果按月编制资产负债表,在缴保费当月调高保单现金价值即可,无须每月调整。

7. 净资产

资产减负债是净资产。

表 2-3 以列表的方式说明主要资产负债项目的金额计算方法。

表 2-3　主要资产负债项目的金额计算

| 资　产 | | 负　债 | |
项　目	金　额	项　目	金　额
现金	月底盘点余额	信用卡透支	签单或对账单累加
存款	月底存单存折余额	小额信贷	月底本金余额
债券	持有张数×月底市价(或按面额计)	房贷、车贷	账单月底本金余额
股票	持有股数×月底股价	民间借贷	借据所载金额
基金	持有份数×月底净值	应付费用	通知单金额或原约定金额
保险资产	保单份数×对应的现金价值		
房地产	买价或最近估价		
汽车	同类二手车行情		

2.2.3　个人或家庭资产负债表的分析

1. 负债比率分析

对于个人或家庭来说,负债比率越高,财务负担就越重,如果个人或家庭收入时高时低而不稳定,那么在收入较低时,就有可能出现无法还本付息的风险。所以,在举债时要从最坏处着想,避免盲目举债和过度举债。负债比率分析主要分析以下几个比率。

(1) 负债比率

$$总资产负债比率 = \frac{总负债}{总资产}$$

总资产负债比率是综合反映客户债务负担状况和还债能力的指标。该比率越大,表明客户债务负担越重,还债能力越小;反之,则表明客户债务负担越轻,还债能力越大。

这一比率的取值范围为 0~1,如果大于 1,说明客户出现负资产,资不抵债,该客户从理论上已经破产。一般来说,比较稳妥的做法是将这一比率控制在 0.5 以下,这样可以避免因资产流动性不足而发生财务危机。

由于　　　总资产 = 流动性资产 CA + 自用性资产 UA + 投资性资产 IA

　　　　　总负债 = 消费负债 CL + 自用资产负债 UL + 投资负债 IL

所以,可以将总资产负债比率分解为以下公式,即:

$$总资产负债比率 = 自用资产贷款成数\left(\frac{UL}{UA}\right) \times 自用资产权数\left(\frac{UA}{TA}\right) + 融资比率\left(\frac{IL}{IA}\right)$$

$$\times 投资性资产权数\left(\frac{IA}{TA}\right) + 借贷消费占流动性资产比率\left(\frac{CL}{CA}\right)$$

$$\times 流动性资产权数\left(\frac{CA}{TA}\right)$$

(2) 自用资产贷款成数

$$自用资产贷款成数 = \frac{自用资产贷款额}{自用资产市值}$$

一般来说,对于个人或家庭而言,自用资产中的大项或者说在自用资产中占比重最大的是自用住房,其次是汽车。自用资产贷款主要是以住房和汽车为抵押物申请的贷款。

（3）自用资产权数

$$自用资产权数 = \frac{自用资产}{总资产}$$

这一比率表明自用资产在总资产中所占的比率。自用资产的根本用途是为家庭或个人生活消费提供使用价值,满足个人或家庭生活消费需要,是纯消费性质,不会带来价值增值。因而,这一比率过高,一方面表明该客户收入水平或财务状况处于较低层次;另一方面则表明该客户资产的增值能力不高。

（4）融资比率

$$融资比率 = \frac{投资负债}{投资产市值}$$

投资负债是运用财务杠杆,在期望投资报酬率高于利率的情况下,加速资产增值的负债。一般来说,投资负债期限较短,通常采取整笔借整笔还的方式,在借款期内,负债额固定,生息资产的增加是投资净资产增加的主要原因。

（5）投资性资产权数

$$投资性资产权数 = \frac{投资性资产}{总资产}$$

在全部总资产中,流动性资产中的活期存款和货币市场基金、投资性资产都能够增值,但由于活期存款和货币市场基金的增值能力极低,几乎可以忽略不计,所以投资性资产是增值能力最强的资产。因而一般而言,投资性资产在总资产中所占的比重越大,说明该客户资产的增值能力越强,资产增值越快;反之,如果投资性资产在总资产中所占的比率越小,则该客户资产的增值能力越小,资产增值越慢。客户应尽量提高投资性资产在总资产中所占的比重。

（6）借贷消费占流动性资产比率

$$借贷消费占流动性资产比率 = \frac{消费借贷额}{流动性资产}$$

借贷消费额是指已刷卡尚未缴款的金额、购买耐用消费品分期付款未还余额和小额消费性信用贷款余额。在当今发工资直接发到卡上存入银行,刷信用卡消费,在宽限期内可以将自己的钱存入银行带来利息,而由银行提供信用贷款消费满足日常生活需要的确可以带来一些蝇头小利,但是在当今低利率甚至零利率时代,已经微乎其微,甚至可以忽略不计。但是,由于信用卡刷卡消费,不必携带现金,十分方便,在一定时期内,没有钱也可以消费,所以信用卡刷卡消费既满足了人们的消费需要,也在一定程度上助长了过度消费和盲目消费,从而加重了人们的债务负担。所以,从理财的角度来讲,应尽量避免借贷消费,同时最好把当月刷卡消费额控制在流动性资产的50%以下。

（7）流动性资产权数

$$流动性资产权数 = \frac{流动性资产}{总资产}$$

流动性资产权数反映的是流动性资产占总资产的比重。我们知道,流动性资产中的现金是不能增值的资产,所以流动性资产中现金所占的比重越大,闲置资产就越多,浪费就越大,资产的增值能力就越低。流动性资产中的其他部分其增值能力也极低,所以这一比率越大,浪费越大,资产的增值能力就越低,增值速度越慢。因而,应尽量降低这一比率,把流动性资产控制在满足交易性需求和预防性需求的范围内即可,最多不超过相当于六个月的日常支出额。

2. 基于客户资产负债状况的理财诊断

净资产不能为负,为负表示个人资产小于负债。净资产在年收入 3 倍以上,客户财务状况良好。净资产低于年收入的一半,需要节省开支,增加收入。净资产在年收入 3 倍和一半之间,如果客户年轻,财务状况尚可;如果年老,则要增加净资产。

对于个人或家庭来说,资产负债的总状况无非是以下几种情况:一是资产少于负债;二是资产略高于负债;三是资产远高于负债。理财规划师应根据客户资产负债的不同状况有针对性和有所侧重地进行理财规划。

对于负债高于资产的客户来说,最为迫切的是尽快实现资产负债的平衡,因而其理财的重点是尽快获得足以减少负债的净收入。

对于资产略高于负债的客户来说,净资产是终其一生的需要,但也不会有多少遗产可言,对遗产规划的需求不大,其理财规划的重点应为预测未来生涯阶段资产负债状况可能发生的变化,制定应对措施,以避免晚年负债高于资产,加重子女的负担。同时工作期间的储蓄累积是客户净资产的主要来源。对一般家庭而言,在工作期间应尽量多储蓄累积净资产,使其达到晚年生活所需要的数额,以保证自己晚年有自立、尊严和较高品质的生活。

对于资产远高于负债有剩余净资产且超过遗产免税额的客户而言,终其一生,衣食无忧,因而,理财规划的重点不是创造财富,而是怎么样保有既有的财富不受损,也就是保值,追求低风险低收益和节税,而不是追求高风险高收益的投资。

3. 偿付比例

$$偿付比例 = \frac{净资产}{总资产}$$

偿付比例是衡量个人或家庭还债能力高低的重要指标。从理论上来看,偿付比例的取值范围在 0～1。一般来说,这一比例要高于 0.5 才较好。如果客户偿付比例太低,则意味着客户靠举债度日,一旦经济不景气,客户的资产将遭受损失,造成资不抵债,债务到期无法偿还债务,发生债务危机。但是,该比例过高也不一定是好事,它意味着客户可以利用的信用额度没有得到很好的利用。

4. 投资性资产比例

$$投资性资产比例 = \frac{投资性资产}{净资产}$$

这一比例是衡量个人或家庭资产成长性、资产增值能力大小的指标。对有一定投资经验的客户,一般建议保持在 50% 以上。

任务 2.3　个人或家庭现金流量表的编制与分析

2.3.1　个人或家庭现金流量表的内容

个人或家庭现金流量表是反映个人或家庭一定时期内现金流入流出情况的财务报表,集中反映了个人或家庭收入和支出的总额和结构,是理财规划师为客户进行理财极其重要的财务资料。

个人或家庭现金流量表分为收入项目和支出项目。

1. 收入项目

收入项目主要有应税收入、免税收入和收入总计。

(1) 应税收入是按照我国个人所得税法规定应该缴纳个人所得税的收入,主要有工薪所得,利息、股息和红利所得,劳务报酬所得,稿酬所得,财产转让所得,财产租赁所得,个人经营所得,承包、承租经营所得和特许权使用费所得以及偶然所得等。一般来说,这一部分的收入是个人或家庭最基本的收入来源,它直接决定了一般家庭收入的多少。

(2) 免税收入是指按我国个人所得税法规定可以免缴个人所得税的收入。主要有国债、国家金融债利息收入,保险赔款,政府特殊津贴、补贴,福利费、抚恤金和救济金等。这些收入并不是所有个人或家庭都有的,大多数个人或家庭这些收入都很少甚至完全没有。

(3) 收入总计是将个人或家庭应税收入和免税收入加总所得到的家庭收入总额。

2. 支出项目

支出项目主要有消费支出、理财支出和其他支出、支出总计、盈余或赤字。

(1) 消费支出主要是指客户个人或家庭为满足日常生活需要而发生的消费支出,主要包括用于衣、食、住、行、教育、文化娱乐、医疗、交际等方面的消费支出。这些支出是客户家庭最基本、最主要的、有些是必不可少的消费支出。

(2) 理财支出主要是客户家庭的债务利息支出和保险支出。

(3) 其他支出主要是客户家庭发生的税收支出、捐赠支出和其他偶然性支出等。

(4) 支出总计就是将以上消费支出、理财支出和其他支出加总所得到的支出总额。

(5) 盈余或赤字是用收入总额减去支出总额后所得到的差额,如果收入总额大于支出总额,则为盈余;反之,则为赤字。个人或家庭现金流量表的详细内容见表 2-4。

表 2-4　个人或家庭现金流量表

收　入　项　目		金额	支　出　项　目		金额
	应税收入			消费支出	
1	工薪所得		1	消费支出——食	
1.1	工资(包括固定的津贴或补贴)		1.1	日常伙食支出	
1.2	奖金、年终加薪、劳动分红		1.2	在外用餐费	

续表

	收 入 项 目	金额		支 出 项 目	金额
	1.3 退休金		2	消费支出——衣	
	1.4 其他工薪所得			2.1 置装与衣饰	
2	利息、股息、红利所得			2.2 洗衣	
	2.1 确定性的利息收入			2.3 理发、美容、化妆品	
	2.2 股息、红利所得		3	消费支出——住	
3	劳务报酬所得			3.1 房租	
4	稿酬所得			3.2 水电气	
5	财产转让所得			3.3 日用品	
	5.1 房地产转让所得		4	消费支出——行	
	5.2 有价证券转让所得			4.1 油费	
	5.3 其他资产转让所得			4.2 出租车、公交车费	
6	财产租赁所得			4.3 停车费、养路费	
	6.1 不动产租赁收入			4.4 车辆维护费	
	6.2 动产租赁收入		5	消费支出——教育	
7	个人经营所得			5.1 学杂费	
8	承包、承租经营所得			5.2 保姆、家教、补习费	
9	特许权使用费所得		6	消费支出——文化娱乐	
10	偶然所得			6.1 书报杂志费	
	应税收入小计			6.2 视听娱乐费	
	免税收入			6.3 旅游费	
11	国债、国家金融债利息		7	消费支出——医疗	
12	保险赔款			7.1 门诊体检费	
13	政府特殊津贴、补贴			7.2 药品、医疗器材费	
14	福利费、抚恤金、救济金			7.3 住院费	
	免税收入小计		8	消费支出——交际	
				8.1 电话费	
				8.2 礼金支出	
				8.3 转移支出	
				消费支出小计	
				理财支出	
			9	债务利息支出	
				9.1 房贷每月利息支出	
				9.2 车贷每月利息支出	
				9.3 信用卡利息	
				9.4 其他个人消费信贷还本付息额	
				9.5 投资性贷款利息支出	

续表

收入项目	金额		支出项目	金额
		10	保险支出	
		10.1	产险与责任险保费支出	
		10.2	寿险保费支出	
		10.3	健康险保费支出	
		10.4	社会保险及企业补充保险支出	
			理财支出小计	
			其他支出	
		11	税收支出	
		12	捐赠支出	
		13	其他偶然性支出	
			其他支出小计	
收入总计			支出总计	
			盈余或赤字	

2.3.2 个人或家庭现金流量表的编制

1. 工薪收入

从个人工资薪金中直接扣缴拨入个人基本养老账户和个人住房公积金账户的款项,是一种限定用途的强迫储蓄,因此,应该列入储蓄的运用项目,而不应列入支出科目。

2. 资本利得

已实现的资本利得或损失是收入科目,未实现的资本利得是使期末资产和净资产同时增加的调整科目,不全显示在现金流量表中。

3. 保险费支出

保险费中的家庭财产险、车险等都属于非储蓄性质的费用科目。基本医疗保险、失能、意外险、健康险等以保障为主的保险,其保费属费用性质,应列入支出科目。终身寿险、养老险、教育年金、退休年金中有保单现金价值的部分属储蓄性质,应列入资产科目。

4. 房贷本息

期房预付款应列入资产科目,而不应列入支出科目。每月商品房按揭贷款的月供应将本金和利息分开,利息是费用支出,应将其列入支出科目,而本金是负债,应将其列入负债科目。

2.3.3 个人或家庭现金流量表的分析

1. 支出比例

$$支出比例=\frac{总支出\ TE}{总收入\ Y}$$

$$=\frac{消费支出\ C+理财支出\ F}{总收入\ Y}$$

$$=消费率+财务负担率$$

式中:消费率$=\dfrac{消费支出\ C}{总收入\ Y}$;财务负担率$=\dfrac{理财支出\ F}{总收入\ Y}$。

消费率和财务负担率分别表示总收入中用于消费支出和理财支出的比重。消费支出是指衣、食、住、行、医疗等各项消费性支出。消费率则是反映消费性支出占总收入比率的指标。在收入一定的情况下,这个比率越高,消费越多,储蓄越少,未来收入的增长就越慢。所以应提倡合理消费、理性消费,以增加储蓄和投资。

财务负担率反映的是利息支出、保障型寿险和产险等的保费支出占总收入的比率。这一比率应控制在30%以下为宜,其中保障型保费支出占总收入的比率应控制在10%以下,利息支出占总收入的比率应控制在20%以下较为合理。

2. 消费支出比例

$$消费支出比例=\frac{消费性支出}{收入}$$

消费支出比例是衡量当事人富裕程度的指标。该比例越低,说明客户收入越高,越富裕,满足其消费需要只需要动用其收入的很小一部分即可,其余大部分可以结余下来;反之,如果该比例越高,说明客户收入越低,越贫穷,其要动用大部分甚至全部收入才能满足日常消费需要,少有或没有结余。消费性支出可用固定支出近似代替。

3. 自由储蓄额

总储蓄额=总收入-(消费支出+理财支出)

自由储蓄额=总储蓄额-已经安排的本金还款或投资

已经安排的本金还款或投资主要包括当月拨入个人住房公积金账户和个人基本养老账户的金额、房贷应定期摊还的本金额、应缴储蓄型保费额、应缴基金定投资金额等。

自由储蓄额是纯储蓄,是可以自由决定如何使用的储蓄,是一般意义上的储蓄。自由储蓄额可以用来实现一些短期目标,为减轻贷款利息负担,可以将其用于提前还贷。为了使资产快速增值,可以将其用于增加投资。

用自由储蓄额除以总收入可以得到自由储蓄率,公式为:

$$自由储蓄率 = \frac{自由储蓄额}{总收入}$$

一般情况下,可以将自由储蓄率的目标定为10%。也就是说,将总收入的1/10拿出来,作为自由储蓄额。且通常情况下,我们可以把一些计划外的收入或者说额外的收入都作为自由储蓄额加以使用或投资。

4. 收支平衡点的收入

$$收支平衡点的收入 = \frac{固定支出负担}{工作收入净结余比率}$$

固定支出负担是指每月固定的无法减免的支出。主要包括每月固定生活费用支出和房贷本息支出。工作收入净结余是指工作收入减去所得税扣缴额、"三险一金"的缴费额和为了工作所必须支付的费用(如交通费、伙食费)后的余额,是能用于家庭支出安排的收入。

进行收支平衡点分析,其根本目的在于计算出个人或家庭当前和退休后所希望享受的那种生活需要多少收入才能实现,属于量出为入的性质。如果未来收入能够达到这一水平,所希望的生活目标就能实现;反之,如果未来收入根本无法达到这一水平,所希望的生活目标就不能实现,也就只能退而求其次。或者提高工作收入净结余比率,或者降低固定费用支出。

5. 负债收入比例

$$负债收入比例 = \frac{到期债务本息和}{收入}$$

负债收入比例是衡量和反映客户财务状况的重要指标。如果客户的收入和债务支出都较为稳定,可以以年为单位来计算负债收入比例。相反,如果客户的收入和债务支出数额变化不定,为了准确衡量和反映客户的财务状况,则应以月为单位来计算负债收入比例。

有观点认为,个人的负债收入比例处于0.4时,财务状况良好;高于0.4时,会对客户的借贷融资带来负面影响。也有人认为,要保持财务的流动性,负债收入比例维持在0.36左右较为合适。

6. 流动性比例

$$流动性比例 = \frac{流动性资产}{每月支出}$$

流动性比例是反映客户资产数额与每月支出比例的指标。一般来说,客户的流动性资产至少应能满足其家庭三个月开支的需要。这样看来,这一比例应大于3较为适宜。但是由于流动性资产主要是以现金、活期存款和三个月以内的短期债券等形式的资产存在的,这些资产尽管安全性和流动性都比较好,但是收益率极低,所以这一比例过高也意味着资产的浪费,应将其控制在合理的限度内,不应太高。

任务 2.4 个人或家庭收支预算的编制

2.4.1 个人或家庭财务状况分析与诊断

1. 资产增长率

$$资产增长率 = \frac{总储蓄}{期初总资产}$$

$$= \frac{生活储蓄 + 理财储蓄}{期初总资产}$$

2. 理财成就率

$$理财成就率 = \frac{目前的净资产}{目前的年储蓄额 \times 已工作年数}$$

理财成就率是反映客户工作伊始,取得收入以来理财成绩的指标。该比率的标准值为 1,高于 1,说明理财成绩较好,越高越好;低于 1,则说明理财成绩欠佳。

3. 致富公式

要尽快致富,最根本的途径就是最大限度地提高净资产的增长速度,也就是提高净资产增长率。

$$净资产增长率 = \frac{净储蓄}{净资产}$$

即

$$g = \frac{(1 + sw)rf - il}{e}$$

式中:g 为净资产增长率;s 为生活储蓄率;w 为工薪收入与理财收入比率;r 为投资报酬率;f 为投资性资产占总资产的比率;i 为负债平均率;l 为资产负债率;e 为净资产占总资产的比率。

从以上公式可以看出,影响净资产增长率的因素有七个,综合起来看,提高净资产增长率的有效途径:一是提高生活储蓄率。生活储蓄率的提高,可以使资产增加,最终使净资产增加,从而提高净资产增长率。二是提高生息资产比重。生息资产是能够带来收入的资产,这一比率的提高,意味着在总资产一定的情况下,能够带来收入的资产增加,收入也就随之增加,净资产也就能够以更快的速度增长。三是提高投资报酬率。投资报酬率的提高可以使同样的资产获得更高的报酬,使资产以更快的速度增长。

4. 财务自由度

财务自由,就是当你不工作的时候,也不必为金钱发愁,因为你有其他渠道的现金收入。当工作不再是获得金钱的唯一手段时,你便自由了。因而你也获得了快乐的基础,也达到了财务自由。可以有足够的金钱、时间去做自己真正想做的事情,例如,旅游、摄影、写书或者参与公益事业。财务自由度就是反映客户财务自由水平的指标。

$$财务自由度 = \frac{目前的净资产 \times 投资报酬率}{目前的年支出}$$

如果以 f 表示财务自由度,n 表示总工作年数,r 表示投资收益率,c 表示年支出额,y 表示年收入,则上式表示为:

$$f = sn\frac{r}{c}$$

由于

$$c = y - s$$

可得

$$\frac{s}{y} = \frac{f}{1 + n \times r}$$

由此可知,如果想在退休时财务自由度达到1,那么,应有储蓄率为:

$$\frac{s}{y} = \frac{1}{1 + n \times r}$$

2.4.2　个人或家庭收支预算的编制

家庭资产负债表和家庭现金流量表从静态和动态方面反映了个人或家庭一定时点和一定时期的财务状况。通过编制这两张财务报表,我们能够据以知道家庭的资产负债、收入和支出究竟是一个什么样的状况,也可以从中知道家庭财务中存在的问题。但是以上这两个表毕竟只是被动地反映家庭的财务状况和问题,针对所存在的问题应采取何种对策措施加以改进和完善,编制家庭资产负债表和现金流量表则无能为力,要依靠编制家庭收支预算和执行计划才得以解决。一般来说,家庭收支预算包括年度收支总预算和月度收支预算。按照"量入为出"的原则,制订年度收支总预算首先要明确家庭在未来一年要进行多少储蓄和储备,这样一方面达到家庭资产按计划增长的目的,同时还要防备未来的各种不时之需。例如来自医疗方面的开支。如果不做好家庭收支预算,生活中万一遇到一些不时之需,会让你手忙脚乱,甚至把你急得像热锅上的蚂蚁,手足无措。

做任何工作都应该有计划,以明确目的、避免盲目性,使工作循序渐进、有条不紊地顺利进行。编制家庭收支预算计划也可以使所有家庭成员明确消费目的,避免非理性消费和盲目消费,做到理性消费合理消费,不该花的钱坚决不花,一元钱掰成两元钱来花,开源节流,以有限的收入和支出最大限度地满足个人和家庭的生活消费需要,得到最大的满足。

编制家庭收支预算主要做好以下三个方面的工作:首先,设定个人或家庭的财务目标,其次,对个人或家庭的收入和支出进行初步测算,最后,根据初步测算的结果与财务目标的差异进行预算调整。

1. 设定财务目标

家庭财务目标也就是我们通常所说的理财规划目标,理财规划目标按时间的长短可以分为短期目标、中期目标和长期目标三个互相联系相互影响的层次。短期目标主要是家庭日常消费开支和储蓄等;中期目标主要有投资、旅游等;长期目标主要有筹集子女教育金、筹集购房资金、积累退休养老金等。长期目标是中短期目标的方向,它为中短期目标提供了行动指针。而长期目标的实现要靠中短期目标的实现才能实现,所以说,长期目标的实现取决于中短期目标的实现,中短期目标是长期目标的分解和具体化或者说进一步细化,本身就是长期目标的有机组成部分。而中短期目标的实现也为长期目标的实现提供了坚实的基础和保证。

设定财务目标需要明确而详细地分段分类计算实现各项长期目标所需要的资金总额,并在考虑货币时间价值的情况下分解到各年,并以此储蓄额作为各年的最低储蓄额标准加以执行。

2. 初步测算家庭的收入和支出

家庭年度储蓄目标的实现,需要最大限度地增加收入,合理节约开支,并将结余部分用来投资进行增值。但是这样做的前提条件是不能冲击目前的正常生活,要两者兼顾,解决的办法或途径就是保留足够的紧急备用金。紧急备用金应该是低风险、高流动性、低收益甚至无收益的现金或准现金或等同于现金的金融资产。

1) 紧急备用金的测算

(1) 紧急备用金的用途

紧急备用金主要是用来满足收入突然中断或支出突然暴增时的应急需要,以免家庭陷入财务困境。造成收入中断的情况可能有以下几种:一是下岗失业,失业下岗后,即使可以领到失业救济金,但与工作时的收入相比,差距甚大,不可同日而语,会造成家庭收入急剧减少,近似于收入中断。二是因身心疾病或意外伤害造成暂时丧失工作能力,不能工作。这种情况比之于普通失业下岗情况更为严重,因为不仅自己本人不能工作,没有工作收入,而且治病还要花费大笔金钱,可能还要家人照顾陪护,影响家人的工作和收入。

失业后重新就业需要一段时间,时间的长短主要取决于两个方面的因素:一是失业者失业时的整个宏观经济的景气状况。经济繁荣时,要找到一份与原工作收入相当的工作,大约只需要三个月的时间就可以了;反之,如果处于整个宏观经济运行的衰退和萧条阶段,要找到一份与原工作收入相当的工作,则可能需要半年至一年的时间,甚至更长。因而,应对下岗失业的紧急备用金至少应该相当于平时三个月的固定支出。为保险起见,应该预留相当于六个月固定支出的紧急备用金。二是失业者自身的适应能力。如果失业者适应能力强,就业面广,找工作所需要的时间就短;反之,如果失业者适应能力弱,就业面窄,特别是属于结构性失业,原有的劳动技能不能适应新的工作需要,而需要充电培训学习或掌握新的劳动技能,所需要的时间就长。

为预防身心疾病或意外伤害而暂时丧失工作能力造成的收入中断,可以通过购买残疾收入保险来消除。但是残疾收入保险有三个月的免责期,即三个月内得不到保险赔偿。因此,即使购买了残疾收入保险,失业者起码也要预备相当于三个月固定支出的紧急备用金,没有购买这一保险的失业者则需要预备更多的紧急备用金。

综合以上两种情况分析,为防患于未然,应该预留相当于一年固定支出的紧急备用金。

除了家庭收入突然中断需要预留紧急备用金以外,支出突然暴增也需要预留紧急备用金。

家庭支出突然暴增可能的情况主要有以下几个方面:一是客户本人或家人患大病或重病,需要大笔医疗开支;二是因为地震、水灾、台风等自然灾害或火灾、被盗等各种原因造成家庭财产受损,需要大笔费用重新购置。当时的收入无法满足这些大笔费用的需要,因而也需要建立紧急备用金满足这种不时之需。应对这种需要的紧急备用金究竟应为多少合适,情况千差万别,既要视损失情况,又要根据客户的家庭收入和条件来定。损失小的或者家庭条件好的、收入比较高的,没紧急备用金也能应付;损失大的、严重的、家庭条件差的、收入比较低或者比较困难的,预留的紧急备用金也不够用。所以,我们只能根据一般情况来确定这一情况出现时需要的紧急备用金。根据目前我国的实际情况,中等收入家庭以 5 000~10 000 元较为合适。

（2）紧急备用金的筹集

筹集紧急备用金目前现实中可行的途径主要有两种,一是流动性高的活期存款、短期定期存款、货币市场基金、可以上市交易的短期债券;二是备用贷款额度。

现实中究竟选择何种途径要进行综合分析。选用第一种途径,方便快捷、使用成本小,但是为此占用的资金要付出一定的机会成本。选用第二种途径,要申请,需要一定的时间,来钱慢,遇到十万火急的情况难解燃眉之急,而且要支付一定的利息费用。基于此,比较理想的选择是将两种途径结合起来使用。即一部分以活期存款、短期定期存款等形式存在,一部分以备用贷款的方式来筹集。

2）收入的初步测算

收入的测算实际上是对客户家庭未来收入及其增长情况进行预测。一方面,不同的家庭收入来源有所不同;另一方面,同一家庭不同的家庭成员收入来源也有所不同。不同来源的收入,其测算的方式和难度有所不同。

国家机关和事业单位工作人员工作和收入都比较稳定,可以根据上年收入情况和往年收入增长情况加以确定。

大企业工薪阶层工作和每月的工资收入比较稳定,但是年终奖金则视企业生产经营情况和经济效益而定。这方面可以根据历年增长情况和企业的生产经营计划和薪酬计划加以确定。

至于收入由底薪加提成构成的公司业务人员和个体经营者、自由职业者以及企业主的收入情况则千差万别。总地来说,这些人的收入与整个宏观经济的大环境和行业景气状况关系密切,年度间差异很大,只能根据历史和当年情况预测其增减变化而加以确定。

3）支出的初步测算

支出的测算就是对客户个人或家庭未来一定时期内的支出情况进行预测。比较而言,支出的测算比收入的测算要容易一些。

支出预算可以根据往年支出情况进行确定。在当前发工资、缴费都是通过银行转账结算,消费乘车等都可以刷卡的情况下,都会有月结清单。因而,支出预算可以具体落实到每个月,甚至一些大的项目。在进行月度支出预算时,首先确定基本支出,即满足个人或家庭日常基本生活需要的支出。

支出可以分为可控支出和不可控支出。可控支出是有一定弹性的,是个人或家庭可以加以控制的,即可以控制其支出的多少,也就是可以通过节约减少这方面的支出。不可控支出则是依据过去的约定或合同必须支付的费用。这些费用少支付或不支付,就会造成违约或违法的不良后果。个人或家庭无法加以控制,即不能控制其支出金额。如商品房按揭贷款的月供、车辆的交强险保险费支出、房租和物业管理费支出、子女上学的学费以及缴纳所得税等。客户在进行支出预算时,应首先保证不可控支出的支付需要,而将支出预算的重点放在可控支出上,在这方面做文章,控制或节约支出。

可控支出的规模取决于总收入与包括备用金、应有储蓄和不可控支出之间的差额。

3. 预算控制与差异分析

就目前情况看,商品房按揭贷款的贷款行会为借款人开立一个专门账户,信用卡的刷卡消费发卡行每月都有月结清单,客户只需保存好月结清单,并定期汇总即可,平时消费能刷信用卡的尽量刷信用卡,不能刷信用卡的刷银行卡。另外,平时手头少保留现金,少用现金消费。客户可以将水电费、煤气费、物业管理费、有线电视费、网络费等日常费用都集中在一个账户上扣缴。另外再在银行开立一个定期定额投资账户,定期从工资账户转入资金,实现强制储蓄。这样的话,根据这几个账户和信用卡月结清单就可以对每月的支出情况掌握得比较清楚,并加以控制。

即便如此,实际支出情况也难以与支出预算完全一致,进行差异分析就是必不可少的工作。

在进行差异分析时,应主要从以下几个方面着手。

(1) 先对照分析实际支出总额与计划支出总额之间的差异,然后分析各具体项目的差异。如果总额差异不大,具体项目有高有低,在持续两三个月后,对于带有连续性的项目,应依据实际支出对预算进行调整。

(2) 先对照分析差异大的项目,然后分析差异小的项目。对于差异大的项目,要分析产生的原因,究竟是偶然因素造成的还是必然因素造成的,特别是对于这种差异今后会成为常态的项目,应根据实际支出对预算进行调整修正。

(3) 要把年度差异和月度差异结合起来进行分析。有些项目的支出具有季节性和周期性的特点,在某些月份是正差,在某些月份是负差,全年综合起来是平的,有些差异越来越大,而有些差异越来越小,对于所有这些都要进行综合分析和长期跟踪分析。

(4) 不断改进。初期编制预算,由于经验和数据等原因,计划与实际差异较大,这时要不断对预算工作进行总结提高,并及时改进。随着时间的推移,预算的质量会不断提高。

(5) 增加收入是根本途径。收入的提高会使一切消弭于无形,所以增加收入是解决差异问题的根本途径。

理财絮语

家庭理财基本守则

一、家庭理财五定律

1. 4321 定律

家庭资产合理配置比例：家庭收入的 40％用于供房及投资，30％用于家庭生活开支，20％用于银行存款以备应急之需，10％用于保险。

2. 31 定律

家庭房贷占比。每月归还房贷的金额以不超过家庭当月总收入的 1/3 为宜。

3. 72 定律

72 定律是投资翻倍所用时间的简易算法。不拿回利息利滚利进行投资理财，本金增值一倍所需要的时间等于 72 除以年收益率。可以帮助我们判断和选择投资渠道。

4. 100 定律

100 定律是指在 40％的家庭投资中股票适宜的比例。它等于 100 减去年龄后加上％号。例如，30 岁时 40％的家庭投资中股票可占 70％。

5. 双 10 定律

家庭购置保险的适宜额度（保额）应为年收入的 10 倍，而购买保险支出的费用，以占年收入的 10％为宜。

二、理财五原则

1. 保证应支原则

一般家庭的易变现资产包括现金、银行存款、较易变现的黄金、股票等。这些款项的总和应以能够应付家庭 4～6 个月生活中的各项支出为宜，以便家庭在面临意外变故、发生收入危机时，仍有较为充裕的资金面对短时困难。

2. 风险忍受度原则

该原则是指如果家庭收入支柱发生伤、病、失业等突然变故时，所能维持正常家庭经济生活的时间长度。人寿保险是转移和化解这一风险的最好办法。

3. 未来需求原则

家庭理财的明确目标之一是针对未来的家庭财务需求预做规划,这些未来需求主要包括子女教育费用、购房费用和养老费用三大项。

4. 熟知投资工具原则

家庭投资工具可依据保守、稳健和激进分为三类:最为保守的工具是银行储蓄;保守而稳健成长的"固定收益型"投资工具,包括债券、基金、保险等;回报高但风险也较大的投资工具,包括股票、期货、收藏等。

5. 个性原则

不同收入、不同年龄、不同职业及不同心理承受能力的人,其抗风险能力各不相同,因此,家庭理财一定要从自身实际出发,选择适合自己的理财方案和理财工具,切忌盲目效仿。

三、家庭理财五格言

1. 健康是1,其余都是0

投资健康是最佳的首选项目,因为健康是生命的基本保证和追求人生理想的前提条件,赢得健康才能赢得生命,赢得生命才能赢得时间,而时间就是金钱。

2. 最好的投资理财顾问是你自己

不要盲从,不要迷信专家。要靠自己的耳朵接受正确的信息,靠自己的眼睛察看事实真相,用自己的大脑做理性分析判断。

3. 投资要有长远战略眼光,小钱才会生大钱

短视的投资,时间和人力成本会吞噬你全部的获利。

4. 生命在于运动,金钱也在于运动

因为在日新月异的经济社会中,金钱只有在投资流通中才能实现保值增值。投资失误是损失,金钱不动也是损失。

5. 赚钱更要知足常乐

金钱的满足是没有止境的,而生命对每个人来说又是有限的。因此,赚钱要适度,要有满足感。

重点概括

本项目的内容结构如图 2-1 所示。

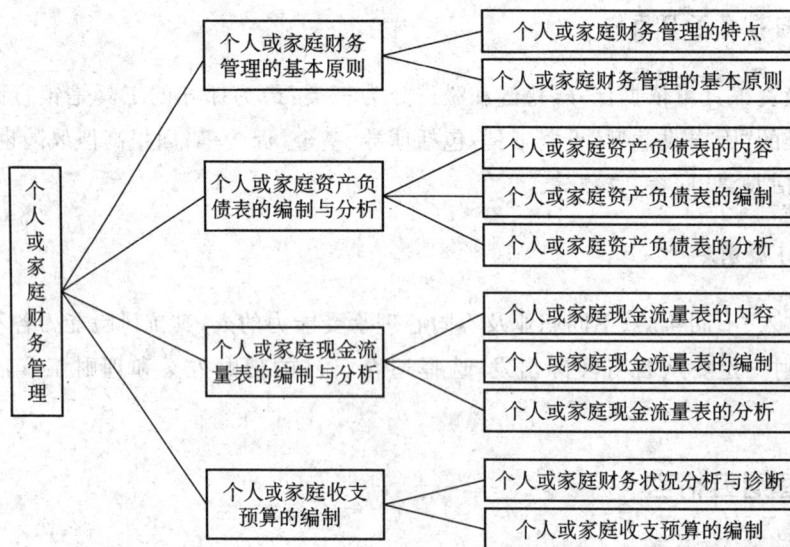

图 2-1   项目二的内容结构

（1）家庭财务管理就是套用企业会计和财务管理的原理和方法对个人或家庭的资产、负债、收入、支出、消费和投资等财务活动进行计划和管理。

（2）家庭财务管理不同于企业财务管理的特点：目的不同，信息不必公开；记账方式不同；会计严格程度不同；不要求计提资产减值准备；不必计提折旧；不进行收入支出的资本化。

（3）家庭财务管理的基本原则：借贷相等原则，收付实现制原则，流量与存量相对应原则。

（4）家庭资产负债表的内容如下。

资产：自用性资产、流动性资产和投资性资产。

负债：流动负债和长期负债。

净资产：家庭净资产是家庭资产减去家庭负债后的余额或净值。

（5）家庭资产负债表的编制：现金、银行存款、其他资产、负债项目、信用卡透支、保单现金价值、净资产。

（6）家庭资产负债表分析：负债比率分析、基于客户资产负债状况的理财诊断、偿付比例、投资性资产比例。

（7）家庭现金流量表的内容如下。

收入项目：应税收入、免税收入和收入总计。

支出项目：消费支出、理财支出和其他支出、支出总计、盈余或赤字。

（8）家庭现金流量表的编制：工薪收入、房贷本息、资本利得、保险费支出。

（9）家庭现金流量表分析：支出比例、消费支出比例、自由储蓄额、收支平衡点的收入、负债收入比例、流动性比例。

（10）家庭财务分析与诊断：资产增长率、理财成就率、致富公式、财务自由度。

（11）家庭收支预算的编制：设定财务目标、初步测算家庭的收入和支出、预算控制与差异分析。

实训项目

1. 编制资产负债表和现金流量表。
2. 分析和诊断家庭财务状况。
3. 编制家庭收支预算。

思考练习

单项选择题

1. 在个人资产负债中属于投资资产的是（　　）。
   A. 银行存款　　　　　B. 基金　　　　　C. 家庭炒股用计算机　　　　D. 住房
2. 个人或家庭财务管理实行的是（　　）。
   A. 收付实现制原则　　　　　　　B. 权责发生制原则
   C. 收付实现制和权责实现制相结合　　D. 以上都不是
3. 在个人资产负债表中属于流动资产的是（　　）。
   A. 衣物及日常生活用品　　　　　B. 活期储蓄存款
   C. 现金　　　　　　　　　　　　D. 短期债券
4. 张先生 2005 年年底买了一辆小轿车，车价 200 000 元，目前市价 80 000 元，则现在张先生记账时，应记（　　）元。
   A. 120 000　　　　　　　　　　B. 80 000
   C. 200 000　　　　　　　　　　D. 以上都对
5. （　　）是个人财务规划中最重要的项目之一，是实现家庭财务目标的重要来源。
   A. 个人使用资产　　　　　　　B. 自用性资产
   C. 投资性资产　　　　　　　　D. 流动性资产

多项选择题

1. 以下属于家庭财务管理特点的是（　　）。
   A. 信息不必公开　　　　　　　B. 不要求计提资产减值准备
   C. 不受会计制度、准则约束　　D. 无须编制资产负债表和现金流量表

2. 家庭财务管理必须遵循的原则有( )。
    A. 有借必有贷,借贷必相等原则　　　　B. 收付实现制原则
    C. 符合国际惯例原则　　　　　　　　　D. 成本价值与市场价值双度量原则

3. 家庭现金流量表的主要项目是( )。
    A. 支出项目　　　　　　　　　　　　　B. 收入项目
    C. 资产项目　　　　　　　　　　　　　D. 盈余或赤字

4. 在家庭财务比率分析中,常用的财务比率有( )。
    A. 收入负债比率　　　　　　　　　　　B. 资产负债比率
    C. 支出比率　　　　　　　　　　　　　D. 储蓄比率

5. 在家庭财务分析中,用于综合分析理财状况的财务比率有( )。
    A. 资产增长率　　　　　　　　　　　　B. 财务自由度
    C. 净资产增长率　　　　　　　　　　　D. 投资报酬率

判断题

1. 在家庭财务管理中,对房屋、汽车等自用资产也应计提折旧。　　　　　　( )
2. 进行家庭财务管理无须记账。　　　　　　　　　　　　　　　　　　　( )
3. 在个人资产负债表中,负债项目按照所欠金额的当前价值来计价。　　　　( )
4. 在个人资产负债表中,资产中的投资资产、汽车以及流动资产中的银行存款等一般按照市场价值确定当期价值。　　　　　　　　　　　　　　　　　　　　　( )
5. 在家庭财务管理中,紧急备用金主要是用来满足收入突然中断或支出突然暴增时的应急需要。　　　　　　　　　　　　　　　　　　　　　　　　　　　　　( )

简答题

1. 简述家庭财务管理应该遵循的原则。
2. 简述个人资产负债表的结构和内容。
3. 简述个人现金流量表的结构和内容。
4. 怎样分析家庭财务状况?
5. 怎样诊断家庭财务状况?

投 资 规 划

学习目标

1. 熟悉投资规划程序。
2. 掌握衡量投资收益与风险的方法。
3. 熟悉各类投资规划工具的风险收益特征。
4. 能分析客户生命周期和风险特征。
5. 熟悉资产配置过程,掌握资产配置方法。
6. 掌握资产调整策略。

案例

赵先生夫妻两人均在事业单位工作,月收入加起来大约为 15 000 元。有商铺一间,月租金收入 3 500 元。有房子两套,一套自住,无贷款;另一套出租,租金每月3 500 元,有贷款;月供为 5 000 元。有车一部,养车的费用平均每月 1 200 元。家庭其他支出每月约为 3 000 元。现有银行存款 100 000 元。孩子今年 3 岁,上幼儿园。试为赵先生家庭进行投资规划。

任务 3.1 投资规划概述

3.1.1 投资规划

1. 投资

投资(investment)指货币转化为资本的过程,是投资者当期投入一定数额的资金而期望在未来获得回报,所得回报应该能补偿:投资资金被占用的时间、预期的通货膨胀率和未来收益的不确定性。投资可分为实物投资、资本投资和证券投资。前者是以货币投入企业,通过生产经营活动取得一定利润。后者是以货币购买企业发行的股票和公司债券,间接参与企业的利润分配。

在财务方面,投资意味着购买证券或其他金融或纸上资产。投资的类型包括房地产、证券投资、黄金、外币或债券或邮票。股市里的投资是由证券投资者来执行的。

本项目所讲的投资主要是个人或家庭在个人理财中以房地产、有价证券、黄金和外汇以及金融衍生产品为投资对象的间接投资,尤以证券投资为核心。

证券投资是指投资者(法人或自然人)购买股票、债券、基金等有价证券以及有价证券的衍生品,以获取红利、利息及资本利得的投资行为和投资过程,是间接投资的重要形式。

2. 投资规划

投资规划是根据客户投资理财目标、可投资资源和风险承受能力,为客户制定合理的资产配置方案,构建投资组合来帮助客户实现理财目标的过程。

3.1.2　投资规划程序

投资规划是一个动态的、时间上不断持续的过程。一次完整的投资规划包含以下步骤。

(1) 制定投资策略。确定委托人有多少可投资的财富,并确定他的投资目标。

(2) 进行投资工具分析。仔细检查已鉴别过的各种投资,以识别出价格扭曲的情况。

(3) 构建投资组合。确定投资的工具,以及可投资财富在各种投资工具组合中的分配比例。

(4) 调整投资组合。确定现行投资组合中将卖出哪些投资工具,以及购入哪些投资工具来代替它们。

(5) 评价投资组合的绩效。根据风险和收益率确定投资组合的实际行为,并与标准投资组合的行为做比较。具体见图 3-1。

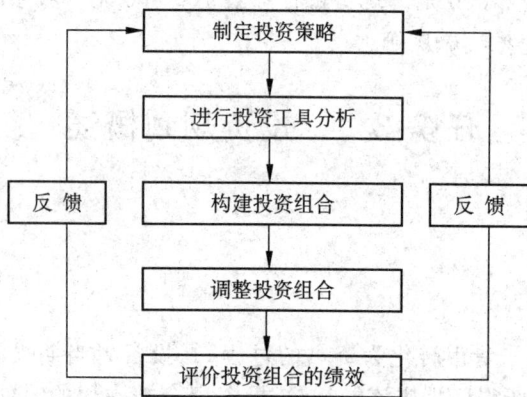

图 3-1　投资规划程序

1. 制定投资策略

投资策略是我们基于对市场规律和人性的认识与理解,利用这种认识根据投资目标制定的指导我们投资的规则体系和行动计划方案。

理财规划师在帮助客户制定投资策略时首先应解决几个方面的问题:一是客户或投资者的财务状况如何,即客户或投资者究竟有多少资金或财富可用于投资。在此基础上分析客户财务生命周期和个人风险特征,确定客户适合采取什么类型的投资策略,然后加以取舍。或决定制定具体的投资策略。二是帮助客户制定投资目标。投资目标有短期目标、中期目标和长期目标。目标的高低主要取决于客户个人财务生命周期和风险特征。制定投资目标时要注意目标应具体、明确、切合实际,是一个定量化的通过努力可以实现的投资目标。

2. 进行投资工具分析

投资策略制定后,接下来是对各种投资工具进行分析。主要是对各种投资工具的收益性、流动性、风险性,投资限额,比较适合用哪一类投资工具进行投资等方面的特征进行分析比较。经过综合比较权衡后,选择与客户各方面特征最适合的投资工具进行投资。

3. 构建投资组合

在投资工具分析的基础上,根据客户的可供投资的资金量、投资目标和投资策略构建一个最适合投资者的投资组合。这一个投资组合在目前情况下对投资者来说应该是一个最佳的投资组合。在投资组合中,既应明确每一类投资工具在总投资额中所占的比例,也应明确每一具体投资工具在其所属大类中所占的比例。例如,在总投资中有股票、债券和基金三个大类,在基金中有成长型基金、收入型基金、平衡型基金和指数型基金。在投资组合中,既要明确股票、债券和基金分别在总投资额中所占的比例,比如股票占30%、债券占35%、基金占35%,也要明确在股票、债券和基金内部每一投资对象在其所属大类中所占的比例。比如在股票内部有中兴通讯、贵州茅台、五粮液、洋河大曲四只股票,中兴通讯占10%、贵州茅台占40%、五粮液占35%、洋河大曲占15%。

4. 调整投资组合

由于市场情况是千变万化的,投资者的风险特征和财务生命周期也是不断变化的,因而投资组合的建立不可能是一劳永逸的,而必须根据发展变化了的情况进行适时的调整。调整的过程就是将一些不适合的投资工具调出投资组合,将一些新的好的投资工具调入投资组合。实际上是买入一些投资工具,卖出一些投资工具,构建一个新的投资组合。有时可能是微调,有时可能是大的调整,总之是使投资组合不断适应发展变化了的形势。

5. 评价投资组合的绩效

定期评价投资的表现,其依据不仅是投资的回报率,还有投资者所承受的风险。投资业绩的评估主要从两方面来考虑:一是选择的能力,即由于所选择的投资品给投资者带来多大贡献;二是对把握市场时机的能力进行考核。

通过对投资组合绩效的评价,看投资是否达到预期的投资目标,并找出存在的原因和问题,以便采取相应的对策措施解决存在的问题。

任务 3.2 投资收益与风险的衡量

收益与风险是一个问题的两个方面,是相伴而生、如影随形的东西,也是投资学中最核心的问题。投资者就是为了得到投资收益而选择投资放弃当前消费,期望将来能获得更多更好的消费。然而,风险是绝对的必然的客观存在,事事处处时时刻刻都有风险。投资也一样,任何投资都会有风险。所以在选择或评估投资工具时,都需要客观评价单一资产和资产组合的收益与风险。

3.2.1 单一资产的收益与风险的衡量

单一资产的收益与风险的衡量,有历史的收益与风险的衡量和预期收益与风险的衡量。前者主要是衡量单一资产以往投资的收益与风险,后者主要是衡量投资单一资产未来的收益与风险。

1. 单一资产历史的收益与风险的衡量

1) 持有期收益率

投资者收益是指初始投资的价值增值。这个价值增值有两个方面的可能来源:一是投资者在投资期间因持有资产而获得的现金收入,如股息、红利和债券利息;二是所投资资产的价格变化,即资本利得或损失。持有期收益率(holding period yield)是计算某一特定时期内的收益率,它包括上述收入和价格变动两个因素,其计算公式如下:

$$HPR_t = \frac{(P_t - P_{t-1}) + CF_t}{P_{t-1}} \times 100\%$$

式中:HPR_t 为 t 时期的持有期收益率;P_{t-1} 为期初价格;P_t 为期末价格;CF_t 为从该期投资中获得的收入或现金流。

例如,表 3-1 所示为格力电器股票 2001—2011 年的价格及股息。可运用以上公式计算每年的持有期收益率,如格力电器股票 2002 年的持有期收益率为:

$$HPR_t = \frac{(P_t - P_{t-1}) + CF_t}{P_{t-1}} \times 100\%$$

$$HPR_{2002} = \frac{(P_{2002} - P_{2001}) + CF_{2002}}{P_{2001}} \times 100\% = \frac{(8.34 - 9.96) + 0.32}{9.96} \times 100\%$$
$$= -13.05\%$$

2) 多个时期投资收益率的衡量

持有期收益率只是简单而明确地对单个时期(比如一年)的投资收益进行衡量。但在实际经济生活中,由于一方面投资往往是跨越几个时期的;另一方面投资收益率在不同时期是明显不同的。投资收益率因受某些偶然因素的影响而起伏很大,因而单个时期的投资收益率具有很大的局限性或缺陷,并不能全面、真实而准确地反映投资的收益率。所以,需要汇总统计多个时期的投资收益率,并计算其平均收益率。平均收益率有算术平均收益率和几何平均收益率,算术平均收益率是收益率集合的平均值,而几何平均收益率则是收益率连乘积的 n 次方根。计算公式见表 3-2。

表 3-1 格力电器股票价格和股息数据（2001—2011 年）

年　份	年末价格/元	股息/元	持有期收益率/%
2001	9.96	0.3	
2002	8.34	0.32	-13.05
2003	8.86	0.33	10.19
2004	9.96	0.38	16.70
2005	10.37	0.40	8.13
2006	11.87	0.00	14.46
2007	49.35	0.30	318.28
2008	19.44	0.30	-60.00
2009	28.94	0.50	51.44
2010	18.13	0.30	-36.32
2011	17.29	0.50	-1.87
算术平均收益率			30.80%
几何平均收益率			8.16%
方差			1.113 5
标准差			105.52%

表 3-2 多期投资收益率的衡量

平均收益率	计 算 公 式	参　数
算术平均收益率 $\overline{HPR}$	$\dfrac{\sum HPR_t}{n}$	HPR_t ＝第 t 期的投资收益率
几何平均收益率 HPR_g	$\sqrt[n]{\prod (1+HPR_t)}-1$	n ＝投资期数

仍以格力电器股票为例,2002—2011 年 10 年间的平均收益率计算如下:

$$算术平均收益率=\frac{-13.05\%+10.19\%+\cdots-1.87\%}{10}=30.80\%$$

$$几何平均收益率=\sqrt[10]{(1-13.05\%)\times(1+10.19\%)\times\cdots\times(1-1.87\%)}-1$$
$$=8.16\%$$

截至 2011 年年底的 10 年间,格力电器的算术平均收益率为 30.80%,而几何平均收益率却为 8.16%。这两个平均收益率之所以有这么大的差异,是由于这两个平均值衡量的内容不同。几何平均值是对过去情况的回顾,度量的是 n 个时段内财富的变动,纳入了货币时间价值的因素,使用了复利的计算方法。而算术平均值是 n 个时间段收益率的平均值,反映一定时期内代表性的收益率。一般来说,算术平均值和几何平均值是投资历史数据里最常见的信息。

3) 单一资产历史的风险衡量

风险就是不确定性、不稳定性或波动性。资产风险就是指投资收益率的波动性。投资收益率越稳定,波动性越小,风险就越小;相反地,投资收益率越不稳定,波动性越大,投资的风险就越高。在投资理论上,通常借用数学上衡量波动性大小的标准差或方差来反映投资风险的大小。

单一资产历史风险的计算公式如下:

$$\sigma^2 = \frac{1}{n-1}\sum_{t=1}^{n}\left(\text{HPR}_t - \overline{\text{HPR}}\right)^2$$

$$\sigma = \sqrt{\frac{1}{n-1}\sum_{t=1}^{n}\left(\text{HPR}_t - \overline{\text{HPR}}\right)^2}$$

式中:σ^2 为方差;σ 为标准差。

仍以格力电器股票为例,其方差和标准差计算如下:

$$\sigma^2 = \frac{1}{10-1}\left[(-13.05\% - 30.80\%)^2 + (10.19\% - 30.80\%)^2 + \cdots\right]$$
$$+ (-1.87\% - 30.80\%)^2$$
$$= 1.113\ 5$$

$$\sigma = \sqrt{1.113\ 5} = 105.52\%$$

2. 单一资产预期的收益与风险的衡量

投资者的未来收益是不确定的。要衡量这种不确定的收益,并进行比较和决策,应该引进期望收益率这一概念。假定各种状况出现的概率为 $p(s)$,在各种状况时的收益率为 $R(s)$,期望收益率 $E(R)$ 为所有状况下收益率的加权平均值,那么期望收益率的计算公式为:

$$E(R) = \sum P(s)R(s)$$

根据期望收益率,预期风险,即方差和标准差的计算公式如下:

$$\sigma^2 = \sum p(s)\left[R(s) - E(R)\right]^2$$
$$\sigma = \sqrt{\sum p(s)\left[R(s) - E(R)\right]^2}$$

收益率的方差 σ^2 是反映各种可能收益率相对期望收益率离散程度的指标。方差的均值越大,各种可能收益的波动程度越大,所以方差和标准差可用来测试风险,方差和标准差越大,就意味着风险越大。

3. 收益与风险的关系

当投资者预期报酬率相同时,标准差是衡量风险的有效指标。当进行两个或多个资料变异程度的比较时,如果度量单位与平均数相同,就可以直接利用标准差来比较。如果单位和(或)平均数不同时,比较其变异程度就不能采用标准差,而需采用标准差与平均数的比值(相对值)来比较。标准差与平均数的比值称为变异系数,记为 CV。变异系数可以消除单位和(或)平均数不同对两个或多个资料变异程度比较的影响。

变异系数(coeffecient of variation,CV)的计算公式为:

$$CV = \frac{\sigma}{E(R)}$$

变异系数所反映的是收益与风险的对应关系。要将不同预期报酬率的投资进行比较,就应当把标准差转变为变异系数。例如,根据公式可计算出股票基金与债券基金的变异系数分别为 1.28 和 1.19,即若获取股票基金 1 单位预期回报率,必须承担 1.28 单位的风险;而获取债券基金 1 单位的报酬,则只支付 1.19 单位的风险。股票基金每单位预期回报率承担的风险要大于债券基金,所以投资者可能更愿意选择债券基金进行投资。应注意的是,当收益与风险两者呈线性关系发展时,用变异系数比较证券的优劣是可行的。但是,如果收益与风险间不是简单的线性关系,例如,有些投资者宁愿少收益而不愿意承担更多的风险,则变异系数就不适用了。

3.2.2　投资组合的风险分散原理

"不要把所有的鸡蛋放在一个篮子里"是投资界的经典名言。这句格言再通俗不过地把要进行投资就要分散风险的原理生动形象地表达出来。意思是说,通过将多项风险资产组合到一起,可以获得在不降低平均的预期收益率的情况下对冲部分风险,即降低风险或减少风险了。

而且,随着资产组合中资产数量的增加,即使各种资产完全不相关,资产组合的风险也会随着资产数量的增加而降低甚至最终消除。在风险市场中,资产价格的共同运动决定了资产组合的风险,投资者可以通过投资组合来降低风险。随着组合中股票种类的增加,组合资产的风险也不断降低。

但是我们应该注意的是,通过扩大投资组合(即增加所包含的资产的种类),只能降低或减少因行业或企业自身因素改变引起的,只对某个行业或个别公司的证券产生影响的可回避风险或可分散风险,也就是通常所说的非系统风险。也即是说,通过扩大投资组合可以消除非系统风险,但对于由于某种全局性的共同因素引起的投资收益的可能变动的系统风险或不可分散风险则无法消除。通过扩大投资组合可以消除证券发行人在证券到期时无法还本付息而使投资者遭受损失的信用风险、公司的决策人员在经营管理过程中出现失误而导致公司盈利水平变化,从而使投资者预期收益下降的经营风险和公司财务结构不合理、融资不当而导致投资者预期收益下降的财务风险,但是却不能消除政府有关证券市场的政策发生重大变化或是重要的举措、法规出台,引起证券市场价格的波动,给投资者带来的政策风险、证券市场行情周期性变动即证券行情长期趋势的改变而引起的周期性波动风险、市场利率变动引起的证券投资收益变动的利率风险和由于通货膨胀、货币贬值给投资者带来实际收益水平下降的购买力风险即通货膨胀风险。风险分散原理告诉我们:①股票投资组合能够消除行业或企业特有风险;②由于行业或企业特有风险降为零,持有投资组合的风险就只有系统风险即市场风险。

任务 3.3　投资规划工具

投资规划工具是投资的最终对象,无论怎样的投资规划最终都要落实到具体的投资工具上,因而投资工具的选择是投资理财最后的落脚点和核心。不然,再好的投资规划都会是空中楼阁。投资工具的选择就像我们买鞋和买衣服一样,买得好,合身合脚,会使我们面目一新、健步如飞;买得不好,就会不合脚不合身,不仅浪费金钱,穿着还不舒服。投资工具选择得好,会让我们赚钱,选择得不好,不仅不会赚钱,还会亏本。

在现代金融条件下,投资工具种类繁多、纷繁复杂,但还是可以将其归纳为几种类型。

目前,可供选择的投资工具主要有以下几种类型(见表 3-3)。

表 3-3   主要投资工具

类 型	投 资 工 具	特 点
短期投资工具	短期存款、国库券、货币市场基金、CD存单、银行承兑票据、商业承兑票据	风险低、流动性强,通常用于满足紧急需要、日常开支周转和一定当期收益需要
固定收益	中长期存款、政府债券、金融债券、公司债券、可转换债券	风险适中、流动性较强,通常用于满足当期收入和资金积累需要
股权类	普通股、优先股、存托凭证等	风险高、流动性较强,用于资金积累、资本增值需要
基金类	开放式基金、封闭式基金、指数基金、在交易所交易的基金(ETF 和 LOF)	专家理财、集合投资、分散风险、流动性较强、风险适中,适用于获取平均收益的投资者
衍生工具	期权、期货、远期互换、掉期等	风险高、个人参与度相对较低
实物及其他	房地产和房地产投资信托(REIT)黄金、资产证券化产品、艺术品、古董等	具有行业和专业特征

各种投资工具的风险与收益情况如图 3-2 所示。

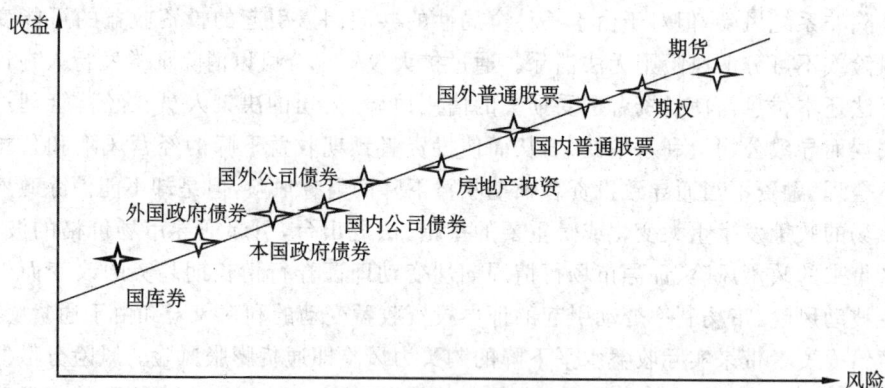

图 3-2   各种投资工具的风险与收益情况

资料来源:[美]凯斯·布朗,弗兰克·瑞利. 投资分析与投资组合管理[M]. 李秉祥等译. 5 版. 沈阳:辽宁教育出版社,1999

国外,投资专家也常把各种投资工具的风险高低和报酬优劣做排列区分,以提醒投资人注意,再配合自己的需求及偏好决定投资组合。图 3-3 所示即为常见的金字塔形区分法。

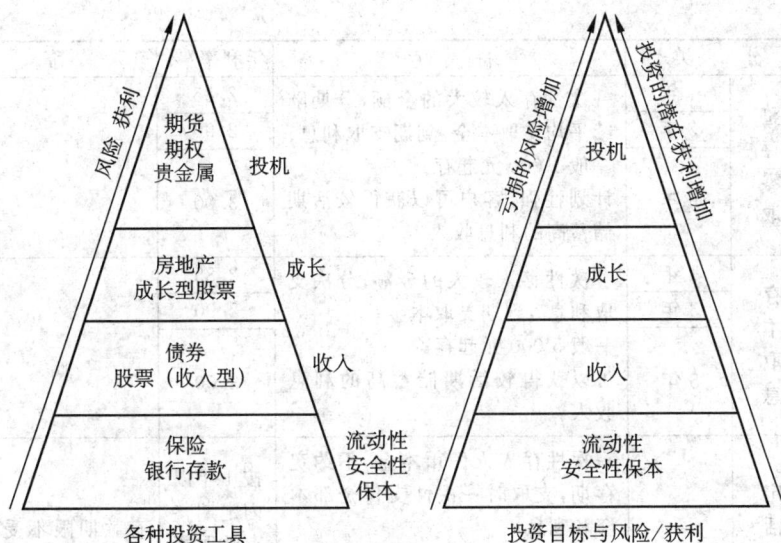

图 3-3 投资工具的金字塔形区分法

3.3.1 固定收益工具

1. 银行存款

银行存款是我们最熟悉、最常用的理财工具,也可以说银行存款是理财规划的起点。银行存款具有风险低、流动性相对较高但收益较低的特点,不仅能满足投资者保值与高度流动性的需求,而且能满足投资者交易、预防与投机动机的需求。但是,在通货膨胀时期,经常出现负利率。银行存款作为投资工具,比较适合小额投资者、重视资金安全性的保守型投资者和可能需要急用钱的投资者的投资需求。

目前人民币存款的主要种类及相应利率水平如表 3-4 所示。

表 3-4 人民币存款种类

存款	分 类		特 点	年利率/%	备 注
活期储蓄	—		随时存取,1元起存,多存不限,流动性强,灵活方便,但收益较低	0.35	适用于个人小额的随存随取的生活零用结余存款
定期存款	整存整取	3个月	约定存期,整笔存入、储蓄机构开具存单作为凭证,到期一次性支取本息;一般50元起存,多存不限;利率较高,可以为储户获得较高的利息收入	2.85	适用于居民手中长期不用的结余款项的存储
		半年		3.05	
		1年		3.25	
		2年		3.75	
		3年		4.25	
		5年		4.75	
	零存整取	1年	每月固定存额,集零成整,约定存款期限,到期一次支取本息;一般5元起存,多存不限;可集零成整,具有计划性、约束性、积累性的功能	2.85	适用于每月有固定收入的民众生活结余款项存储
		3年		2.90	
		5年		3.00	

续表

存款	分	类	特 点	年利率/%	备 注
定期存款	整存零取	1年	一次性存入较大的金额,分期陆续平均支取本金,到期支取利息;	2.85	
		3年		2.90	
		5年	一般1 000元起存;计划性强,客户可以获得较活期储蓄高的利息收入	3.00	
	存本取息	1年	一次性存入较大的金额,分次支取利息,到期支取本金;	2.85	
		3年		2.90	
		5年	一般5 000元起存;可以获得较活期储蓄高的利息收入	3.00	
	定活两便	—	一次性存入人民币本金,不约定存期,支取时一次性支付全部本金和利息;一般50元起存;方便灵活,收益较高;手续简便,利率合理	按1年以内定期整存整取同档次利率打6折	存款期限不受限制,适合存款期限不确定的储户
	教育储蓄	1年	对象为在校小学四年级以上学生,为接受非义务教育积蓄资金,分次存入,到期一次支取本息的服务;50元起存,每户本金最高限额为2万元;利息收入享受免税待遇,积少成多	3.25	能积零成整,满足中、低收入家庭小额存储、积蓄资金、解决子女非义务教育支出的需要
		3年		4.25	
		6年		4.75	
通知存款		1天	存款时不必约定存期,支取时需提前通知银行,约定支取存款日期和金额方能支取;一般最低起存金额5万元,最低支取金额为5万元	0.80	适用于大额、存取较频繁的存款
		7天		1.35	

(1) 按1年以内定期整存整取同档次利率打六折。当存款天数达到或超过整存整取的相应存期(最长的存期为1年)时,利率按支取日当日挂牌定期整存整取存期利率档次下浮一定比率确定,不分段计息,存款天数不到整存整取的最低存期时,按支取当日挂牌活期利率计算利息。

(2) 1年期、3年期教育储蓄按开户日同期同档次整存整取定期储蓄存款利率计息;6年期按开户日5年期整存整取定期储蓄存款利率计息。教育储蓄在存期内遇利率调整,仍按开户日利率计息。

2. 债券

1) 债券及其特征

债券是政府、金融机构、工商企业等直接向社会借债筹措资金时,向投资者发行,承诺按一定利率支付利息并按约定条件偿还本金的债权债务凭证。具有流动性强、收益稳定、风险小的特点。特别是其中的国债,安全性、流动性、收益性俱佳,且享有免税待遇,具有金边债券之称,深受广大投资者青睐。作为投资工具,债券适合稳健型的投资者,尤其是中老年人投资者。

债券作为一种债权债务凭证,与其他有价证券一样,也是一种虚拟资本,而非真实资本,它是经济运行中实际运用的真实资本的证书。

债券作为一种重要的融资手段和金融工具,具有如下特征。

(1)偿还性。债券一般都规定有偿还期限,发行人必须按约定条件偿还本金并支付利息。

(2)流通性。债券一般都可以在流通市场上自由转让。

(3)安全性。与股票相比,债券通常规定有固定的利率。与企业绩效没有直接联系,收益比较稳定,风险较小。此外,在企业破产时,债券持有者享有优先于股票持有者对企业剩余资产的索取权。

(4)收益性。债券的收益性主要表现在两个方面:一是投资债券可以给投资者定期或不定期地带来利息收入;二是投资者可以利用债券价格的变动,买卖债券赚取差额。

2)债券的种类

根据不同的划分标准,债券有以下品种,见图3-4。

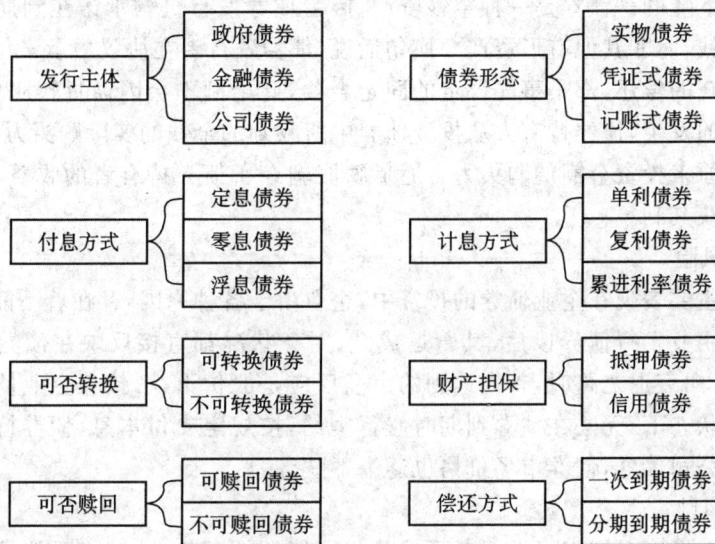

图 3-4　债券的种类

3)债券的收益

投资债券有两方面的收益:一是利息收入;二是买卖的差价。衡量债券收益水平的指标是债券收益率。

$$票面收益率=\frac{票面利息}{债券面额}$$

$$本期收益率=\frac{债券年利息}{债券买入价}$$

持有期收益率：

$$债券市场价格 = \sum_{t=1}^{n} \frac{第\,t\,期债券利息}{(1+到期收益率)^t} + \frac{债券面额}{(1+到期收益率)^n}$$

式中：n 为债券距离到期日的剩余期数。

4）债券投资的风险

债券的市场价格以及实际收益率受许多因素影响，这些因素的变化都有可能使投资者的实际利益发生变化，从而给债券投资带来各种风险。债券投资者的投资风险主要由以下几种风险构成。

（1）利率风险

利率风险是指利率的变动导致债券价格与收益率发生变动的风险。债券是一种法定的契约，大多数债券的票面利率是固定不变的（浮动利率债券与保值债券除外），当市场利率上升时，债券价格下跌，使债券持有者的资本遭受损失。因此，投资者购买的债券离到期日越长，则利率变动的可能性越大，其利率风险也相对越大。

（2）购买力风险

购买力是指单位货币可以购买的商品和劳务的数量。在通货膨胀的情况下，货币的购买力是持续下降的。债券是一种金钱资产，因为债券发行机构承诺在到期时付给债券持有人的是金钱，而非其他有形资产。换句话说，债券发行者在协议中承诺付给债券持有人的利息或本金的偿还，都是事先议定的固定金额，此金额不会因通货膨胀而有所增加。由于通货膨胀的发生，债券持有人从投资债券中所收到的金钱的实际购买力越来越低，甚至有可能低于原来投资金额的购买力。通货膨胀剥夺了债券持有者的收益，而债券的发行者则从中大获其利。

（3）信用风险

信用风险主要表现在企业债券的投资中，企业由于各种原因，存在着不能完全履行其责任的风险。企业发行债券以后，其营运成绩、财务状况都直接反映在债券的市场价格上，一旦企业走向衰退之路时，首先遇到的市场反应是股价下跌，接着企业债券持有人担心企业在亏损状态下，无法在债券到期时履行契约，按规定支付本息，债券持有者便开始卖出其持有的公司债券，债券市场价格也逐渐下跌。

（4）收回风险

一些债券在发行时规定了发行者可提前收回债券的条款，这就有可能发生债券在一个不利于债权人的时刻被债务人收回的风险。当市场利率一旦低于债券利率时，收回债券对发行公司有利，这种状况使债券持有人面临着不对称风险，即在债券价格下降时承担了利率升高的所有负担，但在利率降低、债券价格升高时却没能收到价格升高的好处。

（5）突发事件风险

这是由于突发事件使发行债券的机构还本付息的能力发生了重大的事先没有料到的风险。这些突发事件包括突发的自然灾害和意外的事故等，例如，一场重大的事故会极大地损害有关公司还本付息的能力。

（6）税收风险

税收风险表现为两种具体的形式：一是投资免税的政府债券的投资者面临着利息收

人税率下调的风险,税率越高,免税的价值就越大,如果税率下调,免税的实际价值就会相应减少,债券的价格就会下降;二是投资于免税债券的投资者面临着所购买的债券被有关税收征管当局取消免税优惠的风险。

(7) 政策风险

政策风险是指由于政策变化导致债券价格发生波动而产生的风险。

3.3.2 股票

股票是股份有限公司签发的证明股东投资入股的凭证。股票的基本功能是证明股东持有的股份。股票实质上代表了股东对股份公司的所有权。股票持有者作为股份公司的股东,享有独立的股东权。股东权是一种综合权利,包括出席股东大会、投票表决、分配股息红利等,从而区别于物权证券和债权证券。

1. 股票的种类

股票的种类见表 3-5。

表 3-5　股票的种类

划 分 标 准	股 票 种 类
股东享有的权利	普通股票
	优先股票
是否记载股东姓名	记名股票
	无记名股票
是否标明票面金额	有面额股票
	无面额股票
是否允许上市交易	流通股票
	非流通股票
业绩好坏	绩优股票
	垃圾股票

2. 股票的收益

股票投资的收益有三个方面:股息、资本损益和资本增值收益。股息是股票持有人定期从股份公司分得的盈利。股息是由公司在过去盈利或当年盈利中拨出一部分或全部发给股票持有人的收益。最常见的股息是股份公司以货币形式发放给股东的股息,即股份公司以派发现金的形式进行利润分配,简称派现。资本损益也称资本利得,即股票买入价与卖出价之间的差额。资本增值收益是指上市公司在使用资本公积进行转增时送股,即公积金转增股本。

衡量股票收益水平的指标有股利收益率和持有期收益率。

1) 股利收益率

股利收益率,也称本期收益率,是指股份公司以现金派发股利与本期股票价格(或投资者的买入价)的比率。用公式表示为:

$$股利收益率 = \frac{年现金股利}{本期股票价格} \times 100\%$$

本期股票价格指证券市场上的该股票的当日收盘价,年现金股利指上一年每一股股票获得的股利,本期收益率表明以现行价格购买股票的预期收益。

2) 持有期收益率

持有期收益率是指投资者买入股票持有一定时期后又卖出该股票,在投资者持有该股票期间的收益率。

如果投资者持有股票时间不超过一年,不用考虑资金时间价值,其持有期收益率可按如下公式计算:

$$持有期收益率 = \frac{期末价格 - 期初价格 + 本期股利}{期初价格} \times 100\%$$

如果投资者持有股票时间超过一年,需要考虑资金时间价值,其持有期收益率可按如下公式计算:

$$P = \sum_{t=1}^{n} \frac{D_t}{(1+i)^t} + \frac{F}{(1+i)^n}$$

式中:P 为股票的购买价格;F 为股票的出售价格;D 为各年获得的股利;n 为投资期限;i 为股票持有期收益率。

3. 股票的内在价值

股票内在价值即理论价格,就是以一定的市场利率计算出来的未来收入的现值。股票的内在价值决定股票的市场价格,尽管市场价格不完全等于其内在价值,但总是以内在价值为中心而上下波动。当股票价格高于其内在价值时,表明股票价值被高估,股票价格中存在水分或泡沫,此时股票没有投资价值;反之则表明股票价值被低估,此时股票具有投资价值。这里的关键是需要知道股票的内在价值究竟是多少。因而,股票内在价值的计算是上市公司基本面分析的重要利器,通过计算得出股票理论价格与市场价格的差异,从而指导投资者的具体投资行为。股票内在价值的计算方法主要分为两大类:一类是相对估值法,特点是主要采用乘数方法,较为简便,如 PE 估值法、PB 估值法、PEC 估值法、EV/EBITDA 估值法;另一类是绝对估值法,特点是主要采用折现方法,较为复杂,如现金流量折现方法、期权定价方法等。

1) 现金流贴现模型

现金流贴现模型是运用收入的资本化定价方法来决定普通股票内在价值的方法。按照收入的资本化定价方法,任何资产的内在价值都是由该项资产未来现金流的贴现值所决定的,也就是说,一种资产的内在价值等于预期现金流的贴现值。对股票而言,股票的当前价值就等于无限期股息的现值。现金流贴现模型的计算公式如下:

$$V = \sum_{t=1}^{\infty} \frac{D_t}{(1+k)^t}$$

式中:V 为股票的内在价值;D 为 t 时期的股息;k 为必要收益率,即投资者要求的股票收益率。

2) 零增长模型

零增长模型假定未来股息的增长率为零,即 $g = 0$,即以后各年支付的股息都与上年支付的股息相等,因此,零增长模型公式为:

$$V = \sum_{t=1}^{\infty} \frac{D_t}{(1+k)^t} = \frac{D_0}{k}$$

3）固定增长模型

假定公司的股息预计在很长的一段时间内以一个固定的比例增长，即在预测的期限内，每一期的股息都将在上一期股息的基础上稳定增长，这种假设下的模型被称为固定增长模型，又被称为戈登增长模型。固定增长模型公式为：

$$V = \sum_{t=1}^{\infty} \frac{D_t(1+g)^t}{(1+k)^t} = \frac{D_0(1+g)}{k-g} = \frac{D_1}{k-g}$$

4）可变增长模型

在实际经济生活中，股息的增长率是变化不定的。假定在时间 L 以前股息以一个 g_1 的不变增长速度增长，在时间 L 后，股息以另一个不变增长速度 g_2 增长。在这一假定下，可以建立如下二元可变增长模型：

$$V = \sum_{t=1}^{L} D_0 \frac{(1+g_1)^t}{(1+k)^t} + \sum_{t=L+1}^{\infty} D_L \frac{(1+g_2)^{t-L}}{(1+k)^t}$$

$$= \sum_{t=1}^{L} D_0 \frac{(1+g_1)^t}{(1+k)^t} + \frac{1}{(1+k)^L} \times \sum_{t=L+1}^{\infty} D_L \frac{(1+g_2)^{t-L}}{(1+k)^{t-L}}$$

$$= \sum_{t=1}^{L} D_0 \frac{(1+g_1)^t}{(1+k)^t} + \frac{1}{(1+k)^L} \times \frac{D_{L+1}}{(k-g_2)}$$

式中：$D_{L+1} = D_0(1+g_1)^t \times (1+g_2)$。

4. 股票投资分析

股票投资分析的方法，按照前提假设与引用资料的不同可分为两种不同类型：股票投资基本分析和技术分析。基本分析是通过对影响股票市场供求关系的基本因素的分析来预测股票价格的走势，这些因素包括宏观因素、行业因素和企业因素。基本分析方法可以确定股票的真正价值，判断股市走势；可以帮助投资者研判股市大势，精选个股，着眼于长期分析，但不能提供股票买卖的点位。技术分析则是直接对股票市场上过去及现在的市场行为进行分析，通过研究由历史数据所形成的图形形态和技术指标（数学模型），以推测股票在短期内价格的变动趋势，把握具体购买的时机。

技术分析法在预测原有趋势结束和新趋势开始方面优于基本分析法，但在预测较长期趋势方面则不如基本分析。基本分析和技术分析两者是相辅相成的。在进行股票投资分析时，投资者应将两种方法结合起来加以运用。股票投资分析详见表3-6。

表 3-6　股票投资分析的基本架构

股票投资分析	基本分析	宏观经济分析	宏观经济周期
			宏观经济政策
		行业分析	行业生命周期
			行业竞争程度
			对经济周期的敏感度
		公司分析	公司基本素质
	技术分析		公司财务状况
		图形分析	头肩顶、三重底等
		线性分析	K 线、趋势线等
		指标分析	MACD、RSI 等

3.3.3 证券投资基金

1. 基金品种

证券投资基金是指以信托、契约或公司的形式,通过发行基金单位集中投资者的资金,由基金托管人托管,并由专门管理者管理和运用资金,以资产保值增值为目的,按照投资组合的原理,投资于股票、债券等金融工具,投资者最终按投资比例分享其收益并承担风险的一种投资工具。

基金作为一种利益共享、风险共担的投资工具,具有集合投资、专家理财、分散风险的特点。基金的品种繁多,基金公司推出的新产品也层出不穷,因此,投资者投资基金的选择余地非常大。基金的种类见表 3-7。

表 3-7　基金分类表

分类标准	类型		定义
组织形态	公司型基金		依公司法成立股份公司,通过发行基金股份筹集资金,然后交给某一选定的基金管理公司进行投资,投资者凭其持有的股份依法分享投资收益
	契约型基金		基金发起人代表投资者依据其与基金管理人、基金托管人订立的基金契约发行基金单位而组建的投资基金
变现方式	封闭式基金		事先确定发行总额,在封闭期内基金单位总数不变,发行结束后可上市交易,投资者可通过证券商买卖基金单位
	开放式基金	开放式	基金单位总数可随时增减,投资者可按基金的报价在基金管理人指定的营业场所进行申购或赎回该基金
		LOF	上市型开放式基金。在该基金发行时,投资者既可以通过银行和证券交易所同时进行申购,当基金发行结束后,投资人可以选择在银行进行申购、赎回,也可以在交易所买卖该基金
		ETF$_s$	交易所交易基金,是指可以在交易所上市交易的基金,其代表一揽子股票的投资组合
投资目标	成长型基金		以资本长期增值为投资目标,主要投资于资信好、长期盈余或有发展前景的公司的股票,此类基金长期成长潜力大,但风险较高
	平衡型基金		具有多重投资目标,包括确保投资者的投资本金、支付当期收入和资本与收入的长期成长等。资产分布上,一般 25%～50% 用于优先股及债券,以确保本金的安全性及获得稳定的当期收入,其余资本则用于普通股票投资,以寻求资本增值
	收入型基金		以追求当期高收入为投资目标,投资对象主要是优先股、绩优股、债券、可转让大额定期存单等收入比较稳定的有价证券

分类标准	类　型	定　　　义
投资对象	货币市场基金	以银行存款、短期债券(含中央银行票据)、回购协议和商业票据等安全性极高的货币市场工具为投资对象。收益相对较低但风险低,较为稳定,流动性较好
	股票基金	以股票,包括优先股和普通股为投资对象,投资目标以追求资本成长为主,投资收益高、风险大,风险主要来自所投资股票的价格波动,流动性一般
	债券基金	以债券投资为主。一般情况下定期派息,回报率较稳定,适合长期投资。风险较低,收益较低,流动性一般
	指数基金	基金投资组合的构造方式为追随某个证券指数,当指数样本变化时,基金组合也将随之进行调整。收益始终保持市场平均收益水平,适合稳健型投资者
	其他基金	期货基金、期权基金、认股权证基金等。风险大,收益较高

2. 基金业绩评价

基金业绩评价是对基金经理投资能力的衡量。其目的是对基金的业绩进行客观的评价;为投资者选择基金提供参考。表 3-8 所示为相关的基金收益指标。

表 3-8　基金收益指标

指标	公　　式	说　　明
基金单位净资产 NAV	$$NAV=\frac{基金净资产}{发行在外的基金单位数}$$ 基金净资产=基金总资产−各种费用及负债	在某一时点每一基金单位(或基金股份)所具有的市场价值,是基金经营业绩的指标器,也是基金单位买卖价格的计算依据
基金投资收益率	$$\frac{期末\ NAV-期初\ NAV+基金的收益分配}{期初\ NAV}$$	直接反映了收益与投入的比例关系
基金回报率	$$\frac{期末基金持有量\times期末\ NAV-期初基金持有量\times期初\ NAV}{期初基金持有量\times期初\ NAV}$$	将基金单位净资产与基金单位数量综合考虑后来考察基金回报状况的指标

中信证券研究咨询部、中国银河证券基金研究中心和晨星公司是我国目前较具权威的三家基金评价机构。投资者在进行基金投资时可以将以上三家基金评级机构发布的评级结果作为投资决策的参考。

3. 基金的风险

基金虽然是一种比较稳妥的投资方式,但任何投资都有风险,投资于基金也不例外。购买基金既不能保证一定能盈利,更不保证其最低收益。因此,投资者要承担一定的风险,这些风险主要有以下几种。

（1）证券市场风险

基金主要投资于股票和证券，股票和证券价格下跌就会对基金收益造成不利影响。证券市场价格下跌风险属于不可分散的系统性风险。

（2）基金管理人风险

基金管理人是指凭借专门的知识与经验，运用所管理基金的资产，根据法律、法规及基金章程或基金契约的规定，按照科学的投资组合原理进行投资决策，谋求所管理的基金资产不断增值，并使基金持有人获得尽可能多的收益的机构。其水平的高低、内部控制是否有效、人员道德品质如何，都会直接影响基金的业绩水平。

（3）机构运作风险

基金运作各当事人的运行系统出现问题所导致的系统运作风险，以及各当事人不能履行义务所导致的经营风险。

（4）流动性风险

投资者在出售封闭式基金时可能面临折价风险所导致的损失，以及在申购或赎回开放式基金时所面临的申购、赎回价格未知的风险。

3.3.4 金融信托产品

1. 信托产品的主要品种

信托，是建立在信用或信誉基础上的委托与受托关系，信托通常是拥有资金或财产的单位、个人，为了更好地运用和管理这些资金或财产，获得较好的经济利益，委托信托部门代理运用、管理和处理这些资金或财产。金融信托投资则是指拥有财产（包括资金、动产、不动产、有价证券及债权）的单位和个人，通过签订合同将其财产委托于信托机构，由信托机构根据委托人要求全权代为管理或处理有关经济事务的信用行为，主要内容是受托人运用资金、买卖证券、发行或回收债券和股票以及进行财产管理等。

信托产品的种类见表 3-9。

表 3-9　信托产品的种类

分类标准	品　种	定　义
信托标的物	资金信托	信托标的物呈货币资金形态
	动产信托	信托标的物为动产实物，如工业设备、车辆、船只等
	不动产信托	以土地、房产等地上定着物为标的物而设定的信托
	财产权信托	以财产权为信托标的物的信托。按照财产权的类别不同，又可划分为股权信托、表决权信托等
	知识产权信托	专利权信托、著作权信托等
信托资金的管理方式	单一资金信托	信托机构接受单个委托人委托，依据委托人确定的管理方式（指定用途）或由信托机构代为确定的管理方式（非指定用途）管理和运用货币资金的行为
	集合资金信托	信托机构接受两个或两个以上委托人委托，依据委托人确定的管理方式（指定用途）或由信托机构代为确定的管理方式（非指定用途）管理和运用货币资金的行为

续表

分类标准	品　种	定　义
信托财产的具体运用	贷款类信托	信托机构接受委托人的委托,将委托人存入的资金,按其(或信托计划中)指定的用途、期限、利率与金额等发放贷款,并负责到期收回贷款本息的一项信托行为
	证券投资类信托	委托人将其持有的有价证券委托给信托机构管理、运用的信托行为
	股权投资信托	委托人将资金或财产委托给信托机构,信托机构以受益人的利益最大化为原则,按委托人的意愿以自己的名义对项目公司进行的股权投资
	权益投资信托	信托机构将信托资金投资于能够带来收益的各类权益的资金信托品种,这些权益包括基础设施收费权、公共交通营运权等
	不动产类信托	信托机构将信托资金投资不动产,包括基础设施和房地产等

2. 信托产品的收益与风险特征

目前,信托产品范围涵盖贷款信托、证券投资信托、外汇信托等,不同的信托产品有不同的收益预期。但从收益与风险的整体水平来看,信托产品既没有很高的收益,也没有很高的风险。

信托理财产品的预期年收益率通常都在 4%~5%,如截至 2004 年年底,信托产品年收益率平均达到 4.89%,远远高于商业银行人民币理财产品 3.5% 的收益率,也高于同期其他固定收益类投资产品。

不同信托产品风险程度有所不同,为了控制风险,不少信托投资公司还会请大企业集团或者银行进行担保。信托产品面临着以下几种风险。

(1)经营风险或操作风险:指信托公司在业务扩张过程中,由于制度不健全、决策失误、管理不力、控制不当,甚至人为欺诈等所造成的风险。

(2)市场风险:主要是指由于利率、汇率变动以及有价证券的价格波动而引发的信托资产损失。

(3)信用风险:信托当事人不愿意或不能完成合同责任时的风险。

(4)流动性风险:主要表现为信托资产不能按约定的价格交易变为现金,按约如期返还给委托人或受益人而造成的风险。

(5)政策性风险:主要是指国家法规、政策变化给信托投资公司的经营管理带来的风险。

3.3.5 外汇

外汇是指外国货币,包括钞票、铸币等;外币有价证券,包括政府公债、国库券、公司债券、股票等;外币支付凭证,包括票据(本票、支票等)、银行存款凭证等;其他外汇资金。随着我国各商业银行纷纷推出个人外汇买卖业务,外汇已成为个人理财的一种重要投资工具。目前,可供个人投资的外汇产品主要有以下几种,见表 3-10。

表 3-10　外汇产品的主要种类

产品	定义
个人外汇买卖业务(个人实盘外汇买卖、外汇宝)	银行参照国际外汇市场行情,提供即时交易牌价,个人客户在银行规定的交易时间内,通过银行柜台服务人员或电子金融服务方式,将其所持有的一种外币兑换成另一种外币
个人外汇期权买卖	期权买卖支付一笔期权费给卖方,从而获得一项可于到期日按预先确定的汇率,用一定数量的一种货币买入另一种货币(或者卖出一种货币)的权利。到期时,期权的买方根据市场情况决定是否执行这项权利
个人外汇远期交易	客户与银行签约,预先约定交易币种、金额、汇率、未来交割日、追加担保金方式和交割方式,到约定交割日再按合约规定进行交割清算的外汇交易方式

个人外汇投资专业性强、收益高、风险大,只适合少数对外汇市场和各种外汇交易相当熟悉的投资者。特别是外汇远期交易、外汇期货交易和外汇期权交易,具有四两拨千斤的财务杠杆效应。判断准确,可以小搏大赚得多,但是如果判断失误,赔得也多,则属于典型的高风险、高收益投资品种。个人投资者在进行外汇投资时应慎之又慎。

3.3.6　金融衍生产品

金融衍生产品通常是指从原生资产派生出来的金融工具。金融衍生产品的共同特征是保证金交易,即只要支付一定比例的保证金就可以进行全额交易,不需实际上的本金转移,合约的了结一般也采用现金差价结算的方式进行,只有在到期日以实物交割方式履约的合约才需要买方交足款项。因此,金融衍生产品交易具有杠杆效应,保证金越低,杠杆效应越大,风险也就越大。

金融创新活动接连不断地推出新的衍生产品,国际上金融衍生产品种类繁多,个人理财中常用的金融衍生产品详见表 3-11。

表 3-11　金融衍生产品

产品种类	定义	子类型
远期	合约双方同意在未来的一定日期按一定价格交换金融资产的合约	远期股票合约、远期利率合约、远期外汇合约
期货	买卖双方在未来某个约定的日期以签约时约定的价格交换某一数量的某种物品的标准协议	货币期货、利率期货、股指期货
期权	能在未来特定时间以特定价格买进或卖出一定数量的特定资产的权利	现货期权、期货期权

除此以外,房地产、黄金、艺术品、古董、纪念币及邮票等也可作为理财投资工具进行投资。只是这些产品流动性比较差,专业性较强,进入门槛相对较高,普通投资者很难把握好。主要投资工具综合比较详见表 3-12。

表 3-12 主要投资工具综合比较一览表

投资渠道	期货投资	股票投资	房地产投资	储蓄存款	国债投资	外汇投资	黄金投资
投资对象	商品	股票	房产	存款	国债	外汇	贵金属
投入资金	成交额的10%	成交额的100%	庞大(住房)、较小(商业地产)	100%	成交额的100%	高杠杆比	8%
投资周期	T+0	T+1	长期(住房)、中短期(商业地产)	1~8年	国债期限	反复进出	T+0
投资费用	少	较少	较高	较少	一般	一般	最少
套现能力	及时套现	隔天套现	不易	期满后	需贴现	随时套现	随时套现
获利机会	涨跌皆可	上涨获利	上涨获利	固定	稳定	风险较高	涨跌皆可
投资收益	最高	较高	不确定	最低	较低	较高	最高
投资风险	较大	较大	期限短、风险低	最小	较小	较大	一般
风险控制	灵活可控	难控制	可控	无	无	灵活可控	灵活可控
投资机会	最多	较多	一般	固定	固定	较多	最多

任务 3.4 资产配置与调整

3.4.1 客户财务生命周期与风险特征分析

1. 客户财务生命周期

生命周期是指生物体从出生、成长、成熟、衰退到死亡的全部过程。人的生命也是一个从出生、成长、成熟、衰退到死亡的过程,正所谓年年岁岁花相似,岁岁年年人不同。与此相适应,个人或家庭的财务状况也有一个类似于从出生、成长、成熟、衰退到死亡的过程,在理财中通常称之为财务生命周期。事实上,在人的生命周期的各个阶段,财务状况方面也存在着巨大的差异。在不同的人生阶段,人们的生活重心、收入水平、投资需求、风险承受能力等都会呈现出截然不同的特征,也有着不一样的财务需求,理财规划的内容和重点也不一样。

尽管每个人及家庭情况千差万别,但多数都会呈现为单身期、家庭形成期、家庭成长期、家庭成熟期、空巢期和养老期六个财务阶段。如表 3-13 所示。

表 3-13 人生不同财务阶段的理财需求

人 生 阶 段	家 庭 财 务 特 点	理 财 需 求
单身期 (参加工作至结婚)	社会经验不足、易冲动,经济收入低、开销大	加强职业培训、提高收入水平
家庭形成期 (结婚至小孩出生)	家庭收入、消费双增长。家庭风险承受能力达到最大	储蓄购房首付款,增加定期存款、基金等方面的投资

续表

人 生 阶 段	家庭财务特点	理 财 需 求
家庭成长期 （小孩出生至上大学）	收入进一步提高，保健、医疗、教育等为主要开支。此时期往往是家庭负担最重的时期，负债率最高，财务能力最差	偿还房贷，储备教育金，建立多元化投资组合
家庭成熟期 （子女上大学时期）	收入增加，费用支出主要体现在医疗、子女教育上	准备退休金，进行多元化投资活动
空巢期 （子女独立至自己退休）	负担最轻、储蓄能力最强	重点准备退休金，降低投资组合风险
养老期 （退休之后）	安度晚年，收入逐渐减少、支出越来越大，特别是医疗保健支出急剧增加，在总支出中所占比重日益提高	以安全性好的固定收益投资为主

以上只是常见的普通家庭生命周期的划分，而单亲家庭和无子女家庭以及大家庭生命周期的划分有所不同，但也是大同小异。

2. 客户的风险属性

1）客户的风险属性

机会与风险并存，高风险往往意味着高收益的预期，而低风险则只能获取相对稳定的平均收益。激进的投资者宁可承担较高风险而追逐超额利润，稳健的投资者则在控制风险的情况下进行增值保值。判断客户的风险属性是投资规划的前提和基础。

客户风险属性包括两个方面：一是风险承受能力，反映客户的各种客观条件可以承担多大的风险，它与个人财富、受教育程度、年龄、性别、婚姻状况和职业等客观因素密切相关；二是风险承受态度，反映客户面对风险时的主观态度。客户风险承受意愿越高，表明客户愿意为了提高投资回报而承担更大的风险。一般来说，在投资理财活动中，人们面对风险的态度有五种：冒险型、积极型、稳健型、保守型和消极型。见表 3-14。

表 3-14　不同风险类型的投资者

类型	理 财 倾 向	风险承受能力	收益期望
冒险型	注重资产的快速增值，如赌徒般地追求高回报，可接受高风险	高	高回报
积极型	积极积累财富，愿意承担较高风险，乐于接受新推出的金融商品	中高	中高回报
稳健型	稳定地积累财富，承担适度风险，追求稳定回报	中	中等回报
保守型	稳定是首要考虑因素，追求低风险，能容忍低回报	低	较低回报
消极型	重视安定性，保证本金安全和资产的流动性是最根本的投资目标	极低	低回报

2）客户风险属性的评估

客户风险属性是个人风险管理和投资规划必须考察和分析的重要因素。理财规划师应在理财规划前对客户的风险属性从定性和定量两方面进行全面而客观的评估，据以准确判断客户的风险属性。评估客户风险属性的方法很多，有偏重定性的方法，也有偏重定量的方法。下面从投资目标、投资偏好、风险选择、风险态度等方面介绍一些常见的评估方法。

（1）客户投资目标

理财规划师首先应帮助客户明确自己的投资目标。例如，可以询问客户对本金安全性、抵御通货膨胀、资金流动性、资产增值、当前收益率和避税等方面的相对重视程度。客户的选择在一定程度上反映了客户的风险属性。如果客户最关心本金的安全性或流动性，则该客户很可能是风险厌恶者；如果客户的主要目标是资产增值，则该客户很可能是风险追求者。当然，我们不能仅仅根据投资目标来判断客户的风险属性。许多期望避税的人实际上是风险厌恶者；有些客户的投资目标可能与其风险属性自相矛盾、背道而驰，他们并不知道或者忽略了投资目标与风险属性是不兼容的。在一定程度上，客户的风险属性是评估其投资目标合理性的重要依据。

如果客户的风险态度与其风险承受能力自相矛盾，理财规划师应尽可能引导客户适当调整个人投资目标，使之与其风险属性更加契合。

（2）投资偏好

客户对投资产品的偏好是判断客户风险属性的主要依据。理财规划师可以向客户展示各种按照风险程度做了排序的投资产品供其选择。例如，"如果你意外获得一笔巨额资金，在以下投资产品中，你将如何分配：银行定期存款__%、储蓄性保险产品__%、企业债券__%、证券投资基金__%、不动产投资__%、股票__%等，各项之和要求等于100%"。可供投资的资金可以是实际的也可以是虚拟的。一般来说，人们对于虚拟资金的使用会比实际资金的使用更为大胆。理财规划师还可以让客户将可供投资的产品从最喜欢到最不喜欢进行排序，或者给每一产品进行评级（如低中高），不同级别代表客户对风险的偏好程度。

客户对不同投资产品的风险和预期收益越熟悉，调查结果就越准确；反之，就越模糊。如果客户缺乏最基础的知识和信息，理财规划师应向客户做些说明和介绍。

（3）过去的投资经验

经验是从多次实践中得到的知识或技能。

美国的亨利·福特说："任何人只要做一点有用的事，总会有一点报酬。这种报酬是经验，这是世界上最有价值的东西，也是人家抢不去的东西。"

英国的培根也说："求知可以改进人性，而经验又可以改进知识本身。……学问虽然指引方向，但往往流于浅泛，必须依靠经验才能扎下根基。"

从以上名人名言可以看出，过去的经验对我们做人做事都是一个极其重要的参考，甚至可以说，经验本身就是解决问题的方法、途径或手段。尽管过去的投资绩效并不意味着未来的投资成功，但经验表明，用过去的行为表现预测未来不失为一种简单有效的方法。通过收集客户生活中的实际信息来评估其风险属性也是一种简单有效的方法。以下一些生活方式特点可以用来评估客户对待经济风险的态度。

① 客户当前投资组合的构成

理财规划师可以从客户当前投资组合的构成中了解和分析该投资组合的风险大小。从总资产中银行存款、国债、保险、基金、股票等所占比重中；从客户是否购买年金，年金是固定年金还是变额年金中;从客户对当前投资组合的满意程度中;从如果对投资组合进行调整,是偏向稳健还是冒险的方面调整中都可以分析和判断客户的风险属性。以上这些问题都从某些方面反映着客户的风险属性。

② 负债比例

衡量客户风险属性的另一项指标是客户的负债比例。如果负债比例较高,表明客户具有追求风险的倾向;如果负债比例较低,表明客户可能是一个风险厌恶者。

③ 工作任期和变动频率

自主跳槽的意愿也是判断客户风险属性的重要指标。如果客户在过去 10 年或 15 年中变换工作超过三次,则意味着该客户很可能是风险追求型的。是否在找到新工作之前就辞去原有工作或在中年阶段跳槽也是分析和判断客户风险属性非常重要的信息。

④ 收入变化情况

一般来说,风险追求者的年薪可能波动很大,并且不一定呈上升趋势。另外,客户是否曾经失业;失业持续时间的长短;在失业期间,该客户是接受了每一个工作机会,还是一直等到自己满意的工作为止;重新就业后,该客户的薪水是多少等信息都是分析和判断客户风险属性的主要依据。如果客户重新就业后的薪水低于原有水平,则可以认为该客户是风险厌恶者。

⑤ 住房抵押贷款类型

在办理住房抵押贷款时是选择浮动利率抵押贷款还是固定利率抵押贷款也是分析和判断客户风险属性的重要依据。如果客户选择固定利率抵押贷款,且该项抵押贷款在清偿之前锁定在保证利率水平,则表明客户具有厌恶风险的倾向;相反,如果客户选择浮动利率抵押贷款,则反映客户存在追求风险的倾向。

⑥ 人寿保险金额与年薪的比例

两者之间的比例越大,表明客户对风险的厌恶程度越高。

(4) 风险态度的自我评估

可以通过提示或明确客户对待风险的态度来判断其风险属性。既可以运用定性方法和定量方法,也可以采用多种多样的方式向客户提问。首先,可以询问客户整体性的问题,比如,你认为自己是风险追求者还是风险厌恶者? 如果完全的风险追求者打 10 分,完全的风险厌恶者打 1 分,你给自己打几分? 其次,可以询问客户对决策做出的反应。比如,做出风险投资决策后是否会坐立不安? 是否将风险视为机遇而非危险? 投资决策是否经过深思熟虑? 从风险投资中获得 20 000 元与从稳健投资中获得 20 000 元,哪种情况下更高兴? 是否经常担心失去已有的财富? 是否愿意借款进行金融投资或项目投资? 是否认为不冒险就不可能获得成功?

需要注意的是,用风险态度自我评估法来评估客户的风险属性有一定的局限性。因为,不少人认为风险厌恶者是无能、懦弱的表现,而风险追求者是勇敢、能干、有活力的表现,有男子汉气概,从而很有可能夸大自己的风险属性。另外,人们倾向于将自己最好的一面展示给他人,而隐瞒自己不好的方面,往往可能夸大被人们崇尚的特征。

(5) 概率与收益权衡

这是评估客户风险属性的定量方法,至少需要考虑损失概率、收益概率、损失金额和收益金额四个因素中的一个。主要有确定或不确定性偏好法、最低成功概率法、最低收益法。

① 确定或不确定性偏好法。一个最常用而简单的方法是向客户展示两项选择,一是确定的收益;二是可能的收益。例如,让客户在 A:1 000 元的确定收益和 B:50% 的概率获得 2 000 元中二选一。一般情况下,风险厌恶者多选 A,风险追求者多选 B。如果客户选 B,则可以初步认定该客户是一个风险追求者。

② 最低成功概率法。这种方法通常设计一个两项选择题,一个选项是无风险收益(如 3 000 元),另一个选项是有风险的,但潜在的收益较高(如 5 000 元),同时列出五个成功概率,即 10%、30%、50%、70%、90%。问被调查者在多大的成功概率下,认为两个选项是完全等同的。被调查者所选的成功概率越低,说明其风险倾向越高。

③ 最低收益法。这一方法是要求客户就可能的收益而不是收益概率做出选择。比如,某项投资机会,两个可能的结果:一是有 50% 的可能损失个人的 1/3 净资产,一是有 50% 的可能获得一笔收益。你愿意承担此项风险的最低收益是多少?需要注意的是,运用这一方法评估客户风险属性时应结合客户的个人净资产水平。

理财规划师可以借鉴以上评估方法,结合实际情况设计合适的风险属性调查表,以便于客观而准确地评估客户的风险属性。

3.4.2 资产配置

1. 资产配置过程及其影响因素

1) 资产配置过程

资产配置(asset allocation)是指投资者根据自身的风险属性和资产的风险收益特征,确定各类资产的投资比例,从而达到降低投资风险和增加投资收益的目的。资产配置是投资规划最关键的环节。资产配置的实质是一种风险管理策略,即以系统化分散投资的方式来降低风险,在可忍受的风险范围内追求收益最大化。所以,资产配置是最可靠的投资策略。

普通投资者都认为投资的关键是选对股票并正确把握买卖时机。然而,事实并非如此,研究资料显示,投资获利的决定性因素恰恰是合理的资产分配。资产分配做好了,就为长期投资组合良好的绩效表现奠定了一个坚实的基础。或者说,做好了资产分配为长期投资组合获得良好回报提供了一个最可靠的保证。布理森(Brinson)等人通过详细分析美国 82 家拥有多元化资产的大型养老基金 1977—1987 年的投资组合样本后,发现 91.5% 投资收益差异来自资产配置决策。

从专业投资者的视角来看,资产配置包括以下基本步骤,见图 3-5。

对普通投资者来说,资产配置的过程可以简单一些,但依然可以根据个人财富水平、投资目标、风险偏好、税收考虑等因素来决定纳入投资组合的资产类别及其比重,并在随后的投资期内根据各类资产的价格变动情况,在各类资产之间和各类资产内部及时对资产配置组合权重进行动态调整,以达到控制风险和投资收益最大化的投资目标。

明确投资目标和限制因素	通常考虑投资者的投资风险偏好、流动性需求、时间跨度要求，并考虑市场上实际的投资限制操作规则、税收等问题，确定投资需求
明确资本市场的期望值	利用历史数据与经济分析来决定你对所考虑资产在相关持有期内的预期收益率，确定投资的指导性目标
确定有效资产组合的边界	找出在既定风险水平下可获得最大预期收益的资产组合、确定风险修正条件下投资的指导性目标
寻找最佳资产组合	在满足客户限制因素的条件下，选择最能满足你的风险收益目标的资产组合，确定实际的资产配置战略。
明确资产组合中包括哪几类资产	通常考虑的几种主要资产类型有货币市场工具、固定收益证券、股票、基金、不动产、外汇和贵金属等，确定具体的资产配置

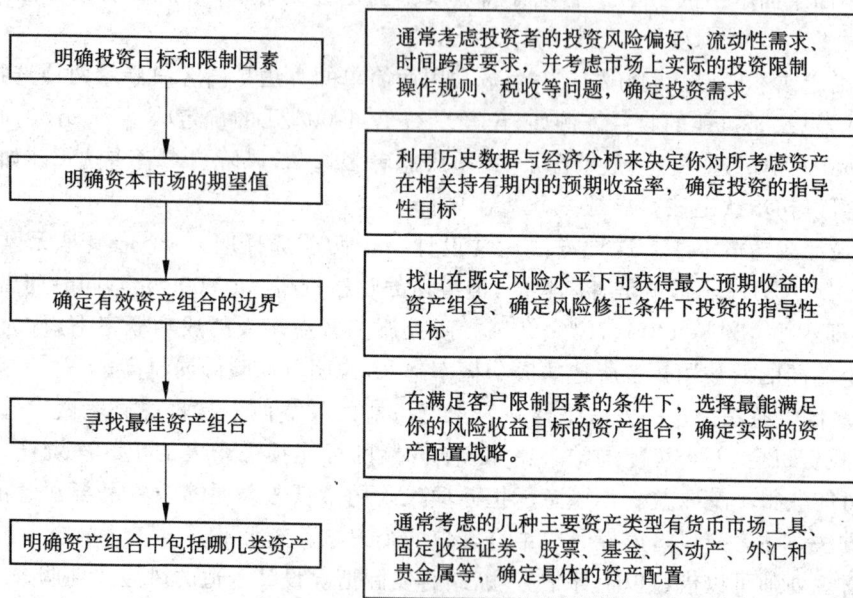

图 3-5　资产配置流程

2）影响资产配置的因素

影响资产配置的因素很多，但归纳起来主要有以下五个方面。

（1）影响投资者风险承受能力和收益需求的各项因素，包括投资者的年龄或投资周期、资产负债状况、财务变动状况与趋势、财富净值、风险偏好等因素。

（2）影响各类资产的风险收益状况以及相关关系的资本市场环境因素，包括国际经济形势、国内经济状况与发展动向、通货膨胀、利率变化、经济周期波动、监管等。

（3）资产的流动性特征与投资者的流动性要求相匹配的问题。

（4）投资期限。投资者在有不同到期日的资产（如债券等）之间进行选择时，需要考虑投资期限的安排问题。

（5）税收考虑。税收结果对投资决策意义重大，因为一般都是以税后收益的多少来评价任何一个投资策略的业绩。

2. 核心资产配置方法

核心资产配置是投资规划中最为关键的一环，它不仅直接决定了客户最终的投资收益与风险，而且还决定着能否实现既定的理财目标。个人核心资产配置的方法归纳起来如图 3-6 所示。

1）风险属性评分法

应用风险属性评分法，首先要根据评分表分别测评客户客观的风险承受能力以及主观上的风险承受态度，并得出相应的分值。其次，根据测评出的风险承受能力和风险承受态度的分值，比照风险矩阵，选出最合适的资产配置。

风险属性分析测试主要包括两个方面：一是从客观上测试客户的风险承受能力；二是

风险属性评分法	→	由风险承受能力和态度算出风险评分,对照风险矩阵选出最适合投资者的资产组合
需求组合法	→	最基本的需求用最保守的储蓄组合,正常目标达成用投资组合,额外目标达成用投机组合
目标时间配置法	→	根据理财目标做资产配置,短期目标配置货币,中期目标配置债券,长期目标配置股票
内部报酬率法	→	先算出可以达成各种理财目标的内部报酬率,再配置可达成内部报酬率的投资组合
双重配置法	→	先做资源配置,把资产与储蓄分配到各种理财目标,再根据各理财目标的年限做资产配置

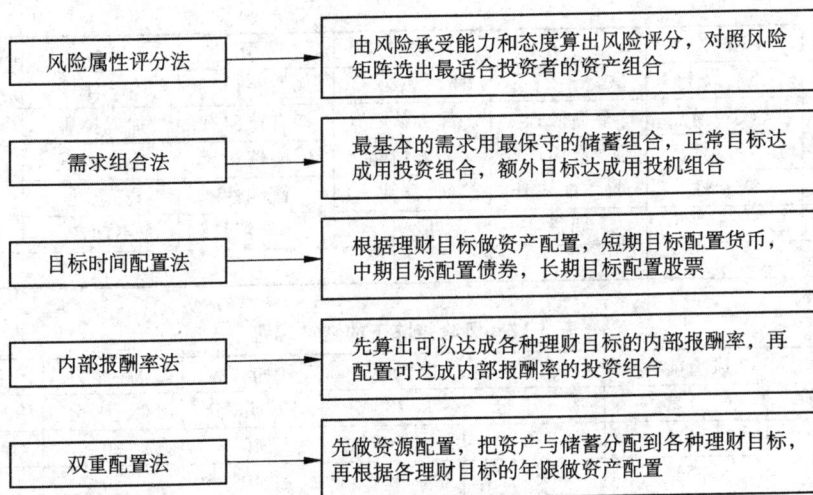

图 3-6 核心资产配置的主要方法

从主观上测试客户的风险承受态度,也就是测试客户个人或家庭风险损失的心理承受能力究竟有多大。因而,风险属性的分析必须将客户个人或家庭客观上的风险承受能力和主观上的风险承受态度两者有机地结合起来。如果客户个人或家庭心理承受能力小,即使家庭有能力承受风险,一项超出其心理承受能力的投资或投资损失也可能给客户个人或家庭带来沉重的心理负担,甚至心理上的严重伤害。比如一个保守型的百万富翁,即使是一两万元的投资损失,也会感到闷闷不乐,懊悔不已,正常生活受到严重影响。同样如果客户没有承担风险的经济实力,即使其对风险损失的心理承受能力较强,也会给个人或家庭带来困惑和麻烦,甚至造成严重的经济损失。这样的投资规划与投资理财的宗旨相悖,是一个失败的规划。

风险承受能力评分见表 3-15,风险承受态度评分见表 3-16,风险矩阵下的资产配置见表 3-17。

表 3-15 风险承受能力评分

	10分	8分	6分	4分	2分	客户得分
年龄/岁	总分50分,25岁以下者50分,每多一岁少1分,75岁以上者0分					
就业状况	公职人员	上班族	佣金收入者	自营事业者	失业	
家庭负担	未婚	双薪无子女	双薪有子女	单薪有子女	单薪养三代	
置产状况	投资不动产	有房无房贷	房贷小于50%	房贷大于50%	无自宅	
投资经验	10年以上	6~10年	2~5年	1年以内	无	
投资知识	有专业证照	财经系毕业	自修有心得	懂一些	一片空白	
总 分						

表 3-16 风险承受态度评分

	10分	8分	6分	4分	2分	客户得分
忍受亏损/%	不能容忍任何损失0分,每增加1%加2分,可容忍>25%得50分					
投资目标	赚短期差价	长期利得	年现金收益	抗通货膨胀保值	保本保息	

续表

忍受亏损%	10分	8分	6分	4分	2分	客户得分
获利动机	25%以上	20%~25%	15%~20%	10%~15%	5%~10%	
认赔程度	默认停损点	事后停损	部分认赔	持有待回升	加码摊平	
赔钱心理	学习经验	照常过日子	影响情绪	影响情绪大	难以成眠	
最重要特性	获利性	收益兼成长	收益性	流动性	安全性	
避免工具	无	期货	股票	外汇	不动产	
总　分						

表 3-17　风险矩阵下的资产配置

风险矩阵	风险能力	低能力	中低能力	中能力	中高能力	高能力
风险态度	工具	0~19分	20~39分	40~59分	60~79分	80~100分
低态度 0~19分	货币	70	50	40	20	0
	债券	20	40	40	50	50
	股票	10	10	20	30	50
	预期报酬率	3.40	4.00	4.80	5.90	7.50
	标准差	4.20	5.50	8.20	11.70	17.50
中低态度 20~39分	货币	50	40	20	0	0
	债券	40	40	50	50	40
	股票	10	20	30	50	60
	预期报酬率	4.00	4.80	5.90	7.50	8.00
	标准差	5.50	8.20	11.70	17.50	20.00
中态度 40~59分	货币	40	20	0	0	0
	债券	40	50	50	40	30
	股票	20	30	50	60	70
	预期报酬率	4.80	5.90	7.50	8.00	8.50
	标准差	8.20	11.70	17.50	20.00	22.40
中高态度 60~79分	货币	20	0	0	0	0
	债券	30	50	40	30	20
	股票	50	50	60	70	80
	预期报酬率	5.90	7.50	8.00	8.50	9.00
	标准差	11.70	17.50	20.00	22.40	24.90
高态度 80~100分	货币	0	0	0	0	0
	债券	50	40	30	20	10
	股票	50	60	70	80	90
	预期报酬率	7.50	8.00	8.50	9.00	9.50
	标准差	17.50	20.00	22.40	24.90	27.50

2）理财目标时间配置法

理财目标是指客户家庭的财产或资金在未来某时间需达到的数额。简单地说，就是想在将来某时间赚到或存多少钱的指标或目标。不仅不同的客户理财目标千差万别，而且同一个客户的理财目标也有短期目标、中期目标和长期目标之分。一般来说，短期目标如控制日常开支、进行储蓄和购买消费品等，中期目标有养育子女和筹集子女教育金、购买住房等,长期目标则有积累养老金等。

理财目标时间配置法是指根据理财目标做资产配置,短期目标配置货币,中期目标配置债券,长期目标配置股票。具体而言,可按表3-18中不同目标类型进行资产配置。

表3-18 理财目标配置法

目标类型	期限	配置资产
紧急预备金(三个月的支出额)	现在	活期存款
短期目标	两年内	定期存款
中期目标	五年内	短期债券
中长期目标	6~20年	平衡型基金
长期目标	20年以上	股票
购房目标	—	不动产证券化工具
子女教育目标	—	教育年金
退休目标	—	退休年金

例如,经理财规划师测算,某客户的理财目标及财务状况如表3-19和表3-20所示。

表3-19 理财目标

理财目标	时间	所需终值/元
购车	2年后	150 000
购房	5年后	1 200 000
教育金	15年后	200 000
退休金	20年后	2 000 000

表3-20 财务状况 单位:元

年收入	200 000	资产	600 000
年支出	80 000	负债	0
年储蓄	120 000	净资产	600 000

按理财目标配置法,不同的理财目标配置如表3-21所示。

表3-21 不同理财目标配置

目标	时间/年	金额/元	实质报酬率/%	工具	现值/元	占资产比重/%	占储蓄比重/%
紧急预备金	现在	20 000	0	活期存款	20 000	3.33	
购车	2年后	150 000	3.25	定期存款	140 705	23.45	
购房	5年后	1 200 000	5	短期债券或不动产证券化工具	首付 360 000 282 069	47.01	
					贷款 840 000 73 235		61.03

续表

目标	时间/年	金额/元	实质报酬率/%	工具	现值/元	占资产比重/%	占储蓄比重/%
子女教育金	15年后	200 000	7	平衡基金	72 489	12.08	
退休金	20年后	2 000 000	9	股票	84 780	14.13	
					272 082		24.84
其他				个股操作	16 959		14.13
合计						100	100

(1) 紧急预备金。紧急预备金应为三个月的支出,故应为 80 000/12×3＝20 000 (元),占资产比重为 20 000/600 000×100％＝3.33％。

(2) 购车。购车款 2 年后的终值为 150 000 元,按定期存款 3.25％的报酬率计算,其现值为 PV＝150 000×(P/F,3.25％,2)＝140 705(元),占资产比重为 140 705/600 000×100％＝23.45％。

(3) 购房。购房款 5 年后的终值为 1 200 000 元,首付 30％,即 1 200 000×30％＝360 000(元)。按短期债券或不动产证券化工具 5％实质报酬率计算,其现值为 PV＝360 000×(P/F,5％,5)＝282 069(元),占资产比重为 282 069/600 000×100％＝47.01％。

房贷为 70％,即 1 200 000×70％＝840 000(元),假设贷款利率为 6％,期限 20 年,则根据年金计算公式计算,年缴本息和为 A＝840 000×(A/F,6％,20)＝73 235(元),占储蓄的比重为 73 235/120 000×100％＝61.03％。

(4) 子女教育金。子女教育金 15 年后的终值为 200 000 元,按平衡基金 7％的报酬率计算,其现值为 PV＝200 000×(P/F,7％,15)＝72 489(元),占资产比重为 72 489/600 000×100％＝12.08％。

(5) 退休金。退休金 20 年后的终值为 2 000 000 元,按股票 9％的报酬率计算,其现值为 PV＝2 000 000×(P/F,9％,20)＝356 862(元)。但资产现值扣除上述理财目标金额后只剩下 14.13％,即 84 780 元。故退休金现值 356 862 元中只有 84 780 元(600 000 ×14.13％)来源于现有资产,并用做股票投资,其余 272 082 元(356 862－84 780)只能从每年的储蓄额中筹集。根据年金计算公式,每年要定期定额投资股票 A＝272 082×(A/P,9％,20)＝29 806(元),占储蓄的 29 806/120 000×100％＝24.84％。

(6) 其他。每年的储蓄额中还剩余 14.13％,即 16 959 元可用做其他投资,如股票投资等。

3) 内部报酬率法

内部报酬率(internal rate of return,IRR)是指一个使该项目预期现金流入量的现值刚好等于其预期现金流出量现值的折现率。用公式表示即为

$$\frac{CF_0}{(1+IRR)^0}+\frac{CF_1}{(1+IRR)^1}+\frac{CF_2}{(1+IRR)^2}+\cdots+\frac{CF_n}{(1+IRR)^n}=\sum_{t=0}^{n}\frac{CF_t}{(1+IRR)^t}=0$$

式中:CF_t 为第 t 期的净现金流量,IRR 为内部报酬率。

【例 3-1】 有一项投资期初投入 80 000 000 元,第一年亏损 7 000 000 元,第二年亏损 3 000 000 元,第三年回收 18 000 000 元,第四年回收 45 000 000 元,第五年回收

72 000 000元,试计算此项投资的内部报酬率是多少?

解析:

$$\frac{-8000}{(1+IRR)^0}+\frac{-700}{(1+IRR)^1}+\frac{-300}{(1+IRR)^2}+\frac{1\,800}{(1+IRR)^3}+\frac{4\,500}{(1+IRR)^4}+$$

$$\frac{7\,200}{(1+IRR)^5}=0$$

利用 Excel 表的函数计算,得到 IRR=10.04%。

资产配置的内部报酬率法是先计算出可以达成各种理财目标的内部报酬率,再配置可达成内部报酬率的投资组合。具体操作步骤如下。

第一步:用 Excel 表编制生涯仿真表。所谓生涯仿真表,是指根据客户个人或家庭财务生命周期的理财活动,按年估算每个理财目标的现金流量,并制作成相应的表格。

第二步:由期初现金流量与评估期间各期现金流量计算出可达成理财目标的内部报酬率(见图 3-7)。

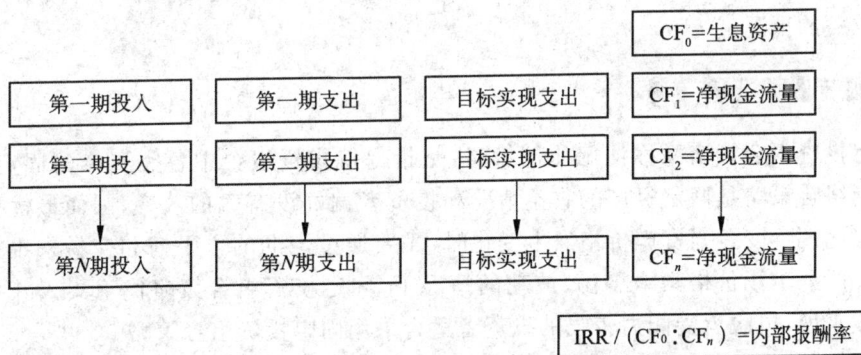

图 3-7 内部报酬率法

第三步:根据投资工具的投资报酬率及客户的风险属性,判断该 IRR 的合理性,并做相应的调整,选择投资组合。

如果现有投资工具的投资能达到此 IRR,并且也与客户的风险属性符合,则客户的所有理财目标都能达成,可根据 IRR 选择投资组合。

若内部报酬率高于15%,实现的可能性低,就应调整生涯规划,延长目标达成年限、调降目标或提高储蓄额。有以下三种方案可供选择:

(1) 推迟退休。推迟退休方案的优点是原定生活品质不会改变,不会对生活造成影响;缺点是推迟退休,不能尽早享受人生。

(2) 调整理财目标。根据理财目标的优先次序,推迟、改变或取消某些理财目标。如缩小购房面积、卖车或取消旅游计划等。调整理财目标的优点不仅可以优化家庭资产结构,实现家庭财务收支平衡,而且不需要推迟退休,可以维持正常生活水平终老,实现所有理财目标。缺点是影响客户的某些生活享受。

(3) 降低退休后的生活水平。如将生活水平维持在原生活水平的80%,减少退休后购置衣物或车辆开支等。

3.4.3 投资组合调整

由于市场情况瞬息万变,客户个人和家庭情况也是不断发展变化的,因而,投资组合具有一定的时效性,投资组合的建立并不是一劳永逸的,而要与时俱进。当各种情况的变化对投资组合产生实质性影响,原有的投资组合难以满足客户的需要时,就必须对原来的投资组合进行调整以使其适应发展变化了的新情况。投资组合调整就是做出买卖证券的选择,卖出原有投资组合中不再需要的证券或资产,买入需要的证券或资产。投资组合的调整策略主要有以下几种。

1. 买入并持有策略

买入并持有策略是指在确定合理的资产配置比例、建立了某个投资组合后,在三至五年的持有期内不改变资产配置状态,保持原有投资组合不变。买入并持有策略是消极型长期再平衡方式,适用于资本市场环境和投资者的偏好变化不大,或者改变资产配置的成本大于收益的情况。

2. 固定投资组合策略

固定投资组合策略又称恒定比例策略,是指保持投资组合中各类资产的固定比例。固定投资组合策略是假定资产的收益情况和投资者偏好没有大的改变,因而最优投资组合的配置比例不变。当资产价格发生变化时,需要通过定期的再平衡和交易来维持这种组合。在股票市场价格频繁震荡、波动的情况下,固定投资组合策略优于买入并持有策略。一般来说,风险承受能力较强的投资者适合采用固定投资组合策略。

下面举例说明固定投资组合策略,见表3-22。

表3-22　固定投资组合策略

情　况	股　票	债　券	股票市值比率	调　整　动　作
初始值	1 500 000 元	500 000 元	75%	
股价下跌10%	1 350 000 元	500 000 元	72.97%	(1 350 000＋500 000)×75%－1 350 000＝37 500(元),卖出37 500元债券,买入37 500元股票
调整后	1 387 500 元	462 500 元	75%	
股价上涨10%	1 650 000 元	500 000 元	76.74%	1 650 000－(1 650 000＋500 000)×75%＝37 500(元),卖出37 500元股票,买入37 500元债券
调整后	1 612 500 元	537 500 元	75%	

以下是固定投资组合策略图形演示,见图3-8。

3. 投资组合保险策略

投资组合保险策略是将一部分资金投资于无风险资产,从而在保证资产组合的

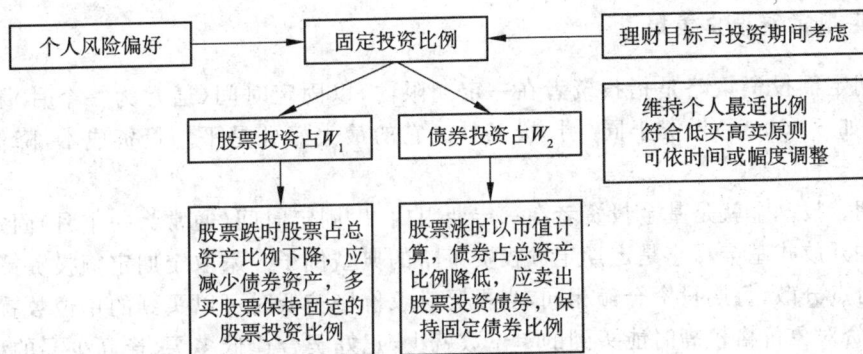

图 3-8 固定投资组合策略

最低价值的前提下,将其余资金投资于风险资产,并随着市场的变化及时调整风险资产和无风险资产的比例,同时不放弃资产升值潜力的一种动态调整策略。当投资组合价值因风险资产收益率的提高而上升时,风险资产的投资比例也随之提高;反之则下降。

著名的恒定比例投资组合保险(CPPI)就是投资组合保险的一种简化形式。恒定比例投资组合保险是按以下公式动态配置高风险高收益的主动性资产与低风险低收益的保留性资产之间的比例,并在股票上涨时将其买进,在股票下跌时将其卖出。

$$E = m \times (V - F)$$

式中:E 为应投资于主动性资产的部分;m 为乘数(事先确定的大于 1 的常数);V 为资产总值;F 为风险控制线(所需保障的底线);$V-F$ 为资产总值下跌时的保护层。

【例 3-2】 假设期初投资金额 $V=1\,200\,000$ 元,$F=1\,100\,000$ 元,$m=6$。

股票初始头寸为:$6 \times (1\,200\,000 - 1\,100\,000)/1\,200\,000 \times 100\% = 50\%$。

如果股市上涨 10%,则 $V=1\,260\,000$ 元,$V-F=1\,260\,000 - 1\,100\,000 = 160\,000$(元),$E=6 \times 160\,000 = 960\,000$(元),股票头寸应为 76.19%,故应买入股票 300 000 元。

相反,如果股市下跌 10%,则 $V=1\,140\,000$ 元,$V-F=1\,140\,000 - 1\,100\,000 = 40\,000$(元),$E=6 \times 40\,000 = 240\,000$(元),股票头寸应为 21.05%,故应卖出股票 300 000 元。

上述三种策略的比较详见表 3-23

表 3-23 资产配置策略特征比较

策　　略	市场变动时行动方向	支付模式	有利的市场环境	要求的流动程度
买入并持有策略	不行动	直线	牛市	小
固定投资组合策略	下降购买,上升出售	凹性	易变,波动性大	适度
投资组合保险策略	下降出售,上升购买	凸性	强趋势	高

资料来源:[美]小詹姆斯·L. 法雷尔,沃尔特·J. 雷哈特. 投资组合管理:理论及应用[M]. 齐寅峰等译. 北京:机械工业出版社,2000.

转引自:中国金融教育发展基金会理财标准委员会. 投资规划[M]. 北京:中信出版社,2004.

4. 定期定额投资策略

定期定额投资策略是指投资者在一定期限内,以固定时间(通常为一个月)和固定金额(例如 5 000 元)投资于同一投资工具。它的最大好处是平均投资成本,降低选时风险。

定期定投基金就是基金投资者在一定期限内,以固定时间(通常为一个月)固定金额申购一种开放式基金。它是定期定额投资策略的典型例子。采取定期定额投资策略,由于买入时点分散,每期投资金额相同,当投资对象价格较低时可以买到的单位数就多;相反,当投资对象价格较高时能买到的单位数就少,正好契合逢低多买、逢高少买的稳健投资原则。此种投资策略下,长期下来,成本被摊平,风险被分散。同时,还易与理财规划长期资金配合操作,强迫储蓄,易于养成理财习惯。缺点是投资期长,所需资金大,回报并不理想,见表 3-24。

表 3-24   定期定额投资策略

定期投资金额/元	多头市场(股价上涨时)		空头市场(股价下跌时)	
	单位价格/元	所购单位数	单位价格/元	所购单位数
5 000	5	1 000	5	1 000
5 000	6	833	4	1 250
5 000	7	714	3	1 667
5 000	8	625	2	2 500
5 000	10	500	1	5 000
合计				
25 000		3 672		11 417
平均成本	6.81		2.19	

5. 战术性资产配置策略

战术性资产配置策略是根据资本市场环境及经济条件对资产配置状态进行动态调整,从而增加投资组合价值的积极战略。大多数战术性资产配置一般具有如下共同特征。

(1)一般建立在一些分析工具基础上的客观、量化过程。这些分析工具包括回归分析或优化决策等。

(2)资产配置主要受某种资产类别预期收益率的客观测试驱使,因此,属于以价值为导向的过程。可能的驱动因素包括在现金收益、长期债券的到期收益率基础上计算股票的预期收益,或按照股票市场股息贴现模型评估股票收益变化等。

(3)资产配置规则能够客观地测试出哪一类资产已经失去高于市场的注意力,并引导投资者进入不受人关注的资产类别。

(4)资产配置一般遵循回归均衡的原则,这是战术性资产配置中的主要利润机制。

理 财 絮 语

十大投资金律

1. 不要低估对财富的需求

人生需要三套房。大部分人都低估了自己对财富的需求,其实人的一生至少需要准备三套房子的财富,才能分别满足自己的居住、孩子的教育以及退休生活的需要,你是否已经有充足的准备了呢?

2. 只有投资才能抵御通货膨胀对财富的侵蚀

谁偷走了我的钱? 乘一部下行的自动扶梯,只有以高于扶梯下行的速度向上走,才能走得上去;考虑到通胀,财富其实也在乘一部下行的自动扶梯,只有财富的增值速度超越通胀,财富才能得到保障。

3. 投资要有计划,需要听取专家的建议

每年 15 元(1.5%),坐享 2 000 小时的专家服务。你是否会为装修房子而辞去工作、特地去学建筑设计然后亲自动手? 不会,大部分人会找一个值得信赖的设计师,让他帮助制定出最好最适合自己的装修计划。投资也是一样,专业人士的建议会让你坐享其成。

4. 投资越早,时间越长,回报越多

晚七年出发,要追一辈子? 1626 年,荷兰人 24 美元就卖了曼哈顿岛,如果当时他们把这笔钱用于投资,以每年 7.2% 的收益率成长,到 2005 年这笔钱将变成 6.67 万亿美元,买回曼哈顿岛绰绰有余,时间对投资结果的改变是惊人的。

5. 养成定期投资的习惯

100 元能做什么? 每天练习 500 次三分投篮,曾经让一名天赋并不十分出色的小伙子成为美国篮球史上最出色的三分球投手。一个好的习惯,可能会改变你的一生。养成定期投资的好习惯,小钱也能变成大钱。

6. 敢于承担适度的风险,才可能获得更高的回报

3 个点的差异,100 万元的差距。在高速公路上也只敢开到 30km 时速的车手,一定会比同时出发的人落后一大截。投资也是一样,避开了风险就等于避开了可能的高回报,更何况收益率的毫厘之差最终会让财富差之千里。

7. 不同的人生阶段,应有不同的投资组合

投资组合,跟着年龄走。随着年龄的增长,曾经的足球健将也不得不转向高尔夫等对体能要求不高的运动。投资也是一样,由于对风险的承受能力会随着时间的推移而下降,在不同的人生阶段应有不同的投资组合。

8. 适度分散是对投资最好的保护

把鸡蛋放在不同的篮子里？钓鱼时将鱼饵放在几根钓竿上,这样即便一处鱼饵没被咬钩,还有另外几处可让你有所收获。投资也是一样,适度的分散可以有效降低投资的风险。

9. 不要选时,也不要追逐热点

10 年造就不一样的未来。开长途车时遇到了交通堵塞,这时看到骑自行车的人从旁边飞驰而过,会因为羡慕骑自行车的灵便而当场把轿车卖掉(而且价格低得可笑),然后买一辆自行车,继续你的旅程吗？相信你不会这么疯狂。长期投资计划也要从长计议,选时、追新等投资操作只会弄巧成拙,让你付出更大代价。

10. 注重投资品种的内在价值

新比旧好(或曰:净值低的(便宜)基金比净值高的(贵的)好)？在冰淇淋销售试验中,大部分人选了一杯看似量多而实际量少的冰淇淋,在我们的日常投资中,投资者也常被表象迷惑,忽略了我们真正应当关注的是投资品种的内在价值。

重点概括

本项目的内容结构如图 3-9 所示。

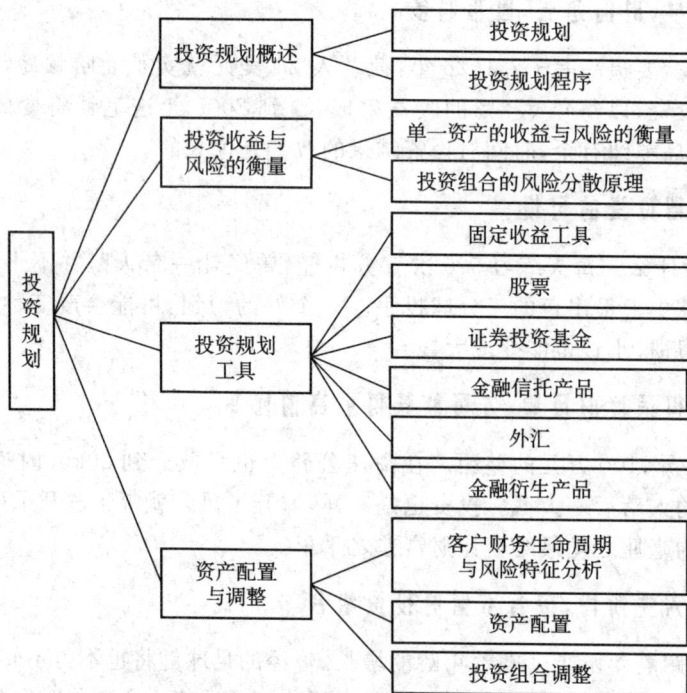

图 3-9　项目三的内容结构

(1) 投资规划是根据客户投资理财目标、可投资资源和风险承受能力,为客户制定合理的资产配置方案,构建投资组合来帮助客户实现理财目标的过程。

(2) 投资规划是一个动态的、时间上不断持续的过程。一次完整的投资规划包含以下步骤。

第一步:制定投资策略。确定委托人有多少可投资的财富,并确定他的投资目标。

第二步:进行投资工具分析。仔细检查已鉴别过的各种投资,以识别出价格扭曲的情况。

第三步:构建投资组合。确定投资的工具,以及可投资财富在各种投资工具组合中的分配比例。

第四步:调整投资组合。确定现行投资组合中将卖出哪些投资工具,以及购入哪些投资工具来代替它们。

第五步:评价投资组合的绩效。根据风险和收益率确定投资组合的实际行为,并与标准投资组合的行为做比较。

(3) 单一资产历史的收益与风险的衡量:持有期收益率是指投资者持有股票期间的股息收入与买卖价差占股票买入价格的比率。

(4) 多个时期投资收益率的衡量:算术平均收益率是收益率集合的平均值,几何平均收益率则是收益率连乘积的 n 次方根。

(5) 单一资产历史的风险衡量:风险就是不确定性、不稳定性或波动性。资产风险就是指投资收益率的波动性。投资收益率越稳定,波动性越小,风险就越小;相反地,投资收益率越不稳定,波动性越大,投资的风险就越高。在投资理论上,通常借用数学上衡量波动性大小的标准差或方差来反映投资风险的大小。

(6) 单一资产预期的收益与风险的衡量:期望收益率为所有状况下收益率的加权平均值。

(7) 投资组合的风险分散原理:随着资产组合中资产数量的增加,即使各种资产完全不相关,资产组合的风险也会随着资产数量的增加而降低甚至最终消除。

通过扩大投资组合,只能降低或减少因行业或企业自身因素改变引起的,只对某个行业或个别公司的证券产生影响的非系统风险。

(8) 投资规划工具:固定收益工具、股票、证券投资基金、金融信托产品、外汇、金融衍生产品、其他实物投资工具。

(9) 客户财务生命周期是指个人或家庭的财务状况类似于从出生、成长、成熟、衰退到死亡的过程。

客户财务生命周期可分为:单身期、家庭形成期、家庭成长期、家庭成熟期、空巢期和养老期六个阶段。

(10) 客户风险属性包括:风险承受能力,反映客户的各种客观条件可以承担多大的风险,它与个人财富、受教育程度、年龄、性别、婚姻状况和职业等客观因素密切相关。风险承受态度,反映客户面对风险时的主观态度。客户风险承受意愿越高,表明客户愿意为了提高投资回报而承担更大的风险。在投资理财活动中,人们面对风险的态度有五种:冒险型、积极型、稳健型、保守型和消极型。

（11）客户风险属性评估：客户投资目标、投资偏好、过去的投资经验、风险态度的自我评估、概率与收益权衡。

（12）资产配置是指投资者根据自身的风险属性和资产的风险收益特征，确定各类资产的投资比例，从而达到降低投资风险和增加投资收益的目的。

（13）资产配置的基本步骤：明确投资目标的限制因素、明确资本市场的期望值、确定有效资产组合的边界、寻找最佳资产组合、明确资产组合中包括哪几类资产。

（14）影响资产配置的因素：影响投资者风险承受能力和收益需求的各项因素，影响各类资产的风险收益状况以及相关关系的资本市场环境因素，资产的流动性特征与投资者的流动性要求相匹配的问题，投资期限和税收考虑。

（15）核心资产配置方法如下。

风险属性评分法，首先根据评分表分别测评客户客观的风险承受能力以及主观上的风险承受态度，并得出相应的分值。其次，根据测评出的风险承受能力和风险承受态度的分值，比照风险矩阵，选出最合适的资产配置。

理财目标时间配置法是指根据理财目标做资产配置，短期目标配置货币，中期目标配置债券，长期目标配置股票。

内部报酬率法是先计算出可以达成各种理财目标的内部报酬率，再配置可达成内部报酬率的投资组合。

（16）投资组合调整策略如下。

买入并持有策略是指在确定合理的资产配置比例，建立了某个投资组合后，在三至五年的持有期内不改变资产配置状态，保持原有投资组合不变。

固定投资组合策略又称恒定比例策略，是指保持投资组合中各类资产的固定比例。

投资组合保险策略是将一部分资金投资于无风险资产，从而在保证资产组合的最低价值的前提下，将其余资金投资于风险资产，并随着市场的变化及时调整风险资产和无风险资产的比例，同时不放弃资产升值潜力的一种动态调整策略。

定期定额投资策略是指投资者在一定期限内，以固定时间（通常为一个月）和固定金额（例如 5 000 元）投资于同一投资工具。它的最大好处是平均投资成本，降低选时风险。

战术性资产配置策略是根据资本市场环境及经济条件对资产配置状态进行动态调整，从而增加投资组合价值的积极战略。

实训项目

1. 模拟投资规划程序。
2. 衡量投资收益与风险。
3. 熟悉投资规划工具。
4. 确定客户财务生命周期，评估客户风险属性。
5. 模拟资产配置过程。
6. 建立投资组合。
7. 调整投资组合。

思考练习

单项选择题

1. 理财规划师在投资规划过程中必须始终坚持的一个原则是（　　）。
   A. 收益最大化　　　　　　　　　　　B. 以小搏大
   C. 财务安全　　　　　　　　　　　　D. 高流动性

2. 股票是投资规划的重要工具，下列关于股票的说法不正确的是（　　）。
   A. 股票是一种有价证券　　　　　　　B. 股票是一种法律凭证
   C. 股票是所有权证书　　　　　　　　D. 股票是一种真实资本

3. 下列行为与良好的投资习惯所不容的是（　　）。
   A. 降低交易成本　　　　　　　　　　B. 避免高频率地买卖
   C. 追涨杀跌　　　　　　　　　　　　D. 避免情绪化的交易

4. 以下属于实物资产投资项目的是（　　）。
   A. 股票　　　　　B. 债券　　　　　C. 基金　　　　　D. 黄金

5. 一般来说，风险承受能力较强的投资者适合采用（　　）。
   A. 买入并持有策略　　　　　　　　　B. 固定投资组合策略
   C. 投资组合保险策略　　　　　　　　D. 定期定额投资策略

多项选择题

1. 以下属于投资组合调整策略的是（　　）。
   A. 固定投资组合策略　　　　　　　　B. 定期定额投资策略
   C. 投资组合保险策略　　　　　　　　D. 分批卖出策略

2. 核心资产配置是投资规划中最为关键的一环，以下属于个人核心资产配置方法的是（　　）。
   A. 内部报酬率法　　　　　　　　　　B. 理财目标时间配置法
   C. 目标并进法　　　　　　　　　　　D. 风险属性评分法

3. 在投资理财活动中，人们面对风险的态度有（　　）。
   A. 冒险型　　　　　B. 保守型　　　　　C. 消极型　　　　　D. 积极型

4. 长期来看，定期定额投资策略的优点是（　　）。
   A. 可以降低成本　　　　　　　　　　B. 投资金额小
   C. 可以分散风险　　　　　　　　　　D. 易于养成理财习惯

5. 在投资规划中，评估客户风险属性的定量方法有（　　）。
   A. 确定或不确定性偏好法　　　　　　B. 最低成功概率法
   C. 最低收益法　　　　　　　　　　　D. 回归分析法

判断题

1. 战术性资产配置策略是根据资本市场环境及经济条件对资产配置状态进行动态调整,从而增加投资组合流动性的积极战略。 （ ）

2. 著名的恒定比例投资组合保险(CPPI)就是投资组合保险的一种简化形式。恒定比例投资组合保险是按 $E = m \times (V - F)$ 公式动态配置高风险高收益的主动性资产与低风险低收益的保留性资产之间的比例,并在股票上涨时将其卖出,在股票下跌时将其买进。 （ ）

3. 客户风险承受能力越高,表明客户愿意为了提高投资回报而承担更大的风险。 （ ）

4. 在理财规划中,客户风险属性不包括客户风险承受态度。 （ ）

5. 空巢期是客户财务生命周期中负担最轻、储蓄能力最强的时期。 （ ）

简答题

1. 简述投资规划的流程。

2. 投资组合调整策略有哪些?

3. 个人核心资产配置的方法有哪些?

4. 怎样评估客户风险属性?

5. 简述资产配置过程和影响资产配置的因素。

住 房 规 划

1. 了解生命不同阶段的住房需求。
2. 了解住房的特性和种类。
3. 熟悉住房规划流程。
4. 掌握购房与租房决策的方法。
5. 掌握购房和换房规划的方法。
6. 掌握住房贷款规划的方法。
7. 熟悉房地产投资的优势和劣势与风险。
8. 掌握防范房地产投资风险的措施。

案例

　　陈女士是一家外贸企业的销售人员,她的先生为事业单位员工,家里有一个两岁的宝宝,存款、债券等共计 200 000 元,夫妻双方单位都有五险,没有商业保险,月收入共计 10 000 元,月支出 6 000 元,其中房租 2 000 元,希望实现购房目标。试为陈女士做购房规划。

任务 4.1　住房规划概述

4.1.1　住房规划的必要性

　　安居乐业自古以来就是人们生活的理想目标和理想的生活状态,而衣、食、住、行又是人最基本的生活需求,"住"在其中又有其不同于其他需求的显著特点,是重中之重、基本的基本。"住"的消费开支在衣、食、住、行中是单笔开支最大的,而住房也是使用时间或消费时间最长的。特别是对中国人来讲,"住"在衣、食、住、行中显得尤其重要。正所谓金窝银窝,不如自己的狗窝,可见住房在人们日常生活中极端重要。因而,解决人们住房问题的住房规划,其重要性不言而喻。

　　住房规划的重要性主要表现在以下方面。

　　(1) 住房规划可以起到强制储蓄的作用。在买房前要为累积首付款而进行储蓄,买房后又要为付月供而进行储蓄。

（2）住房规划可以帮助人们尽早实现购房梦。通过住房规划，早规划、早储蓄、早投资，可以更快更早地筹集到购房资金，早日买到自己心仪的房子，早日实现住房梦。

（3）住房规划可以帮助客户选择最佳的贷款计划。在购房中，首付多少、贷款多少、贷款期限的长短、还贷方式的选择，可以说都是影响深远的事情。首付多，贷款少，首付的压力大，以后还款的压力小，利息负担轻；相反地，首付少，贷款多，则首付的压力小，但是以后还款的压力大，利息负担重。贷款期限长，每期月供的压力小，但是利息负担重；相反地，每期月供的压力大，利息负担轻。诸如此类问题，通过住房规划会得到综合通盘考虑和分析，找出一个最佳的方案使客户在首付、月供和利息负担三者之间获得最佳平衡。

4.1.2　生命不同阶段和住房选择

处在生命的不同阶段，对住房的需求不一样。通常生命周期根据年龄和家庭状况，可分为发育期、自立期、活动期、安定期、自由期和看护期六个阶段。这六个阶段具有不同的特点，由于其生活要求的不同，对居住的需求有所差异，因此人们会选择不同类型的住宅和居住环境。据国外的研究，居民个人一般在其生命周期的不同阶段会根据其需要选择住宅或变换其居住地与住宅多次。在西方发达国家，旧城或距市中心较近地段的档次多样的公寓，其特点是交通便捷且居民能享受中心区的繁华，因此一些年轻人或已婚但尚未有子女的夫妇一般都搬到这里居住；而老年人多与其子女分居，为了生活方便，也愿回迁到城市中心区域；由于郊区的环境质量比市中心要好，收入中等以上有子女的家庭大多迁往郊区居住。对于处于有子女阶段的家庭在选择住宅和居住环境时，首先还是注重有利于孩子成长的环境。许多研究资料表明，交通便捷和设施完善的郊区低层住宅是最有利于儿童生活的地方。其他大的室内外空间、家庭活动的秘密性被认为是抚育子女成长的良好环境，特别是私人的户外空间促进了邻里间的交流，对儿童来说是一个自在、安全且能逐渐社会化的地方。处于不再抚育子女阶段的家庭，他们所需要的居住空间和公共设施与有子女的家庭有很大不同，他们更加重视能快捷方便地享受商业设施和医疗设施。尽管大多数老年人仍愿意住低层独院住宅，但出于打扫房间和公共设施方便上的考虑，往往要重新选择中心地段的集合式住宅。对于多数老年人而言，他们都愿意有自己的住地，且最好在离子女不远的地方。老年人在退休后，其以前来往的朋友与邻居在生活中的重要性增加了，对居住空间的使用要求也产生了很大的变化，应根据老年人的日常生活和身体状况的变化采取相应的措施。

对家的理解，因人而异，但唯一的共同点就是对"房"的需求。"无房不成家"日益成为社会的共识，但是迫于人生阶段的不同购买力及实际需求的不断变化，置业更是对于家人的感情维系。在年轻的时候，只需要一个简单的两居室，与爱人幸福相守；然后，孩子降临了，原本温馨有余的小窝却越发拥挤，于是，购置一套大一点的房子，给孩子一个充足的成长空间成为人们新的追求；人到中年，事业有成，孩子们相继长大，切身体验到抚养子女的艰辛，此时，看着年迈的父母，为他们购置一处养老地产，让他们安享晚年，也是子女义不容辞的责任；等到自己老去，儿孙满堂，自己有理由犒劳辉煌的一生，和老伴相依相靠，于风景优美处购置一套别墅，人生圆满。

按家庭生命周期理论,一个家庭从单身阶段开始到退休养老阶段,每个阶段都有其特定的购房需求。而不同阶段的不同购房需求产生了不同的房产定位,根据家庭生命周期理论初步将购房需求分为以下几个阶段。

1. 单身期

单身期从大学毕业参加工作走上社会到结婚。单身阶段流动性比较大,喜欢运动,朋友很多,同学之间来往密切;收入水平较低,用于交际和吃饭、旅游、教育等方面的支出较多,住房购买力低;单身公寓可能是一种过渡阶段的需求。

2. 家庭形成期

家庭形成期从结婚到子女出生。家庭形成期的年轻人经济负担相对较轻,对赚钱信心十足,有勇气借贷购房,也有足够的还款能力。这一群体崇尚"花明天的钱,圆今日梦"的住房消费理念,易接受各种媒体广告影响,是住房消费市场上最具潜力的买家。新婚期的年轻人对住房的户型结构、居住环境、配套服务等新潮、个性突出的要求。他们不仅是为满足居住这一单一的需求,在结构、装修布置等方面还要求能充分体现其性格特点和兴趣爱好。他们既要求居室具有良好的私密性,也要求有体面的公共空间以满足其广泛的社交需要。

由于此阶段的年轻人经济能力尚不稳定,家庭结构较简单,对住房面积的要求不很高,小户型更适合他们的需求,也能满足他们的需要。但也有考虑到未来孩子的抚养问题,一步到位买一套多室一厅的作为婚后用房。

3. 家庭成长期

家庭成长期是指夫妻开始养育小孩,家庭的重点都转移到了孩子身上,家庭支出的大部分都用于养育子女,生活负担有所增加,不过由于夫妻双方工作趋于稳定,家庭消费能力仍会逐年提高。也有由于工作因素,选择让父母照看孩子,三代同堂的现象也会出现。此阶段的家庭注重房屋的实用性、合理性,同时经济负担的加重和住房的商品化,使他们对房屋的实用性、合理性更加挑剔。其中最主要的要求是户均面积不宜太大,厅、房面积要适中。因此,两室一厅、中低价位、多层住宅可谓首选。

在区位地段的选择上,本阶段购房的重视因素包括学区、交通便利、购物方便等。为孩子选取一个具有良好文化氛围、有益于其健康成长的住区环境是每一个进入成长期家庭考虑的首要因素。因此,地处大学文教区或是居住区内有着完备的幼儿园、中小学的地产项目,就能很好地符合这一阶段家庭的需求。

4. 空巢期

空巢期是子女大学毕业、参加工作到自己退休。子女因上大学或外出工作,开始不住在家里,此时,经济上也不再需要父母的支持,这使得夫妇的负担再次减轻,在个人消费方面会适当提高档次,家庭消费中心从子女重新移回自身。本阶段夫妻经济能力较成熟,但没有购房的需求;相反,较大的居住空间给夫妻二人带来孤单寂寞的心理影响。因此这阶段可能是购房欲望最不强烈的阶段,温馨的小型居室会让不少中老年人感到满足。

由于老年人生理和心理的特点,对住房设计和室外活动空间提出了专门的要求。要求考虑健康老人的家庭保健和行动不便的老人的家庭护理,老年人用卫生间和家庭轮椅等特殊服务设施,旨在为老年人提供方便、安心的居住空间。同时注重持续深入的服务和社区文化创造,包括许多服务配套项目,并且在设施、设备规划设计、安装方面都要结合老年人的特点。

5. 养老期

本阶段子女已另组小家庭,自身消费量减少,集中于生活必需品的消费以及需要医疗产品。太大的房子可能过于空荡,为了能和熟识的老朋友或亲人住得较近,从而产生购房需求或房屋置换需求。此时期购房要求主要是幽雅的居住环境,小区绿化好,最好是有山有水,山清水秀,具有便利的生活条件,而且离医院和亲友近。

4.1.3　住房的特性和种类

1. 房地产的特性

1) 不可移动和分割性

房地产最重要的一个特性是其位置的固定性或不可移动性和不可分割性。每一宗土地都有其固定的位置,不可移动,这一特性使土地利用形态受到位置的严格限制。建筑物由于固定于土地上,所以也是不可移动的。因此,位置对房地产投资具有重要意义,所谓"房地产的价值就在于其位置"就说明了这一点。投资者在进行一项房地产投资时,必须重视对房地产的宏观区位和具体位置的调查研究,房地产所处的区位必须对开发商、物业投资者和使用者都具有吸引力。

另一方面,房地产又具有不可分割性。一栋房子中的一间房或一套房与本栋房的其他房间和套间是不可分割的,必须始终作为一个整体存在。如果强行将某间房或某套房分割出去,整栋楼都会受损甚至垮塌,而且分割出去的房间或套间也不能再称其为房间或套间,因为它已经不再是房子了。

2) 长期使用性

土地的利用价值永不会消失,这种特性称为不可毁灭性或恒久性。土地的这种特性,可为其占有者带来永续不断的收益。建筑物一经建成,其耐用年限通常可达数十年甚至上百年。因此,作为一种商品,房地产具有长期使用性或具有较高的耐用性。

3) 附加收益性和整体增值性

房地产本身并不能产生收入,房地产的收益是在使用过程中产生的。房地产投资者可在合法前提下调整房地产的使用功能,使之既适合房地产特征,又能增加房地产投资的收益。

另一方面,由于土地总是有限的,特别是适于建造住房的土地更是有限的,而且随着经济社会和城市的发展,适于建造住房的土地会越来越少。城市的发展会由市中心向边缘郊区不断扩展,特别是随着交通通信的发展,空间距离越来越小,原来的偏僻地会变成繁华的闹市区。因而,房地产从长期来看具有整体增值性。

4）异质性

市场上不可能有两宗完全相同的房地产。一宗土地由于受区位和周围环境的影响,不可能与另一宗土地完全相同。例如,两处的建筑物一模一样,但由于其坐落的位置不同,周围环境也不相同,这两宗房地产实质上也是不相同的。

5）资本和消费品的两重性

房地产不仅是人类最基本的生产要素,也是最基本的生活资料。在市场经济中,房地产是一种商品,又是人们最重视、最珍惜、最具体的财产。房地产既是一种消费品,也是一项有价资产。

6）易受政策影响性

在任何国家或地区,对房地产的使用、支配都会受到某些限制。

7）相互影响性和深受周围环境影响性

一宗房地产与其周围房地产相互影响。房地产的价格不仅与其本身的用途等有直接的关系,而且往往还取决于其周围其他房地产的状况。

2. 房地产的种类

在我国,目前房地产有以下几种类型。

1）商品房

商品房只是特指经政府有关部门批准,由房地产开发经营公司开发的,建成后用于市场出售出租的房屋,包括住宅、商业用房以及其他建筑物,而自建、参建、委托建造又是自用的住宅或其他建筑物不属于商品房范围。商品房是开发商开发建设的供销售的房屋,是能办产权证和国土证,可以自定价格出售的产权房。

2）房改房

房改房又可以叫做已购公房。已购公房,是指城镇职工根据国家和县级以上地方人民政府有关城镇住房制度改革政策规定,按照成本价或者标准价购买的已建公有住房。按照成本价购买的,房屋所有权归职工个人所有,按照标准价购买的,职工拥有部分房屋所有权,一般在五年后归职工个人所有。

(1)房改房是国家对职工工资中没有包含住房消费资金的一种补偿,是住房制度向住房商品化过渡的形式,它的价格不是由市场供求关系决定,而是由政府根据实现住房简单再生产和建立具有社会保障性的住房供给体系的原则决定,是以标准价或成本价出售的。

(2)房改房的销售对象是有限制的,不是任何人都可以享受房改的优惠政策,购买房改出售的住房的人只能是承住独用成套公有住房的居民和符合分配住房条件的职工。

（3）在房改售房中对购房的面积有所控制，规定人均可购房的建筑面积的控制指标，以防止一些人大量低价购买公有住房，造成国有资产的流失。

（4）购买房改出售的公有住房有一定的优惠政策，公有住房的价格在标准价或成本价的基础上还有工龄、职务或职称方面的优惠折扣。

另外购买房改中的公有住房，在进入市场方面是有限制的。出售给职工的公有住房，一般要在住用若干年以后才可出售。

3）微利房

微利房也称微利商品房，指由各级政府房产管理部门组织建设和管理，以低于市场价格和租金、高于福利房价格和租金，用于解决部分企业职工住房困难和社会住房特困户的房屋。但是购买微利房需要具备一定的条件，下面以深圳市为例介绍微利房的申请条件。

深圳市微利房申请条件如下。

（1）申请人及配偶无任何住房（包括准成本房、全成本房、全成本微利房、社会微利房、集资房、市场商品房和自建私房）及建房用地。

（2）申请对象必须是已婚家庭或单亲家庭，且申请人及配偶户籍迁入特区（或配偶户籍迁入深圳市，单亲家庭子女的户籍迁入特区）时间、结婚时间或离异、丧偶时间均在2002年12月31日之前。

（3）申请人2002年至2004年三年的家庭平均收入在6万元以下。

（4）申请人遵守计划生育的有关规定。

（5）申请人按规定缴纳了深圳市社会保险。

4）福利房

这是计划经济制度的产物，是指以单位福利的形式分配给个人的住房。福利房同样有房产证，只是上市交易有时间限制，一般需要五年。福利房是单位给补贴的房产，但往往房产证在单位，5～10年才会交到房主手里。

5）安居房

安居房是指"为直接以成本价向中低收入家庭出售而建设的住房"，"现阶段（2008年）安居房按成本价向中低收入家庭无房、危房户和住房困难户出售"。"安居房成本价由征地和拆迁补偿费、勘察设计和前期工程费、建筑安装工程费、住宅小区基础设施建设费（包括50%小区级非经营性公建配套费）、管理、贷款利息和税金构成"。根据规定，"购房人可按安居房的成本价购买，也可按职工当年配置公房的价格购买。但差价应由所在单位承担，或由家庭成员各自单位协商承担"。中低收入家庭的标准、住房困难的标准由市房改办规定。安居房设计标准，国家是有所要求的，即不得搞高标准。

4.1.4　个人住房规划流程

人们对住房的需求可以通过购房和租房得到满足。那么，理财规划师就要帮助客户进行购房和租房决策，如果选择购房，就要进行购房规划。购房规划又可分为现在购房、以后购房和换房等规划。住房规划流程详见图4-1。

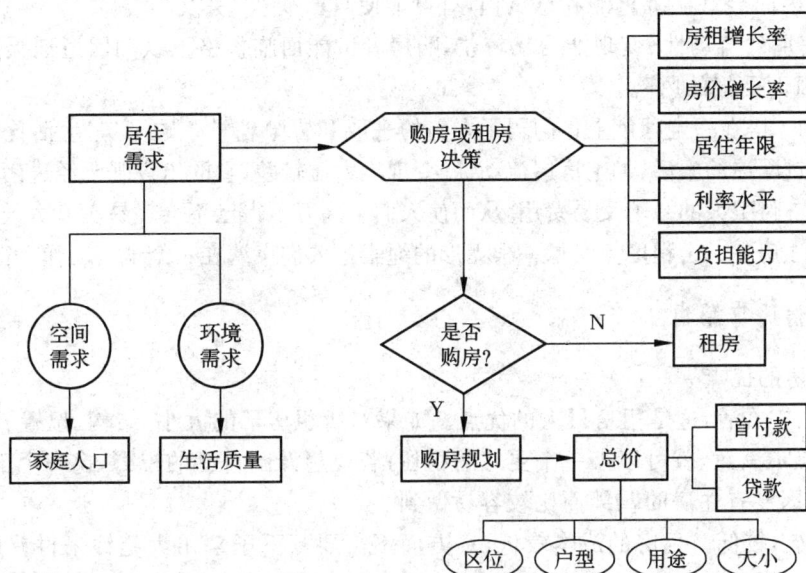

图 4-1 住房规划流程

任务 4.2 购房与租房决策

4.2.1 购房与租房优缺点比较

在进行购房与租房的决策时,首先是要比较一下购房和租房的优缺点,在比较购房与租房优缺点的基础上进行购房与租房的决策。

1. 购房的优缺点

1) 购房的优点

(1) 拥有自己的房产,给人以成就感,而且可以根据自己的个性和意愿进行设计、装修和布置,能够满足自己个性化的居住需求。不用频繁搬家,生活较为稳定。

(2) 能保值增值,是抵御通货膨胀最有效的工具。

(3) 拥有房产后,人们可以将其抵押而获得房屋抵押贷款,从而增强人们的信用能力。

2) 购房的缺点

(1) 购买成本大。购房即使是申请住房按揭贷款,但是首付款仍然是一笔很大的金额,有的人可能一时拿不出这么多钱,即使拿得出,可能也会挤占其他的开支,给家庭生活造成压力。

(2) 购房如果申请了按揭贷款,则以后每月都需要定期还款,给家庭以后的生活和开支带来很大的压力和负担。

(3) 购房如果申请了按揭贷款,要支付利息。贷款数额越大,期限越长,要支付的利息就越多,因而会背上沉重的利息负担,有可能使自己变成"房奴"。

(4)房屋的流动性、变现能力比较差,购房者可能面临价格下跌和因遭遇火灾、水灾、地震和台风而受损的风险。

(5)购了房在一定程度上也削弱了人们的进取和冒险精神。购了房,生活比较稳定舒适,不想再过漂泊的生活,加上房屋流动性、变现能力比较差,它的出售既要经过诸多烦琐的手续,又要支付很大的一笔交易费用,从而使人们不到万不得已不会轻易卖掉房子去外地工作。所以,住房在一定程度上又像一根无形的绳索把人们束缚在一个地方动弹不得。

2. 租房的优缺点

1)租房的优点

(1)比较灵活,这是租房最大的优点。如果对所租房子的大小、结构、位置、环境等各方面有一点不满意,就可以换一个更好的租住;若要想开阔自己的视野,换一个工作、换一个环境,都因没有住房的羁绊而比较容易做到。

(2)成本较低。租房的成本较低,一方面不需要一下子拿出大笔钱来付首期而造成大笔资金被占用;另一方面也没有因买房支付大笔交易成本和装修款,也不会有因贷款而带来的沉重的利息负担。目前,大量出租房都带家私和家电,因而租房也不需要购置大量的家私和家电,从而能节省大笔开支。

(3)不必承担房屋价格下跌的风险。

2)租房的缺点

(1)没有自己的房产,不能按照自己的个性和意愿进行设计装修和布置,总有不如意之感,因而会有凑合着住一段时间的想法。

(2)租金可能会上涨。因而要承担租金的不确定性和上涨的风险。

(3)可能会经常搬家,生活不稳定 ,给人以漂泊而没有一个家的感觉。

4.2.2 购房与租房决策方法

在比较了购房与租房的优缺点后,到底是购房还是租房,可以用年成本法和净现值法进行具体决策。

1. 年成本法

年成本法就是先分别计算租房与购房的年成本,然后进行比较,选择年成本较低者。

购房年成本＝首付款×存款利率＋贷款余额×贷款利率＋年维修及税费

租房年成本＝年租金＋房屋押金×存款利率

【例4-1】 郭先生的小孩今年出生,急需住房。他看上了一间80平方米的一处房产,总价800 000元,首付300 000元,贷款500 000元,贷款利率6％。郭先生还可以租房,房租每月3 000元,另外要交三个月的押金(假设商业银行存款利率为2.2％)。郭先生应该是买房还是租房?

解析:

购房的年成本:

$$500\,000 \times 6\% + 300\,000 \times 2.2\% = 36\,600(\text{元})$$

租房的年成本：

$$3\,000 \times 12 + 3\,000 \times 3 \times 2.2\% = 36\,198(\text{元})$$

租房的年成本＜买房的年成本，应该选择租房。

单纯从计算结果来看，买房的年成本大于租房的年成本，应该选择租房。但是，究竟是购房还是租房，除了比较购房与租房的年成本以外，还应综合分析判断房租是否会调整、房价上涨压力、未来利率走势等因素后进行决策。

2. 净现值法

净现值法就是先分别计算租房的净现值与买房的净现值，然后比较租房的净现值与购房的净现值，净现值较高者更合算。因而，取净现值较大者为最佳方案。

净现值的计算公式为

$$\text{NPV} = \sum_{t=0}^{n} \frac{\text{CF}_t}{(1+i)^t}$$

式中：NPV 为净现值；t 为年份数；CF_t 为各年的净现金流；i 为折现率。

【例 4-2】 张先生最近看上了一套位于深圳某小区的房子，该房可租可买。如果租的话，房租每月 4 000 元，租期 4 年，押金 12 000 元，预计房租每年调涨 100 元。如果买的话，购买总价 1 700 000 元。张先生可以支付 700 000 元的首付款，另外 1 000 000 元拟向某商业银行申请住房按揭贷款，贷款期限 15 年，贷款利率 6%，选择等额本息还款法偿还贷款本息。另外，购买该房的税费及装修费共需 150 000 元。张先生估计居住 4 年后仍能按原价出售。试运用净现值法计算分析张先生应该租房还是买房(注：张先生年平均投资回报率为 5%)。

解析: 先分别计算租房的净现值与买房的净现值，然后比较租房的净现值和买房的净现值，选择净现值较大者进行决策。

租房的净现值＝租房现金流入的现值－租房现金流出的现值
买房的净现值＝买房现金流入的现值－买房现金流出的现值
租房的净现值－买房的净现值

如果大于 0，意味着租房更合算，应选择租房；反之则意味着买房更合算，则应选择买房。

(1) 计算租房现金流入的现值。

首先分析在四年时间里，租房有没有现金流入，有哪些现金流入。

在本案例中，租房的现金流入只有一项，那就是租约到期后收回所交押金 12 000 元。

其次计算租房现金流入的现值。

已知 $F = 12\,000$ 元，$n = 4$，$i = 5\%$，求 $P = ?$

根据复利现值公式：

$$P = \frac{F}{(1+i)}$$

将以上数据代入公式，则

$$P = \frac{12\,000}{(1+5\%)^4} = 9\,872.43(元)$$

租房现金流入的现值为 9 872.43 元。

（2）计算租房现金流出的现值。

同理，首先分析在以后四年时间里，租房有没有现金流出，有哪些现金流出。

在本案例中，不难看出，租房的现金流出有两项，一是租房时所交的 12 000 元押金，二是每月的房租支出。但是，由于预计房租每年调涨 100 元，所以，在以后的四年时间里，每年的房租是不一样的。第一年每月房租 4 000 元，第二年每月房租 4 100 元，第三年每月房租 4 200 元，第四年每月房租 4 300 元。因而计算租房现金流出的现值，必须分别计算每一年房租支出的现值，然后将四年房租支出的现值加总，得到租房现金流出的现值。

下面我们就来计算租房现金流出的现值。

租房时所交的 12 000 元押金的现值就是 12 000 元。

① 第一年租房现金流出的现值。

每月所交房租即为年金，因而计算租房现金流出的现值，就是计算每月所交房租的现值，也就是求年金的现值。每月房租都是月初支付的，所以房租即是期初年金。因而本题计算租房现金流出的现值，就是计算房租即期初年金的现值。时间以月为单位，利率即本题中张先生的投资报酬率，也必须以月为单位，也就是将年利率换算为月利率。

已知 $A = 4\,000$ 元，$n = 12$，$i = 5\% \div 12 = 0.416\,7\%$，求 $P_1 = ?$

根据期初年金现值的计算公式：

$$P_1 = A\frac{(1+i)^n - 1}{i(1+i)^{n-1}}$$

$$= 4\,000 \times \frac{(1+0.416\,7\%)^{12} - 1}{0.416\,7\% \times (1+0.416\,7\%)^{12-1}}$$

$$= 46\,919.49(元)$$

由此可知，第一年租房现金流出的现值为 46 919.49 元。

② 第二年租房现金流出的现值。

计算第二年租房现金流出的现值的原理与方法与第一年大致相同，第二年每月 4 100 元，时间也是以月为单位，为 12 个月，利率也应换算为月利率，即为 0.416 7%。应注意的是，我们所要计算的房租现值是第一年年初的现值，在我们单独计算第二年房租的现值时，第一年没有现金流出，因而第二年的房租属于递延年金，由于房租是期初支付的，属于期初年金，因而属于期初递延年金，递延期为一年，但是以月为单位，也就是 m 为 12，即 $m = 12$。所以计算第二年租房现金流出的现值也就是计算期初递延年金的现值。

已知 $A = 4\,100$，$n = 12$，$i = 0.416\,7\%$，$m = 12$，求 $P_2 = ?$

根据期初递延年金现值的计算公式：

$$P_2 = A\frac{(1+i)^n - 1}{i(1+i)^{n-1}(1+i)^m}$$

$$= 4\,100 \times \frac{(1+0.416\,7\%)^{12} - 1}{0.416\,7\% \times (1+0.416\,7\%)^{12-1} \times (1+0.416\,7\%)^{12}}$$

$$= 45\,751.55(元)$$

由此可知,第二年租房现金流出的现值为 45 751.55 元。

③ 第三年租房现金流出的现值。

计算第三年租房现金流出的现值的原理与方法与第二年完全相同,不同的是第三年每月房租 4 200 元,递延期增加了一年即 12 个月,变成了 24 个月,即 $m=24$。所以计算第三年租房现金流出的现值也就是计算期初递延年金的现值。

已知 $A=4\ 200$,$n=12$,$i=0.416\ 7\%$,$m=24$,求 $P_3=?$

根据期初递延年金现值的计算公式:

$$P_3 = A\frac{(1+i)^n-1}{i\ (1+i)^{n-1}(1+i)^m}$$

$$=4\ 200\times\frac{(1+0.416\ 7\%)^{12}-1}{0.416\ 7\%\times(1+0.416\ 7\%)^{12-1}\times(1+0.416\ 7\%)^{24}}$$

$$=44\ 586.14(元)$$

由此可知,第三年租房现金流出的现值为 44 586.14 元。

④ 第四年租房现金流出的现值。

计算第四年租房现金流出的现值的原理与方法与第二年完全相同,不同的是第四年每月房租 4 300 元,递延期增加了两年即 24 个月,变成了 36 个月,即 $m=36$。所以计算第四年租房现金流出的现值也就是计算期初递延年金的现值。

已知 $A=4\ 300$,$n=12$,$i=0.416\ 7\%$,$m=36$,求 $P_4=?$

根据期初递延年金现值的计算公式:

$$P_4 = A\frac{(1+i)^n-1}{i\ (1+i)^{n-1}(1+i)^m}$$

$$=4\ 300\times\frac{(1+0.416\ 7\%)^{12}-1}{0.416\ 7\%\times(1+0.416\ 7\%)^{12-1}\times(1+0.416\ 7\%)^{36}}$$

$$=43\ 425.79(元)$$

由此可知,第四年租房现金流出的现值为 43 425.79 元。

租房现金流出的现值为

$$P = P_1+P_2+P_3+P_4+12\ 000$$

$$=46\ 919.49+45\ 751.55+44\ 586.14+43\ 425.79+12\ 000$$

$$=192\ 682.97(元)$$

用租房流入现金的现值减流出现金的现值,得租房的净现值。

$$租房的净现值=租房现金流入的现值-租房现金流出的现值$$

$$=9\ 872.43-192\ 682.97$$

$$=-182\ 810.54(元)$$

(3) 计算购房现金流入的现值。

首先分析购房在以后四年里,有没有现金流入,有哪些现金流入。

经过分析,我们发现,在本案例中,在以后四年里,购房的现金流入也只有一项,即四年后原价出售该房屋所形成的现金流入 1 700 000 元,但是还要用来偿还贷款余额,剩下的才是现金流入。然后计算其现值。

首先计算四年后的贷款余额,要计算贷款余额,必须先计算张先生每月的还款额。

① 计算张先生每月还款额。

已知,$P = 1\,000\,000$ 元,$i = 6\% \div 12 = 0.5\%$,$n = 15 \times 12 = 180$,求 $A = ?$

$$A = P\,\frac{i\,(1+i)^n}{(1+i)^n - 1}$$

$$= 1\,000\,000 \times \frac{0.5\%\,(1+0.5\%)^{180}}{(1+0.5\%)^{180} - 1}$$

$$= 8\,438.57\,(元)$$

② 计算张先生四年后的贷款余额。

已知,$A = 8\,438$ 元,$i = 6\% \div 12 = 0.5\%$,$n = 180 - 48 = 132$,求 $P = ?$

根据贷款余额计算公式:

$$P = A\,\frac{(1+i)^n - 1}{i\,(1+i)^n}$$

$$= 8\,438.57 \times \frac{(1+0.5\%)^{132} - 1}{0.5\% \times (1+0.5\%)^{132}}$$

$$= 813\,981.08\,(元)$$

$$1\,700\,000 - 813\,981.08 = 886\,018.92\,(元)$$

张先生四年后出卖房子得到 $1\,700\,000$ 元,偿还剩余贷款 $813\,981.08$ 元后,还剩 $88\,6018.92$ 元。这 $886\,018.92$ 元是四年后流入的,因而对现在来讲是终值,要求的是它现在的现值,即 P。

已知 $F = 886\,018.92$ 元,$n = 4$,$i = 5\%$,求 $P = ?$

根据复利现值的计算公式:

$$P = \frac{F}{(1+i)^n}$$

$$= \frac{886\,018.92}{(1+5\%)^4}$$

$$= 728\,929.96\,(元)$$

(4) 计算购房现金流出的现值。

首先我们要分析购房有没有现金流出,有哪些现金流出。分析得知,购房的现金流出主要有以下三项:

一是购房所支付的 $700\,000$ 元首付款;

二是购房支付的税费及装修款 $150\,000$ 元;

三是因贷款每月偿还贷款本息。

下面我们就来逐项计算购房现金流出的现值。

第一项,购房所支付的 $700\,000$ 元首付款的现值。

由于购房所支付的 $700\,000$ 元首付款是购房时支付的,即现在支付的,所以,它的现值就是它自己,即 $700\,000$ 元。因而,$P_1 = 700\,000$ 元。

第二项,购房所支付的税费及装修款 $150\,000$ 元的现值。

与购房所支付的首付款一样,税费及装修款也是购房时支付的,即现在支付的,因而它的现值也是它自己,即 $150\,000$ 元。因而,$P_2 = 150\,000$ 元。

第三项,因贷款每月偿还贷款本息的现值。

由前面的计算得知,张先生每月应偿还的贷款本息,即月供为 8 438.57 元,然后计算每月偿还贷款本息的现值,即月供的现值。

已知,$A=8\,438.57$ 元,$i=5\%\div12=0.416\,7\%$,$n=4\times12=48$,求 $P=?$

根据期末年金现值的公式:

$$P=A\frac{(1+i)^n-1}{i(1+i)^n}$$
$$=8\,438.57\times\frac{(1+0.416\,7\%)^{48}-1}{0.416\,7\%\times(1+0.416\,7\%)^{48}}$$
$$=366\,424.77(元)$$

则购房现金流出的现值为

$$P=700\,000+150\,000+366\,424.77$$
$$=1\,216\,424.77(元)$$

计算购房的净现值

$$P=购房现金流入的现值-购房现金流出的现值$$
$$=728\,929.96-1\,216\,424.77$$
$$=-487\,494.81(元)$$

比较租房与购房的净现值,取其大者。

由以上计算可知,租房的净现值为 $-182\,810.54$ 元,购房的净现值为 $-487\,494.81$ 元,购房的净现值小于租房的净现值。因而,运用净现值法进行购房与租房决策,选择租房。

任务 4.3　购 房 规 划

在购房与租房决策中如果选择购房,就需要制定购房的基本规划。购房规划有现在购房、几年后购房、购房用于出租以及换房等几种不同的情况,下面分别就不同的购房规划进行介绍。

4.3.1　现在购房

1. 可购买房屋总价

现在购房规划最根本的工作是计算客户的购房能力究竟有多大,也就是计算客户所能负担得起的房屋总价有多大。那么,客户所能够负担得起的房屋的总价怎么计算呢?按照目前的通行做法,把购房总价分解为两个部分,即购房首付款和购房贷款。也就是说客户如果购房,那么,现在有多少钱拿出来付首期,根据目前和今后的收入水平每年或每月可以从收入中拿出多少钱偿还贷款,这一点直接决定了客户可以贷多少款来购房或者说客户的贷款能力。所以,客户的购房能力直接取决于他的付首期的能力和贷款能力。

那么,客户在购房时所能支付的首期款加所能够获得的贷款就是他所能够负担得起的房屋的总价。在所能够负担得起的房屋总价计算出来后,进行区位和单价的选择。区位越好,单价越高,所能购买的房屋面积就越小,区位越差,单价越低,所能购买的房屋面积越大,因而,应在区位、单价和面积三者之间进行综合分析,在三者之间取得最佳平衡的前提下,根据目前最迫切的需要进行决策。

可购买房屋总价=可用于购房的资产总额+可负担的购房贷款总额

其中可负担的购房贷款总额在贷款利率一定的情况下,取决于客户以后每年或每月可用于偿还贷款的储蓄额的多少和贷款期限的长短。储蓄额越多,贷款期限越长,贷款总额就越大;反之,贷款总额就越小,但是贷款期限最长为30年。

可负担的购房贷款总额=每年可供购房的储蓄×年金现值系数(n=贷款年限,i=房贷利率)

【例4-3】　毛先生目前年收入为100 000元,在年收入中打算以40%负担每年贷款额。目前净资产250 000元,在净资产中打算以80%负担购房首付款,毛先生现在想买房,选择20年贷款期限,贷款利率为6%。问毛先生可以买得起多大价值的房屋?

解析:

可购买房屋总价=可负担的购房首付款+可负担的购房贷款总额

可负担的购房首付款=目前净资产×负担比例=250 000×80%=200 000(元)

可负担的购房贷款总额=年收入×负担比例上限×年金现值系数

$$=100\,000×40\%×11.47=458\,800(元)$$

毛先生能负担的总房价=200 000+458 800=658 800(元)

2. 可负担房屋单价

$$可负担房屋单价=\frac{可负担房屋总价}{房屋需求面积}$$

客户购房面积的大小是由其家庭人口数和家庭成员对居住空间的要求所决定的。对于客户来说,究竟购买多大面积的房屋取决于其同住的家庭人口的数量。

【例4-4】　例4-3中毛先生一家三口人,毛先生要求所购房屋应有厨房、餐厅、客厅、卫生间、书房和两个卧室,大约90平方米,才能满足毛先生的居住需要。

解析:　　毛先生可负担房屋单价=658 800÷90=7 320(元)

3. 选择购房区位

可负担房屋单价确定之后,接下来就是选择购房区位。选择购房区位需要考虑的因素很多,主要是所在小区及其周边环境、生活、交通是否便利。如果有小孩上学,则还要考虑小孩上学是否方便以及教学质量的高低,甚至房屋将来升值潜力的大小等。区位是房屋单价最重要的决定因素,理财规划师应帮助客户结合自己的实际情况综合考虑以上各种因素后进行决策。

4.3.2 几年后购房

有些客户现在买不起房或者不想现在买房,而是打算几年后买房。在这种情况下,理财规划师就要帮助客户做几年后购房的规划。几年后购房的规划与现在购房的规划大同小异。也是计算客户可购买房屋总价,可购买房屋总价仍然是由可负担的购房首付款加可负担的购房贷款总额构成的。只是可负担的购房首付款与可负担的购房贷款总额有些细小的差别。由于是几年后购房,那么现在所拥有的用于购房首付款的资产从现在起用于投资,在购房前取出来的本利和(即复利终值)都可以用做首付款,而且,从现在起到购房前的几年里,每年可用于购房的结余收入也可用于投资,在购房前取出来的本利和(即年金终值)也可以用做购房首付款。这样一来,可用于购房首付款的就有两部分资金,一是可用于购房的资产总额的复利终值;二是今后几年每年可用于购房首付款的收入结余的年金终值。可负担的购房贷款总额如果不考虑客户收入增长的因素,则与现在购房的情况相同。如果考虑客户收入增长的情况,则应先计算客户到购房前收入的复利终值,然后计算购房后客户每年可用于偿还贷款的金额,在此基础上计算其年金现值,也就是可负担的购房贷款总额。

用公式表示为:

可负担的购房首付款=可用于购房的资产总额×复利终值系数+每年可用于购房的储蓄×年金终值系数(n=离购房的年数,i=投资报酬率)

可负担的购房贷款总额=目前年收入×复利终值系数×负担比例×年金现值系数

式中:复利终值系数中的n=离购房的年数,i=收入增长率;年金终值系数中的n=贷款年数,i=房贷利率。

可购买房屋总价=可负担的购房首付款+可负担的购房贷款总额

【例4-5】 刘先生目前年收入为100 000元,估计收入年增长率为3%。在年收入中打算以40%负担每年贷款额。目前净资产150 000元,在净资产中打算以80%负担购房首付款,假设净资产以每年10%的速度递增。刘先生计划在5年后购房,选择20年贷款期限,贷款利率为6%。问刘先生5年后可以买得起多少价值的房屋?

解析:

能负担得起得房价=首付款+银行贷款

可负担的购房首付款=目前年收入×负担比例×年金终值系数+目前净资产×负担比例×复利终值系数

$=100\,000×40\%×6.11+150\,000×80\%×(1+10\%)^5$

$=244\,400+193\,261.2=437\,661.2$(元)

可负担的购房贷款总额=目前年收入×复利终值系数×负担比例×年金现值系数

$=100\,000×(1+3\%)^5×40\%×11.47$

$=531\,874.95$(元)

刘先生可购买的房屋总价为

$437\,661.2+531\,874.95=969\,536.15$(元)

需要注意的是,这里假定刘先生购房前每年的储蓄额相同,即不考虑收入增长的因素。如果要加入收入增长的因素,每年的储蓄额不一样,则不能计算年金终值,而必须分别计算每年储蓄的终值。

4.3.3　购房用于出租

有些客户购房不是为了自住,而是想用于出租收取租金。在这种情况下,理财规划师就要帮助客户分析计算购房用于出租是否合算。计算购房用于出租是否合算可以运用年成本法计算比较每月(年)所收取的租金是否能抵偿购房每月所支付的机会成本和实际成本。如果前者大于后者,购房用于出租就合算;反之,则不合算。

$$购房总成本＝购房机会成本＋购房实际成本$$

式中:购房机会成本＝购房占用的资金×投资报酬率或银行存款利率;购房实际成本＝购房贷款总额×贷款利率。

如果没有贷款,则购房实际成本为零。

也可以通过购房用于出租的投资回报率计算购房用于出租是否合算。具体方法是收取的租金是购房用于出租的投资回报,购房支出即是投资,用回报除以投资即得投资回报率,用公式表示为

$$投资回报率＝\frac{年租金收入}{房价＋当年银行贷款利息支出}$$

或

$$投资回报率＝\frac{年租金收入}{购房首付款＋当年归还的银行贷款本金和利息}$$

如果投资回报率高于同期银行存款利率、债券收益率和客户其他投资的投资收益率,则购房用于出租就是合算的;反之,则不合算。

还可以用租售比来分析计算购房用于出租是否合算。租售比是指一个城市的某一特定地段或该城市总体平均的每平方米使用面积的月租金与每平方米建筑面积的售价之间的比值。或者某套房月租金与该套房总价之间的比值。当租房与售房利益平等时,其房租和房价之间的比例关系才是合理的。据测算,国际上的租售比一般为1:100,我国合理的租售比为1:100~1:150。当前我国的实际情况是租金远远低于房价水平,租售比价严重倾斜,导致租房人与买房人之间的经济利益差别较大,造成买房不如租房的局面。在租售比价不合理的情况下,人们就不愿买房,如果要售房也只能是低价售房。在这种情况下,购房用于出租是不合算的。

除此以外,也可以用净现值法等其他方法进行计算。总之,购房用于出租是否合算与是购房合算还是租房合算一样,是一个极其复杂的问题,因为影响因素太多太复杂,加之房屋使用寿命特别长,不确定性大,可能发生的变化就更多,也就更难以把握它的准确性,因而,购房与租房决策也好,购房用于出租决策也好,都不可能计算出一个绝对准确的结果供我们进行选择,而只可能就预测未来5年的情况进行计算分析。时间再延长,房价怎样、房租怎样、利率怎样恐怕难有一个十分准确的预测。

【例 4-6】　刘先生打算在深圳市上海宾馆附近购买一套30平方米的商品房用于出租。已知房屋总价为400 000元,该地段此房出租的租金一般在2 000元/月,银行存款利

率为 2.2%。

（1）如果刘先生一次性支付 400 000 元，买房合不合算？

（2）如果刘先生首付 200 000 元，剩下的 200 000 元向银行申请 5 年期贷款，贷款利率为 5.5%，买房合不合算？

解析：（1）如果刘先生一次性支付 400 000 元购房款，买房机会成本为 400 000 元存银行可得利息 $400\,000 \times 2.2\% = 8\,800$（元），每月利息 733 元。出租每月可得租金 2 000 元，每月租金收入大于买房机会成本，购房用于出租合算。

（2）如果刘先生首付 200 000 元，贷款 200 000 元，买房总成本 $= 200\,000 \times 2.2\% + 200\,000 \times 5.5\% = 15\,400$ 元，每月成本 1 283 元。出租每月可得租金 2 000 元，每月租金收入大于买房总成本，购房用于出租合算。

任务 4.4 换 房 规 划

人们对住房的需求会随着人生阶段的改变而逐渐升级换代。一般来说，单身或新婚夫妇因家庭人口少，有一个小户型的住房就够了。而对于有了小孩的家庭来说，由于要请保姆或老人照看小孩，原来小户型的住房就显得拥挤，有必要换一个空间面积更大的大户型住房，同时由于要方便小孩上学，需要换一个附近教育条件和周边环境更好的住房。再者人到中年，随着职位的升迁、收入的增长和积累，也想住得更宽敞舒适一些，对居住环境、休闲娱乐设施有更高的要求，因而也想换一个大户型、小区及周边环境更好的住房。另外，对退休后的老年人来说，由于小孩早已自立，家庭同住人口减少，不再需要大面积的大户型，改而希望小区及周边医疗保健方便齐全、居住环境较好的、易于打理的小户型住房，因而也需要进行换房规划。

换房需要考虑的因素主要是客户有无能力支付换房必须支付的首付款。

换房需要支付的首付款＝新房净值－旧房净值

＝（新房总价－新房贷款）－（旧房总价－旧房贷款）

换房时还剩下的贷款余额＝每年应摊还额×年金现值系数

需注意的是，在计算年金现值系数时，n 表示房屋贷款剩余年数或期数，i 为房屋贷款利率。

【例 4-7】 周先生现年 45 岁，他看上了一套价值 1 200 000 元的新房，周先生的旧房当前市价 700 000 元，尚有 300 000 元未偿贷款，如果购买新房，周先生打算 55 岁之前还清贷款，银行要求最高贷款成数是 7 成，贷款利率 6%，问周先生换房必须支付的首付款是多少？如果周先生选择等额本息还款法，则每年应偿还多少贷款？

解析：首付款 $= (1\,200\,000 - 1\,200\,000 \times 70\%) - (700\,000 - 300\,000) = -40\,000$（元）

从计算结果可以看出，周先生新房的首付款需要 360 000 元，但是周先生出售旧房所得款项 700 000 元用于偿还剩余贷款 300 000 元外，还剩余 400 000 元，用于支付新房的首付款后剩余 40 000 元。

计算每年应偿还贷款：

已知 $P = 1\,200\,000$ 元 $\times 70\% = 840\,000$ 元，$n = 10$，$i = 6\%$，求 $A = ?$

根据期末年金现值的计算公式：

$$A = P\ \frac{i\ (1+i)^n}{(1+i)^n-1}$$

$$A = 840\ 000 \times \frac{6\% \times (1+6\%)^{10}}{(1+6\%)^{10}-1}$$

$$= 114\ 129.08（元）$$

任务 4.5　住房贷款规划

4.5.1　贷款方式

在签订购房合同以后，一般家庭都无法交付全款，需要贷款。贷款就是购房者将房产抵押给银行，先由银行来垫付房款给开发商，而购房者每月还款的金融行为。贷款可以让购房者实现"先住房后付款"。因此，购房者想要在购房时办理贷款，就必须先了解与贷款相关的常识，并选择最适合自己的贷款方式。住房贷款目前主要有：个人住房按揭贷款、公积金贷款和个人住房组合贷款等三种方式。

1. 个人住房按揭贷款

购房者以所购住房，或以自己或者第三人所有的其他财产作为抵押，或者由第三人为贷款提供连带保证责任，向银行申请获得贷款。

（1）贷款用途：用于支持个人在大陆境内城镇购买、大修住房，目前主要产品是抵押加保证的个人住房贷款，即通常所称"个人住房按揭贷款"。

（2）贷款对象：具有完全民事行为能力的中国公民，在中国内地有居留权的具有完全民事行为能力的港澳台自然人，在中国内地境内有居留权的具有完全民事行为能力的外国人。

（3）贷款条件：借款人必须同时具备下列条件：①有合法的身份；②有稳定的经济收入，信用良好，有偿还贷款本息的能力；③有合法有效的购买住房的合同、协议；④有所购住房全部价款20%以上的自筹资金，并保证用于支付所购住房的首付款；⑤有贷款行认可的资产进行抵押或质押。

（4）贷款额度：最高为所购住房全部价款的80%。

（5）贷款期限：一般最长不超过30年。

（6）贷款利率：执行央行规定的贷款利率，下限利率水平为相应期限档次贷款基准利率的0.9倍。

2. 公积金贷款

按时足额缴存住房公积金的购房者，在购买、建造、大修自住住房时，以其所购（建）住房或其他具有所有权的财产作为抵押物或质押物，或由第三人为其贷款提供保证并承担偿还本息连带责任，向住房公积金管理中心申请的以住房公积金为资金来源的住房贷款。

公积金贷款与商业贷款相比,有以下区别。

(1) 公积金贷款的贷款对象是住房公积金交存人,商业贷款则不分建立公积金与否,都可以申请。

(2) 公积金贷款利息负担比商业贷款低。公积金贷款利率较低,比商业贷款平均低1%左右。在相同担保方式下,贷款中的费用一般也比商业贷款低。而在住房公积金贷款中采用抵押加保险的较高费用的担保方式时,贷款费用一般比商业贷款高,但贷款费用和利息负担之和仍要比商业贷款低,而且保险公司要承担相应的责任和风险。

(3) 公积金是政策性贷款,目前公积金放款条件比商业贷款宽松。

公积金贷款实际贷款期限要比商业贷款长。虽然两种贷款文件规定最长贷款期限目前都是 30 年,但一般商业贷款实际不会放到 30 年。

公积金最大贷款年龄为 65 岁,月收入低于 800 元、没有还款能力不能贷款。月收入不变的情况下:35 岁以内为同一个贷款额,35～65 岁随年龄增加贷款额和年限减少。年龄不变的情况下:800～1 700 元随收入增加贷款额增加,收入 1 700 元以上为同一贷款额。

首付比例:商业贷款额度最高为房价款或房地产评估机构评估的拟购买住房价值的70%～80%,而公积金贷款最高可以到 90%。

(4) 审核灵活程度:公积金贷款周期相对较长,审核比较严格。而商业贷款相对比较灵活,周期较短。

3. 个人住房组合贷款

个人住房组合贷款是指符合某银行个人住房商业性贷款条件的借款人,同时缴存住房公积金,在办理个人住房商业性贷款的同时,还可向银行申请个人住房公积金贷款。即借款人以所购本市城镇自住住房作为抵押物,银行向同一借款申请人同时发放的,用于购买同一套自住普通商品住宅的个人住房贷款,是政策性和商业性贷款组合的总称。

实际上,组合贷款是住房资金管理部门运用政策性住房资金、商业银行利用信贷资金向同一借款人发放的贷款,是政策性贷款和商业性贷款组合的总称。它是公积金贷款和商业贷款同时使用,一般是在个人贷款超过当地规定的公积金贷款的最高上限时才使用的,即当个人通过公积金贷款不足以支付购房款时,可以向受委托办理公积金贷款的经办银行申请组合贷款。两项贷款总额不超过房价的 80%。

如购买高档住宅,须贷款 500 000 元,而当地公积金管理中心规定公积金最多贷款400 000 元,剩余的 100 000 元将使用商业贷款,同时利息也不能享受公积金贷款的利息。

4.5.2 住房贷款偿还方式

住房贷款还款方式主要有到期一次还本付息法、等额本金还款法、等额本息还款法、组合还款法。

1. 到期一次还本付息法

一次还本付息法,又称到期一次还本付息法,是指借款人在贷款期内不是按月偿还本息,而是贷款到期后一次性归还本金和利息。目前,人民银行颁布的一年期内(含一年)的个人住房贷款采用的就是这种方式。现各银行规定,贷款期限在一年以内(含一年),还款方式为到期一次还本付息,即期初的贷款本金加上整个贷款期内的利息综合。

一次还本付息这种方式适合短期借款。

一次还本付息法的计算公式如下:

到期一次还本付息额＝贷款本金×[1＋年利率(％)](贷款期为一年)

到期一次还本付息额＝贷款本金×[1＋月利率(‰)×贷款期(月)](贷款期不到一年)

其中:　　　　　　　月利率＝年利率÷12

如以住房公积金贷款 10 000 元,贷款期为 7 个月,则到期一次还本付息额为

$$10\ 000 \times [1 + (4.14\% \div 12) \times 7] = 10\ 241.5(元)$$

只适用于期限在一年之内的贷款。

2. 等额本金还款法

等额本金还款法,又叫利随本清法,即借款人每月按相等的金额$\left(\dfrac{贷款金额}{贷款月数}\right)$偿还贷款本金,每月贷款利息按月初剩余贷款本金计算并逐月结清,两者合计即为每月的还款额。

等额本金还款法的优势在于随着还款次数的增多,还债压力会日趋减弱,在相同贷款金额、利率和贷款年限的条件下,等额本金还款法的利息总额要少于等额本息还款法。银行利息的计算公式是:利息＝资金额×利率×占用时间。由于每月所还本金固定,而每月贷款利息随着本金余额的减少而逐月递减,因此,等额本金还款法在贷款初期月还款额大,此后逐月递减(月递减额＝月还本金×月利率)。例如同样是借 10 万元、15 年期的公积金贷款,等额本息还款法的月还款额为 760.40 元,而等额本金还款法的首月还款额为923.06 元(以后每月递减 2.04 元),比前者高出 162.66 元。由于后者提前归还了部分贷款本金 ,较前者实际上是减少占用了银行的钱,贷款利息总的计算下来就少一些(10 年下来共计为 3 613.55 元)。

等额本金还款法的基本算法原理是在还款期内按期等额归还贷款本金,并同时还清当期未归还的本金所产生的利息。方式可以是按月还款和按季还款。由于银行结息惯例的要求,一般采用按季还款的方式。

此种还款方式适合生活负担越来越重(养老、看病、孩子读书等)或预计收入会逐步减少的人使用。

还款期内按期等额偿还本金,并同时偿还未归还本金所产生的利息。这种方法的第一个月还款额最高,以后逐月减少。等额本金还款法下每月还款额的计算公式为

$$每月还款额＝\dfrac{贷款本金}{贷款月数}＋(本金－已归还本金累计额)×月利率$$

【例 4-8】　张先生从招商银行申请个人住房贷款 1 000 000 元,期限 15 年,利率7.47％,张先生选择每月等额本金还款法,问张先生在第 1 个月和第 100 个月分别应还款多少?

解析：

第 1 个月应还款额＝本月应还本金＋本月应还利息

$$＝1\ 000\ 000÷(15×12)＋1\ 000\ 000×7.47\%÷12$$

$$＝5\ 555.56＋6\ 225$$

$$＝11\ 780.56(元)$$

第 100 个月应还款额＝本月应还本金＋本月应还利息

$$＝5\ 555.56＋(1\ 000\ 000－99×5\ 555.56)×7.47\%÷12$$

$$＝5\ 555.56＋2\ 801.25$$

$$＝8\ 356.81(元)$$

3. 等额本息还款法

等额本息还款法，即借款人每月按相等的金额偿还贷款本息，其中每月贷款利息按月初剩余贷款本金计算并逐月结清。

银行利息的计算公式是：利息＝资金额×利率×占用时间。由于每月的还款额相等，因此，在贷款初期每月的还款中，剔除按月结清的利息后，所还的贷款本金就较少；而在贷款后期因贷款本金不断减少，每月的还款额中贷款利息也不断减少，每月所还的贷款本金就较多。

这种还款方式，实际占用银行贷款的数量更多、占用的时间更长，同时它还便于借款人合理安排每月的生活和进行理财(如以租养房等)，对于精通投资、擅长于"以钱生钱"的人来说是好的选择。

按照贷款期限把贷款本息平均分为若干等份，每个月还款额度相同。等额本息还款法下每月还款额的计算公式为

$$每月还款额 ＝ \frac{贷款本金×月利率×(1＋月利率)^{还款期数}}{(1＋月利率)^{还款期数}－1}$$

【例 4-9】　客户徐女士在建设银行申请个人住房贷款 500 000 元，期限为 10 年，采用每月等额本息还款法，年贷款利率为 5.58\%。试计算徐女士每月还款额是多少？

解析： 贷款本金＝500 000 元，月利率＝5.58\%÷12＝0.465\%，还款期数＝10×12＝120，求每月还款额即 $A＝?$

$$每月还款额 A ＝ \frac{贷款本金×月利率×(1＋月利率)^{还款期数}}{(1＋月利率)^{还款期数}－1}$$

$$每月还款额 A ＝ \frac{500\ 000×0.465\%×(1＋0.465\%)^{120}}{(1＋0.465\%)^{120}－1}$$

$$＝5\ 446.16(元)$$

徐女士每月还款额为 5 446.16 元。

4. 组合还款法

组合还款法是将贷款整个还款期间分为多个还款段，每个还款段选择不同的还款方式或者不同的还款本金方式。还款段最多可以设为八段。组合还款法可分为递增型、递减型和任意型三种。

　　1）不同还款方式的组合

　　它是指在每一个还款段,可以选择等额本金还款方式、等额本息还款方式、分期付息还款方式(指根据还款期计收贷款利息不收贷款本金,贷款本金到期归还的还款方式)和一次还本还款方式(指到期一次还本付息的还款方式)中的一种。但分期付息还款方式不能为最后一还款段还款方式;而若选择一次还本还款方式时,必须为最后一还款段还款方式。

　　2）不同还款本金的组合

　　组合还款法是指在每一个还款段,可以选择固定本金还款方式(指每个还款期都归还固定的本金的还款方式)或分期付息还款方式中的一种。但在此还款方式下,各期贷款本金扣款额之和必须等于贷款发放金额,分期付息还款方式不能为最后一还款段还款方式。

　　3）组合还款法的优点

　　(1)可选等额本金还款和等额本息还款;

　　(2)可选固定本金还款或分期付息还款;

　　(3)按不同还款段组合各类还款法;

　　(4)随本金变动可直接减少利息的支出。

　　4）组合还款法的缺点

　　(1)前期还款数额低的月份多,后期还款压力大;

　　(2)还款总期限是固定的。

　　究竟选择哪种还款方式,借款者在办理住房贷款时要根据自己的实际收入情况和预期收入来确定还贷方式。等额本息还款法适用于整个贷款期内家庭收入比较稳定的客户,等额本金还款方式前期还款额度较大,贷款人的压力也就比较大,比较适合有一定积累的客户;而那些购房首付额度较高又急于装修的家庭不适合等额本金还款法。

4.5.3　如何确定住房贷款期限

　　确定合适的住房贷款期限对购房者来说也是一个十分重要的问题。在贷款总额、贷款利率和还款方式一定的情况下,贷款期限的长短对购房者会造成几个方面的影响。一是影响购房者每期还款压力的大小;二是影响购房者整个贷款期内利息负担的大小。可以说,贷款期限越长,每期还款额少,还款压力小,但是贷款期限越长,应支付的利息就越多,整个贷款期内或总的利息负担就越重;相反地,贷款期限越短,每期还款额越大,还款压力越大,但是贷款期限越短,应支付的利息就越少,整个贷款期内或总的利息负担就越轻。理财规划师应帮助客户根据其财务能力,通过综合分析判断,在尽可能减少利息支出的大前提下,在还款压力和利息负担两者之间取得一个最佳平衡。但在进行决策时,应遵循以下理财原则:一是房屋月供款占借款人税前月总收入的比率,不应超过25％～30％;二是房屋月供款加其他10个月以上贷款的月供款总额占借款人税前月总收入的比率,应控制在33％～38％。

任务 4.6 个人住房投资

4.6.1 房地产投资的优势与劣势

1. 房地产投资的优势

(1) 房地产具有不断升值的潜力,可以获得可观的收益。由于土地资源的稀缺性、不可再生性,以及人口上升、居民生活水平的提高,整个社会对房地产的需求长期处于上升趋势。具体来说,人总是要住房子的,而且有不断改变居住条件的需求。这些机会为房地产投资带来可预期的收益。从我国最近五六年的情况来看,投资于房地产可以取得非常可观的收益,可以说是任何投资都无法比拟的。

(2) 房地产的价值相对比较稳定,是对抗通胀的最好手段。投资房地产是对抗通货膨胀的最好手段。房地产相对其他消费品具有相对稳定的价值,科技进步、社会发展等对其影响相对比较小。不像一般消费品,如汽车、电脑、家用电器等,只会随着科技水平的发展,价值不断下降。所以房地产具有较好的保值增值的功能。

(3) 具有财务杠杆效应。投资房地产即买房不必支付全款,而可以从银行获得一定成数的贷款,自己只需要支付首付款。最高贷款额度是房价的 80%。如果房价 1 000 000 元,则可以获得 800 000 元贷款,自己只需要支付 200 000 元。也就是说,200 000 元就可以做 1 000 000 元的投资,具有四倍的财务杠杆效应。只要投资收益率高于银行贷款利率,就是无本万利。

(4) 房地产是一种耐用消费品。房地产是人们生活的必需消费品,但不同于一般的消费品。一般情况下,房子的寿命都在上百年以上,最少也可几十年(产权期限是 70 年)。这种长期耐用性,为投资赢利提供了广阔的时间机会。

2. 房地产投资的劣势

(1) 缺乏灵活性,流动性相对较差。房地产作为不动产,最大缺点是流动性较差。它不像其他金融产品,可随时变现或较容易变现。一般要出售或出租都需有一定的时间,而不可知不可控。有时,为了达到快速变现,可能要损失收益甚至亏损才行。所以,房地产作为固定资产投资,一般是长期投资项目,家庭必须没有现金压力才行。

为了减小这种风险,一般考虑房地产投资作为投资组合的一部分,而非全部;另外就是在急需资金时,可把房地产抵押进行贷款。

(2) 投资金额比较大。房地产投资额的起点都比较大,一般动辄数十万元,或上百万元。对有些家庭来说,一辈子的结余就是为了购一套房。

(3) 投资周期长。

(4) 风险大。房地产投资是一项政策性很强的经济活动。如土地政策、城市规划、房地产税收、租金管制等的变化都可能给房地产投资带来一定的风险。国内房地产市场的不成熟也给少数开发商提供了违规欺骗的机会。如房屋的质量、合同的不公正、产权的不完善等,都可能给房地产投资带来损失。

4.6.2　房地产投资的风险

1. 流动性风险

首先,由于房地产是固定在土地上的,其交易的完成只能是所有权或是使用权的转移,而其实体是不能移动的。其次,由于房地产价值量大、占用资金多,决定了房地产交易的完成需要一个相当长的过程。这些都影响了房地产的流动性和变现性,当房地产投资者在急需现金的时候却无法将手中的房地产尽快脱手,即使脱手也难达到合理的价格,从而大大影响其投资收益,所以给房地产投资者带来了变现收益上的风险。

2. 利率风险

利率风险是指利率的变化给房地产投资者带来损失的可能性。银行利率会显著影响房产投资,尤其是通过按揭的投资。利率的变化对房地产投资者主要有两方面的影响:一是对房地产实际价值的影响,如果采用高利率折现则会影响房地产的净现值收益。二是对房地产债务资金成本的影响,如果贷款利率上升,则会直接增加投资者的利息成本,加重其债务负担。

3. 经济周期风险

房地产行业是典型的周期性行业,与国民经济运行状况密切相关。经济周期对房地产有显著影响。当国民经济进入不景气阶段时,房地产行业也会陷入衰退和萧条,造成房地产价格下降,投资收益降低。

4. 经营性风险

经营性风险是指由于经营上的不善或失误所造成的实际经营结果与期望值背离的可能性。产生经营性风险主要有两种情况:一是由于投资者因得不到准确充分的市场信息而可能导致经营决策的失误;二是由于投资者对房地产的交易所涉及的法律条文、城市规划条例及税负规定等不甚了解造成的投资或交易失败。

5. 社会风险

社会风险是指由于国家的政治、经济因素的变动,引起的房地产需求及价格的涨跌而造成的风险。当国家政治形势稳定、经济发展处于高潮时期时,房地产价格上涨;当各种政治风波出现和经济处于衰退期时,房地产需求下降和房地产价格下跌。

6. 自然风险

自然风险是指由于人们对自然力失去控制或自然本身发生异常变化,如地震、火灾、滑坡等,给投资者带来损失的可能性。这些灾害因素往往又被称为不可抗拒的因素,其一且发生,就必然会对房地产业造成巨大破坏,从而对投资者带来很大的损失。

4.6.3　防范房地产投资风险的措施

1. 做好充分的前期调查工作

可以说前期调查工作做得越充分,房地产投资的风险就越小。前期调查工作的内容有很多方面,包括个人财力、市场环境、拟投资房产的基本情况等。

个人财力方面就是要根据个人财力做力所能及的投资。不仅要考虑自己的首付款能力,还要合理而客观地估算自己以后每年或每月偿还贷款本息即付年供或月供的能力。如果超出自己的能力,都有可能造成违约而带来损失,且加重自己的负担。

市场环境方面既要综合分析整个国民经济的运行情况,还要预测房地产市场的价格走势,还要分析国家有关土地政策、城市规划、房地产税收、租金管制等的变化,以及利率走势等,关注政策变动,认准投资方向。我国房地产起步较晚,市场不规范,与发达国家相比,其受政府政策影响则更大。任何国家的政策都不是一成不变的,而政策的变化无论对一国的经济发展还是对投资者的经济都将产生一定影响。所以要时刻关注国家各项方针政策的变化,特别是政府对房地产开发的态度和政策动态。

拟投资房产的基本情况方面,要加强投资环境预测,选择最佳投资区位,加强市场调查研究,寻找投资良机。投资区位的选择对减小投资风险起着举足轻重的作用。通常进行最佳区位的选择应从这几个方面分析:地理位置;交通、商贸状况及水电通达情况;医院、学校、菜市场;公园等娱乐休息场所;城市未来发展趋势等。值得注意的是,不同房地产的投资类型的区位价值决定因素又具有不同特征,必须分析从而做出决策目标的选择。如住宅投资要注意对地段、层高、位置、朝向的选择,交通是否便利,附近是否有大型超市、菜市场、学校和医院,治安是否良好等;写字楼则要位于城市金融、文化、商贸、政治中心区,各种机构相对集中区域,交通便利;而商铺要考虑地段的潜值、交通条件、商业氛围、市场状况等。除此之外,投资者还要考虑投资环境变化对投资项目的影响,即在投资项目建成后确保不会因投资环境的变化而造成区位选择的失误或投资项目的价值下降。也许现在区位不理想,但项目建成后由于环境的变化,城市的发展使该区位具有较高的增值潜力。

2. 优化分析

在掌握尽可能多的信息的基础上,投资者应依靠经验和技术方法进行风险分析,优化投资策略,最后确定适合自己的最优方案。

3. 选择最佳的投资时机

房地产是典型的周期性行业。房地产市场价格深受经济周期的影响。经济高涨时,房地产的价格也存在泡沫,因此把握好房地产投资的时机是取得房地产投资成功的关键因素。投资时机的选择上,一是要选择合适的投资时间;二是要确定合理的投资周期。简单来讲,就是要踏准房地产市场价格起伏波动的节拍或节凑。具体地说,就是在房地产市场价格处于上升阶段的初期买入,在上升阶段的末期卖出。

4. 选择合适的房产投资组合

运用投资组合理论,"不要把所有的鸡蛋放在一个篮子里",将这句话引入投资领域,就是说要懂得分散投资以达到分散风险、降低风险的目的。房地产具有位置的固定性,而且投资时间长,所以一旦投资于一个地方,则该投资环境一旦发生变化将会严重影响投资收益。如果在城市投资,则可以同时在市中心和不同城区、学校附近或有开发潜力的郊县等不同地理位置投资。不同类型房地产的商业风险不一样,获利能力不一样,为了降低投资的商业风险,又要保证获取预期的投资收益,较理想的对策是进行房地产类型组合投资。如在投资写字楼的同时兼顾住宅、商铺等不同类型的房屋,利用不同类型房地产功能的相互补充,以及不同类型房地产资金的调剂作用,适应市场需要,能提高总体抗风险能力和获利能力。

理 财 絮 语

租　售　比

租售比是指每平方米使用面积的月租金与每平方米建筑面积的房价之间的比值,也有一种说法认为是每个月的月租与房屋总价的比值。国际上用来衡量一个区域房产运行状况良好的租售比一般界定为 1∶160～1∶200。如果租售比高于 1∶200,意味着房产投资价值相对变小,房产泡沫已经显现;如果低于 1∶160,则表明这一区域房产投资潜力相对较大,后市看好。租售比无论是高于 1∶200 还是低于 1∶160,均表明房产价格偏离理性真实的房产价值。

租售比很好地解决了供求关系的干扰,成为判断炒作程度的试金石,因为没有任何开发商会去炒作租金水平的。

但是在实际应用中,要与经济发展趋势和通货膨胀预期相结合,国际上通行的标准是在经济发展缓慢稳定和货币稳定的情况下形成的,无论是在美国金融危机的情况下还是在中国高速发展的情况下,合理的租售比都有一定的偏移,但是作为相对指标,衡量投资价值还是很好的,比如判断某一个城市、区域甚至楼盘的投资价值相对于同类型的单位。也就是说,经济发展速度相同的地区,无论城市大小,租售比应该接近,否则就有不合理性。

租售比计算方法:

$$租售比=\frac{每平方米使用面积的月租金}{每平方米建筑面积的房价}$$

$$=\frac{月租金}{房价}$$

例如，$50m^2$ 电梯小户型带家具，800 元/月是基本价，2002 年买的房子，当时卖价 2 550 元/m^2，按此价格和租金水平计算，其租售比 = $\dfrac{800}{2\,550\times50}$，按 2002 年的卖价约为 1∶160。

或者 $\dfrac{\text{月租金}}{\text{建筑面积}} = \dfrac{800}{50} = 16$ 元/(平方米·月)。租售比 = $\dfrac{\text{每平方米月租金}}{\text{每平方米售价}} = \dfrac{16}{2\,550} \approx 1∶160$。

重点概括

本项目的内容和结构如图 4-2 所示。

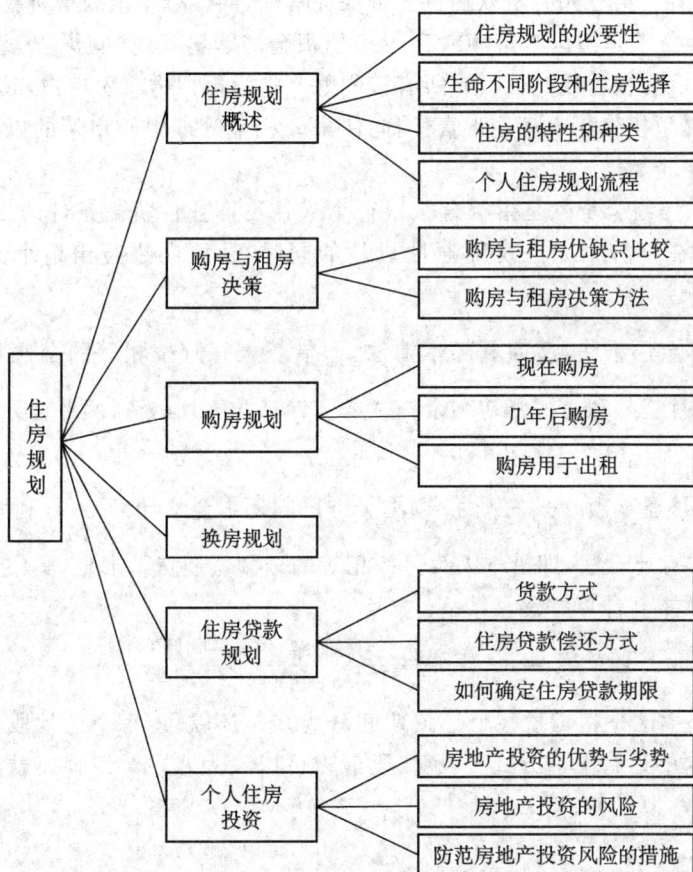

图 4-2　项目四的内容和结构

（1）年成本法就是先分别计算租房与购房的年成本，然后进行比较，选择年成本较低者。

　　　　购房年成本＝首付款×存款利率＋贷款余额×贷款利率＋年维修及税费
　　　　租房年成本＝年租金＋房屋押金×存款利率

（2）净现值法就是先分别计算租房的净现值与买房的净现值，然后比较租房的净现值与购房的净现值，净现值较高者更合算。因而，取净现值较大者为最佳方案。

(3) 可购买房屋总价＝可用于购房的资产总额＋可负担的购房贷款总额

负担的购房贷款总额＝每年可供购房的储蓄×年金现值系数

（n＝贷款年限，i＝房贷利率）

$$可负担房屋单价＝\frac{可负担房屋总价}{房屋需求面积}$$

换房需要支付的首付款＝新房净值－旧房净值

＝（新房总价－新房贷款）－（旧房总价－旧房贷款）

换房时还剩下的贷款余额＝每年应摊还额×年金现值系数

（4）个人住房按揭贷款是指购房者以所购住房，或以自己或者第三人所有的其他财产作为抵押，或者由第三人为贷款提供连带保证责任，向银行申请获得贷款。

（5）公积金贷款是指按时足额缴存住房公积金的购房者，在购买、建造、大修自住住房时，以其所购（建）住房或其他具有所有权的财产作为抵押物或质押物，或由第三人为其贷款提供保证并承担偿还本息连带责任，向住房公积金管理中心申请的以住房公积金为资金来源的住房贷款。

（6）个人住房组合贷款是指符合某银行个人住房商业性贷款条件的借款人，同时缴存住房公积金，在办理个人住房商业性贷款的同时，还可向银行申请个人住房公积金贷款。

（7）等额本金还款法，又叫利随本清法，即借款人每月按相等的金额$\left(\dfrac{贷款金额}{贷款月数}\right)$偿还贷款本金，每月贷款利息按月初剩余贷款本金计算并逐月结清，两者合计即为每月的还款额。

$$每月还款额＝\frac{贷款本金}{贷款月数}＋（本金－已归还本金累计额）×月利率$$

（8）等额本息还款法，即借款人每月按相等的金额偿还贷款本息，其中每月贷款利息按月初剩余贷款本金计算并逐月结清。

$$每月还款额＝\frac{贷款本金×月利率×（1＋月利率）^{还款期数}}{（1＋月利率）^{还款期数}－1}$$

（9）组合还款法是将贷款整个还款期间分为多个还款段，每个还款段选择不同的还款方式或者不同的还款本金方式。还款段最多可以设为八段。组合还款法可分为递增型、递减型和任意型三种。

实训项目

1. 运用年成本法和净现值法进行购房和租房决策。
2. 进行购房和换房规划。
3. 进行住房贷款规划。
4. 模拟生命不同阶段的住房选择。

思考练习

单项选择题

1. 胡先生申请了住房按揭贷款 1 200 000 元,胡先生估计近几年手头比较紧,你认为胡先生选择(　　)比较合适。
   - A. 到期一次还本付息还款法
   - B. 等额本金还款法
   - C. 组合还款法
   - D. 等额本息还款法

2. 以下不属于目前我国商业银行开办的个人住房消费信贷形式的是(　　)。
   - A. 国家贷款
   - B. 组合贷款
   - C. 商业贷款
   - D. 公积金贷款

3. 马先生欲购买 1 000 000 元的房子,假设七成按揭,贷款期限 25 年。则马先生需要支付的首期款和贷款分别为(　　)元。
   - A. 200 000;800 000
   - B. 400 000;600 000
   - C. 300 000;700 000
   - D. 500 000;500 000

4. 收入较高,还款初期希望归还较大款项来减少利息支出的借款人应采用(　　)。
   - A. 等额本金还款法
   - B. 等额本息还款法
   - C. 等比递增还款法
   - D. 等比递减还款法

5. 以下关于还款方式的优缺点,正确的是(　　)。
   - A. 等额本金还款法,每月还款金额不同,不便做规划,前期负担重,但有越还越轻松,所付利息较少的优点
   - B. 等额递增还款法,初期负担轻,后期负担重,全期所付利息较少
   - C. 等额递减还款法,初期负担重,后期负担轻,但全期所付利息较多
   - D. 等额本息还款法,每月还款金额相同,便于做资金规划,且全期所付利息较少

多项选择题

1. 在购房与租房决策中,常用的决策方法有(　　)。
   - A. 回归分析法
   - B. 年成本法
   - C. 净现值法
   - D. 边际成本法

2. 目前,在我国个人住房贷款主要有(　　)。
   - A. 国家贷款
   - B. 组合贷款
   - C. 商业贷款
   - D. 公积金贷款

3. 目前,在我国个人住房贷款的还款方式主要有(　　)。
   - A. 等额本金还款法
   - B. 组合还款法
   - C. 等额本息还款法
   - D. 到期一次还本付息法

4. 在个人住房规划中,客户可购买的房屋总价由(　　)构成。
   - A. 可负担的购房首期款
   - B. 客户净资产总额

　　　　C. 可负担的购房贷款总额　　　　　　　D. 客户年收入总额

　　5. 以下属于房地产投资风险的有（　　　）。

　　　　A. 流动性风险　　　　　　　　　　　　B. 经济周期波动风险

　　　　C. 利率风险　　　　　　　　　　　　　D. 社会风险

判 断 题

　　1. 在个人住房按揭贷款还款方式中,采用等额本金还款法,每月还款金额不同,呈递增趋势,但全期所付利息较少。　　　　　　　　　　　　　　　　　　　　　　　（　　　）

　　2. 在个人住房按揭贷款还款方式中,比较灵活的还款方式是组合还款法。　（　　　）

　　3. 在个人住房贷款中,借款人只能从商业贷款和公积金贷款中选择一种。　（　　　）

　　4. 在等额本金还款法下,第一期或第一个月偿还的本金最高。　　　　　　（　　　）

　　5. 在等额本息还款法下,第一期或第一个月支付的利息最多。　　　　　　（　　　）

简 答 题

　　1. 简述生命不同阶段的住房选择。

　　2. 简述住房规划的流程。

　　3. 简述房地产投资的优劣势。

　　4. 简述个人住房按揭贷款中,各种还款方式的优缺点以及适用的客户类型。

　　5. 怎样防范房地产投资的风险?

计 算 题

　　1. 林先生看上了一套 90 平方米的住房,但不知是买好还是租好。如果是租房,则房租每月 2 800 元,另交三个月的押金;如果买房,总价 600 000 元,则首付 180 000 元,余下的可申请 10 年期贷款,年利率 5.85%。假设银行一年期存款利率为 3.25%。问林先生是该买房还是租房?

　　2. 刘先生通过银行按揭贷款买了一套新房,价值 900 000 元,首付 30%。银行提供两种还款方式供刘先生选择,一种是等额本金还款法,另一种是等额本息还款法。银行利率为 5.58%,期限 20 年。计算两种方法的还款额。林先生工作多年,家庭条件较好,有一些积蓄。你建议林先生采用哪种还款方式?

　　3. 蒋先生看上一套 100 平方米的房屋,房屋可租可售,租金每月 4 000 元,押金是三个月的房租金额,购买总价 900 000 元,可办理银行按揭贷款 600 000 元,贷款利率 6%,首付款 300 000 元,假设存款利率 3.25%,请回答以下问题:

　　(1) 租房与购房的年成本是多少?

　　(2) 未来房租调整幅度超过多少,购房比租房划算?

　　4. 赵先生最近看上了一套位于成都某小区的房子,该房可租可买。如果租的话,房租每月 3 000 元,租期 5 年,押金 9 000 元,预计房租每年调涨 100 元。如果买的话,购买总价 1 100 000 元。赵先生可以支付 500 000 元的首付款,另外 600 000 元拟向某商业银行申请住房按揭贷款,贷款期限 20 年,贷款利率 6%,选择等额本息还款法偿还贷款本息。另外,购买该房的税费及装修费共需 160 000 元。赵先生估计居住 5 年后仍能按原价出售。试运用净现值法分析计算赵先生应该租房还是买房(注:赵先生年平均投资回报率为 6%)。

5. 小周目前年收入为 110 000 元,有银行存款 230 000 元,想现在买房,小周打算将银行存款 230 000 元全部用作购房首付款,将今后每年收入的 40% 用来偿还贷款,试计算小周可购买房屋总价是多少?

6. 孙先生目前年收入为 200 000 元,在年收入中打算以 50% 负担每年还款额。目前净资产 950 000 元,在净资产中打算以 80% 负担购房首付款。孙先生现在想买房,选择 20 年贷款期限,贷款利率为 6%。问孙先生可以买得起多少价值的房屋?

7. 吕先生有一购房计划,打算 5 年后购买目标总价 1 600 000 元的自住房,首付 3 成,贷款 20 年,贷款利率 6%,假设投资报酬率为 8%,针对首付款筹措部分,每年应有投资储蓄额为多少?5 年后开始本利平均摊还时,每年需还多少?

8. 小聂夫妇看上了一套预售商品房,总价 1 100 000 元,现在签约要预付 150 000 元。该小区还有三年的工程建设时间,在三年内每年要支付 90 000 元共计 270 000 元。余下的 680 000 元可以向银行申请 20 年期限的住房贷款,利率为 6%。小聂目前手上有 400 000 元,每年增加储蓄额为 80 000 元。问小聂夫妇是否买得起这套房?

9. 崔先生打算在深圳市梅林一村附近购买一套 93 平方米的商品房用于出租。已知房屋总价为 240 万元,该地段此房出租的租金一般在 4 500 元/月,崔先生投资报酬率为 7%。

(1) 如果崔先生一次性支付 240 万元,买房用于出租合不合算?

(2) 如果崔先生首付 72 万元,其余向银行申请 5 年期贷款,贷款利率为 5.5%,买房用于出租是否合算?

10. 如果工作四年后买 600 000 元的房子,则第一次买房的首付款为 40%,10 年后换 1 200 000 元的新房子,新房的首付款是出售旧房并偿还债务后的余额。两次购房均采用 20 年等额本息还款法偿还银行贷款。假设投资报酬率为 8%,房贷利率为 6%,房价不变,则第一次购房前、两次购房间及第二次购房后应有的年储蓄额各为多少?

11. 邹先生通过银行按揭贷款买了一套新房,价值 1 600 000 元,首付 30%。银行提供两种还款方式供郑先生选择,一种是等额本金还款法,另一种是等额本息还款法。银行利率为 5.58%,期限 20 年。邹先生选择等额本金还款法,试计算邹先生第 11 个月和第 201 个月的还款额。

12. 张先生从中国工商银行申请个人住房贷款 1 100 000 元,期限 20 年,利率 7.47%,张先生选择每月等额本金还款法。问张先生第 1 个月和第 201 个月分别应还款多少?

13. 李先生在中国建设银行申请个人住房贷款 900 000 元,期限为 20 年,采用每月等额本息还款法。年贷款利率为 6.12%。试计算李先生每月还款额。

14. 小乔通过银行按揭贷款买了一套新房,价值 800 000 元,首付 20%,银行提供两种还款方式供小乔选择:等额本金还款法和等额本息还款法。银行利率 7%,小乔目前年收入 100 000 元,试分析小乔按揭贷款多少年合适?计算两种方式下小乔每年的还款额。

小乔最近资金相对紧张,预计以后会越来越好,你建议小乔采用哪种方式还贷?

15. 黄先生采取一次还本付息法贷了 100 000 元,贷款年利率为 4.14%,期限为 9 个月。计算到期应付的本利和。

16. 刘女士在建设银行申请个人住房贷款 700 000 元,期限为 15 年,采用每月等额本金还款法。年贷款利率为 5.58%。计算她第一个月和最后一个月的应还款额。

教育金规划

1. 了解教育规划的必要性。
2. 熟悉教育规划的步骤。
3. 掌握教育规划的方法。
4. 熟悉教育金规划工具的风险收益特征。

案例

曹先生，今年30岁，已婚，目前在一家国企汽车公司上班，税后月工资7 000元，奖金60 000元左右一年。妻子黄小姐，今年30岁，目前在外资公司工作，税后月工资7 000元，奖金20 000元左右一年，公司为员工买了团体寿险，其中也包括了门诊医疗和儿子的门诊医疗。儿子今年3岁，9月要上幼儿园。

家庭目前资产：

有房屋两套，一套市值950 000元无贷款，现出租，租金1 500元。另一套市值1 600 000元，贷款还有740 000元，每月还贷5 000元，现用公积金还房贷，两人每月公积金2 500元左右，另外靠房租补充。

去年曹先生买了一份平安的万能寿险，给儿子买了一份平安的鑫利两全保险。

股票投资40 000多元，但是工作比较忙，一直没有时间关心，现在，只有30 000元左右。2008年开始投资基金定投，每月500元，到现在市值20 000多元。

目前现金流约100 000元，由于现在钱随时需要用，所以买了20 000元的货币基金和60 000元的浦发银行自动转存定期。

家庭目前开销：生活费4 000～5 000元，每月基金定投500元。

试为曹先生家庭进行教育规划。

任务5.1 教育金规划的必要性

5.1.1 什么是教育金规划

教育金规划是指客户为筹集子女教育费用所做的财务计划。目前，在我国已普及九年义务教育，正在普及12年义务教育。也就是说，对一个人或一个公民来讲，智力以及文化科学知识水平达到初中毕业甚至高中毕业水平是应该具备的最起码的智力和文化知识标准。同时,在市场经济条件下,经济和社会的发展一方面对人的素质提出了更高的要求;另一方面也为人的素质的提高提供了更好的条件。在我国,高等教育大众化的趋势日益加强。高等教育的普及率日益提高,接受高等教育不再是少数富人或社会精英人士的专利,而成了社会对劳动者智力和科学文化知识的基本要求,也是普通民众基本的教育需求。因而,教育金规划主要讨论客户子女接受高等教育的投资规划。

在市场经济条件下,人们普遍认为对子女的教育培养是一种经济行为,早期投入越大,子女的教育越好,将来子女的收入就越高。

5.1.2　教育金规划的必要性

改革开放以前,从幼儿园到大学,学费学杂费都很少,课外补习更是少之又少。而今天,学费学杂费连年攀升,课外补习常态化和普及化,且费用急剧上涨,优质学位越来越短缺,升学竞争越来越激烈,所有这些的直接后果就是教育费用节节攀升。过去,没有理财规划,更谈不上教育金规划,而今天理财规划已大行其道,教育金规划也是每个有子女上学的家庭不得不考虑的重大家庭问题。教育金规划的必要性主要表现在以下几个方面。

1. 教育费用高昂

根据有关报道,中国孩子 0~16 岁直接的抚养成本达到 25 万元,如果孩子接受高等教育,费用将高达 480 000 元。这也就是说,中国父母送孩子上幼儿园到上大学,一般来说,需要支付 230 000 元的教育费用。而对于城市的许多家庭来说,花在子女教育方面的钱远远不止这些。因而,在今天,对中国普通家庭来说,送孩子上学的费用已经成为继买房和养老以后的第三大费用开支,如果再要送孩子出国留学,所需费用就更高,可能超过买房而成为第二大费用开支。教育开支不仅金额大,而且持续时间长,一个人如果从上幼儿园开始算起,到博士毕业,需要 25 年时间,如果只读到大学本科毕业,也需要 19 年时间,19 年或 25 年持续的大额开支,面对这么一项数额大、持续时间很长的费用开支,事先不进行认真规划是断然不行的。

2. 教育费用开支没有时间弹性

小孩上学具有很强的时间性,到什么年龄,上什么学,是有刚性的,例如,3 岁上幼儿园,6 岁上小学,年龄到了,就得上,不然由此所造成的一系列问题更麻烦。要上学,就要有钱,没有钱,就上不了学。因为没有钱造成小孩上不了学,由此耽误孩子的前程,做父母的恐怕会追悔莫及,后悔一辈子。因此,应事先做好教育金规划。

3. 教育费用开支没有费用弹性

从幼儿园到大学的教育费用无论学费还是学杂费都是基本费用,相对固定,具有刚性。只会多,不会少。做父母的为了孩子将来的锦绣前程,应该早做规划,在孩子上学前筹集足够的教育金,为孩子顺利完成学业提供足够的资金支持。避免因钱不够影响孩子学业 ,进而耽误孩子前程,否则将抱憾终身。

4. 教育费用的不确定性大

一般来说,父母不能提前知道自己的子女究竟能够上到哪一个层次的学校读书,因为这是由很多因素共同决定的。因而,究竟需要准备多少教育金也是不确定的,只能按照最高的层次或者一般的情况来进行准备。因为准备少了,影响子女学业,准备多了则可以用做其他开支。

5. 没有对应的强制措施来保证教育开支的需要

目前,在社会保障比较发达的情况下,有强制医疗保险和养老保险,以在一定程度上保证医疗和养老方面的基本开支。但是法律并没有强制要求进行子女教育储蓄。因而,只有通过教育金规划来未雨绸缪,预做准备,为子女教育提高足够的资金支持,使子女将来有一个美好的前程。

其实,通过教育金规划,为子女教育筹集足够的资金,为子女将来的事业打下一个坚实的基础,使子女将来有所成就,对父母也是有百利而无一害。不要说子女将来功成名就,条件好了会回报父母,子女学业、工作、生活家庭一切都好,做父母的也省心、安心、开心而少操心,比自己好还要高兴。也能使自己能够开开心心、安安心心、心情舒畅地安享晚年。总而言之,对子女、对父母都有好处。

任务 5.2　教育金规划步骤

在今天,全球化趋势日益加深的形式下,国与国之间的竞争日趋激烈。国家之间的竞争归根结底是人才的竞争。常言道,少年强则国强。十年树木,百年树人。人才的竞争实质上是国家教育发展水平的竞争。为此政府不遗余力地支持教育的发展,不断加大对教育投入的力度。同时国家也对就学者提供政府教育资助、国家奖学金和国家助学贷款等。除此以外,就学者还可以从学校和社会获得奖学金、勤工俭学报酬等。但是所有这些方面的资金来源既是有限的,远远不能满足就学者的需求,也存在很大的不确定性而极不稳定,时有时无,时多时少,当然多的时候也是极其有限的。总而言之,满足子女上学教育金需要最可靠最稳定的来源还是客户自己准备的教育金。

要为子女筹集足够的教育金,就必须进行教育金规划。怎样进行教育金规划,简单来讲,教育金规划包括下面四个步骤。

1. 明确客户子女教育目标,确定实现该教育目标所需要的费用

1) 明确客户希望子女接受什么样的教育

明确客户子女教育目标是教育金规划的首要环节,否则教育金规划将无从下手。要了解客户子女的教育目标,可以通过向客户询问以下几个问题加以确定。

(1) 您希望子女上大学吗？如果是,希望子女上什么样的大学？

(2) 您子女目前的年龄是多少？

(3) 子女大学毕业以后,您希望他继续深造吗？如果是,则是在国内深造还是出国

深造?

2) 帮助客户明确接受该教育目前所需要的费用

了解了客户子女教育目标后,就应帮助客户明确实现该教育目标目前所需要的费用。这方面的资料可以通过查阅最近一年公布的招生简章和有关宣传资料得到。应找出与客户子女教育目标相对应的大学本科四年以及研究生三年所需的学费、其他杂费,并估算大学本科四年和研究生三年所需的生活费用。为准确起见,大学本科四年的学费和学杂费与研究生三年的学费和学杂费应分开计算。同样,不管是大学本科四年还是研究生三年的学费和学杂费与生活费也应分开计算。

2. 合理预测未来的学费增长率和通货膨胀率

通过上一步得到了客户实现子女教育目标目前所需要的费用。但是由于客户子女不是现在上大学,而是几年以后上大学,所以进行教育金规划所需要的是目前教育费用几年后的终值。因而,必须设定一个从现在起到客户子女上大学的这段时间内学费的增长率和生活费用的增长率。要准确预测大学学费和学杂费的增长率是比较困难的,而且每年的增长率都可能不一样。理财规划师可以将与客户子女教育目标相对应的大学近几年来学费和学杂费的增长率加以平均,得出一个年平均增长率,再结合全国大学学费和学杂费的平均增长率以及大学所在地区的情况加以确定。同样生活费用增长率的确定也是比较困难的,理财规划师可以根据大学所在地区生活费用的年均增长率,再结合大学生生活的特点和经济发展的趋势加以确定。应注意的是,在确定学费增长率和生活费用增长率时都应按略高一点的增长率来进行。因为如果确定的增长率过低,使得以后的实际的学费增长率和生活费用增长率远远高于确定的增长率,就会造成教育金严重准备不足,失去了教育金规划应有的作用,当然也不能过高而加重客户的经济负担。

3. 计算客户现在的一次性投入和分期投入所需要的资金

通过以上步骤确定和明确了客户子女的教育目标、实现该目标目前所需要的费用,以及从现在起到客户子女上大学的时间内学费和生活费用的增长率。接下来的工作就是计算这些学费和生活费至客户子女上大学时的终值,以及客户一次性投入和分期分批投入所需要的资金。计算届时即到客户子女上大学时客户子上大学的学费和生活费,运用已知现值求终值的公式进行计算。计算公式如下:

$$F = P(1+i)^n$$

式中:F 为客户子女上大学时的学费或生活费;P 为目前的大学学费或生活费;i 为学费或生活费的增长率;n 为客户子女距离上大学的年数。

计算客户现在一次性投入和分期分批投入所需要的资金,就是运用客户的投资报酬率将以上计算得到的大学学费和生活费进行折现和求终值年金。这里的前提是要合理地设定一个客户的投资报酬率。客户投资报酬率确定后,就可以运用已知终值求现值和年金的公式计算客户一次性投入和分期投入所需要的资金。一次性投入所需要的资金的计算公式如下:

$$P = \frac{F}{(1+i)^n}$$

式中：P 为客户现在一次性投入所需要的资金；F 为客户子女上大学时的学费或生活费；i 为客户的投资报酬率；n 为客户子女距离上大学的年数。

客户从现在起分期投入所需要资金的计算公式如下：

$$A = \frac{Fi}{(1+i)^n - 1}$$

式中：A 为每期末分期投入所需要的资金；其他符号意义与上面公式相同。如果是每期初分期投入，则计算公式为

$$A = \frac{Fi}{(1+i)\left[(1+i)^n - 1\right]}$$

式中：A 为每期初分期投入所需要的资金；其他与上式相同。

4. 选择合适的投资工具进行投资

教育金规划的特性在一定程度上决定了教育金投资工具的选择。教育金投资的成功与否事关客户子女教育的大事。如果投资失败，不仅造成教育金血本无归，更严重的是会影响到客户子女教育目标的实现，给客户家庭带来严重困惑。因而，教育金投资应慎之又慎，确保保值和增值，应绝对避免投资高风险投资品种。基金、债券和风险相对较小的绩优股，特别是指数型基金都是比较好的投资选择。

【例 5-1】　王女士的女儿今年 12 岁，她希望孩子将来在国内读某重点大学，上研究生。

查资料，得知某重点大学近年本科的学费为 8 000 元/年，读研究生三年学费共 40 000 元，最近三年学费年递增 2%。在当地读大学的学生，每月中等开销为 1 200 元。假定生活费用年均增长率 4%。王女士现在已经为女儿准备了 100 000 元的教育储蓄(银行存款)，已知存款年利率为 2.2%。问还需准备多少教育金？

解析：计算目前大学四年的学费和生活费，学费与生活费分开计算；并计算研究生三年的学费和生活费，学费与生活费分开计算。王女士的女儿现在 12 岁，按照我国的教育制度一般是 18 岁上大学，因而王女士女儿将在 6 年后读大学，10 年后读硕士。

(1) 计算目前大学四年的学费：
$$8\,000 \times 4 = 32\,000(元)$$

(2) 计算目前大学的生活费：
$$1\,200 \times 10 \times 4 = 48\,000(元)$$

(3) 届时大学四年的学费：
$$F = P(1+i)^n = 32\,000 \times (1+2\%)^6$$
$$= 36\,037.20(元)$$

(4) 届时大学四年的生活费：
$$F = P(1+i)^n = 48\,000 \times (1+4\%)^6$$
$$= 60\,735.31(元)$$

(5) 届时大学四年费用总计：
$$F=36\ 037.20+60\ 735.31=96\ 772.51(元)$$

(6) 目前教育金累计到大学时的终值：
$$F=P(1+i)^n=100\ 000\times(1+2.2\%)^6$$
$$=113\ 947.65(元)$$

王女士现在准备的 100 000 元仅够其女儿上大学的教育金，略有剩余，读研究生的必须另外筹集。

(7) 目前上研究生的生活费：
$$1\ 200\times10\times3=36\ 000(元)$$

(8) 届时上研究生的学费：
$$F=P(1+i)^n=40\ 000\times(1+4\%)^{10}$$
$$=59\ 209.77(元)$$

(9) 届时上研究生的生活费：
$$F=P(1+i)^n=36\ 000\times(1+4\%)^{10}$$
$$=53\ 288.79(元)$$

(10) 届时研究生三年费用总计：
$$F=59\ 209.77+53\ 288.79=112\ 498.56(元)$$

(11) 王女士现在准备的 100 000 元至女儿上大学时的终值扣除女儿上大学的费用尚剩余：
$$113\ 947.65-96\ 772.51=17\ 175.14(元)$$

(12) 剩余款四年后的终值：
$$F=P(1+i)^n=17\ 175.14\times(1+2.2\%)^4$$
$$=18\ 737.16(元)$$

(13) 读硕士尚需费用：
$$112\ 498.56-18\ 737.16=93\ 761.40(元)(10\ 年后)$$

(14) 如果一次性投入，需要投入：
$$P=\frac{F}{(1+i)^n}=\frac{93\ 761.40}{(1+2.2\%)^{10}}$$
$$=75\ 424.97(元)$$

(15) 如果每年末分期投入，则需投入：
$$A=\frac{Fi}{(1+i)^n-1}=\frac{93\ 761.40\times2.2\%}{(1+2.2\%)^{10}-1}$$
$$=8\ 484.91(元)$$

所以，王女士现在应一次性为女儿再存入 75 424.97 元才能满足将来的教育费用。如果分期投入，则王女士在未来 10 年内，每年年末应该存入 8 484.91 元才能保证女儿上研究生期间的费用。

理财规划师还可以子女教育金模拟试算表的形式来进行教育金规划，详见表 5-1。

表 5-1 子女教育金模拟试算表

项　目	代号	数　值	备　注
子女年龄	A	8 岁	
距离上大学年数	B	10 年	$18-A$
距离继续深造年数	C	14 年	$22-A$
目前大学费用总计	D	80 000	4 年,学费、生活费总计
目前深造费用总计	E	70 000	3 年,学费、生活费总计
费用年增长率	F	3%	
届时大学学费	G	107 513.31 元	$D\times$复利终值系数($n=B,i=F$)
届时研究生费用	H	105 881.28 元	$E\times$复利终值系数($n=C,i=F$)
教育资金投资回报率	I	7%	
目前的教育准备金	J	50 000	可供子女未来教育使用的资金
至上大学时累计额	K	98 357.57 元	$J\times$复利终值系数($n=B,i=I$)
尚需准备大学费用	L	9155.74 元	$G-K$
准备大学费用的年投资额	M	662.67 元	$L\div$期末年金终值系数($n=B,i=I$)
准备深造费用的年投资额	N	4695.30 元	$H\div$期末年金终值系数($n=C,i=I$)
当前每年末末定期定额投资额	O	5 357.97 元	$M+N$

【例 5-2】 鲁先生的小孩今年 11 岁,鲁先生希望小孩上大学,大学毕业后继续读研究生。目前,大学本科四年,每年学费 13 000 元,每月生活开支 1 300 元;研究生三年,每年学费 15 000 元,每月生活开支 1 600 元,假设学费年均增长率为 3%,年均通货膨胀率为 4%。若鲁先生的年均投资报酬率为 7%,他想一次性提取足够资金进行准备,现在应准备多少资金?若想采取每年年末定额提存的方法,他每年应提存多少?

解:鲁先生的小孩今年 11 岁,按一般情况 18 岁上大学计算,则鲁先生的小孩七年后上大学,大学本科四年,那么鲁先生的小孩 11 年后上研究生。

大学费用和研究生费用均由学费和生活费两部分组成。由于距离上大学本科和上研究生的时间不同,所以上大学本科的费用和上研究生的费用必须分别计算。我们先计算目前读大学本科和研究生的费用,然后将物价和学费上涨的因素考虑进来,计算七年后鲁先生的小孩上大学本科时所需要的费用,以及 11 年后鲁先生的小孩上研究生时所需要的费用。由于学费的年增长率与生活费的年增长率不同,所以无论是大学本科还是研究生,其学费和生活费都应分开计算。现将计算过程详解如下。

(1) 目前即现在的本科学费:
$$13\ 000\times4=52\ 000(元)$$

(2) 届时即七年后鲁先生小孩读大学时的本科学费:
$$52\ 000\times(1+3\%)^7=63\ 953(元)$$

(3) 目前即现在的本科生活费:
$$1\ 300\times10\times4=52\ 000(元)$$

(4) 届时即七年后鲁先生小孩读大学时的本科生活费:
$$52\ 000\times(1+4\%)^7=68\ 428(元)$$

(5) 届时即七年后鲁先生小孩读大学时的本科费用:
$$63\ 953+68\ 428=132\ 381(元)$$

(6) 目前即现在的研究生学费：
$$15\ 000 \times 3 = 45\ 000(元)$$

(7) 届时即11年后鲁先生小孩读研究生时的研究生学费：
$$45\ 000 \times (1 + 3\%)^{11} = 62\ 291(元)$$

(8) 目前即现在的研究生生活费：
$$1\ 600 \times 10 \times 3 = 48\ 000(元)$$

(9) 届时即11年后鲁先生小孩读研究生时的研究生生活费：
$$48\ 000 \times (1 + 4\%)^{11} = 73\ 894(元)$$

(10) 届时即11年后鲁先生小孩读研究生时的研究生费用：
$$62\ 291 + 73\ 894 = 136\ 185(元)$$

(11) 如果现在一次性投入，为筹集本科费用需投入：
$$P_1 = 132\ 381 \div (1 + 7\%)^7 = 82\ 440(元)$$

为筹集研究生费用需投入：
$$P_2 = 136\ 185 \div (1 + 7\%)^{11} = 64\ 700(元)$$

一次性投入合计为
$$
\begin{aligned}
P &= P_1 + P_2 \\
&= 82\ 440 + 64\ 700 \\
&= 147\ 140(元)
\end{aligned}
$$

(12) 如果从现在起的七年内每年年末定额投入，则为筹集本科费用需投入：
$$
\begin{aligned}
A_1 &= (132\ 381 \times 7\%) \div [(1 + 7\%)^7 - 1] \\
&= 15\ 297(元)
\end{aligned}
$$

为筹集研究生费用需投入：
$$
\begin{aligned}
A_2 &= (136\ 185 \times 7\%) \div [(1 + 7\%)^{11} - 1] \\
&= 8\ 628(元)
\end{aligned}
$$

每年年末定额投入合计为
$$A = A_1 + A_2 = 23\ 925(元)$$

所以，鲁先生为了筹集小孩的教育金，如果现在一次性投入需 147 140 元，其中 82 440 元投资七年，64 700 元投资期 11 年；如果每年年末定额投入，则在以后的 11 年内，前七年每年年末投入 15 297 元，后四年每年年末投入 8 628 元。

任务 5.3　教育金规划工具

教育金投资具有长期性、低风险、抵御通货膨胀的特点。因而，选择教育金投资工具应注重长期性、低风险、收益率高于通货膨胀率。符合以上条件的投资工具主要有以下几种，理财规划师可以帮助客户在以下投资工具中进行选择。

5.3.1　定期储蓄

定期存款(time deposit)指存款户在存款后的一个规定日期才能提取款项或者必须

在准备提款前若干天通知银行的一种存款。起存金额为 50 元,多存不限。存期有三个月、六个月、一年、两年、三年、五年。有存单形式和存折形式,可办理部分提前支取一次,存款到期,凭存单支取本息,也可按原存期自动转存多次。

定期储蓄存款方式有:整存整取、零存整取、存本取息、整存零取。客户在子女上大学前可采用整存整取和零存整取的方式来储蓄教育金,而在子女上大学后,则又可以采取整存零取和存本取息的方式供子女支用。这样一方面既可以保证子女上大学期间每月合理的支出需要;另一方面又使子女开支有计划、有限额,不至于乱花钱,铺张浪费,养成节俭的良好习惯。

定期存款有如下优点。

(1) 较高的稳定收入:利率较高,利率大小与期限长短成正比;股市大跌时,银行便成了避风港。

(2) 省心方便:具备整存整取存款到期后自动转存功能,客户可通过银行提供的多种转账渠道,对账户中的存款进行活期转定期或到期定期转活期的操作,客户还可通过约定转存功能,灵活地管理自己的整存整取存款的本息、存期、存款形式等。

(3) 资金灵活:客户在需要资金周转而在银行的整存整取存款未到期时,可以通过自助贷款将账上的整存整取存款作质押,获得个人贷款融资;可部分提前支取一次,但提前支取部分将按支取当日挂牌活期存款利率计息。

(4) 起存金额低:各币种起存金额如下:人民币 50 元,外币:港币 50 元、日元 1 000元,其他币种为原币种 10 元。

(5) 存期选择多:存期有三个月、六个月、一年、两年、三年和五年。

由于教育金规划应能抵御通货膨胀,具有较高的收益率,因而客户在选择定期存款时,应尽可能选择期限长、利率高的存期进行储蓄。

5.3.2　定息债券

定息债券指在发行时规定利率在整个偿还期内不变的债券。定息债券的收入稳定、风险小,是稳健型投资者优先考虑的选择,适合教育金投资。

5.3.3　人寿保险

1. 子女教育保险

子女教育保险是用保险的办法协助客户为其子女积累教育金的一种保险,是一种既有保险保障,又有储蓄作用的两全性质的人寿保险。

子女教育保险最大的优点是,如果父母发生意外,以后要缴的保费可以豁免,而子女仍然可以领到与正常缴费同样的保险金。但是子女教育保险重在保障功能,投资收益率比较低,因而只能作为教育金投资组合的一部分。

2. 投资理财型人寿保险

投资理财型人寿保险产品侧重于投资理财，被保险人也可获取传统寿险所具有的功能。该类型保险可分为分红保险、投资联结保险和万能人寿保险。

1）分红保险

分红保险保单持有人在获取保险保障之外，可以获取保险公司的分红，即与保险公司共享经营成果。该保险是抵御通货膨胀和利率变动的主力险种。

2）投资联结保险

投资联结保险保单持有人在获取保险保障之外，至少在一个投资账户拥有一定资产价值。投资联结保险的保险费在保险公司扣除死亡风险保险费后，剩余部分直接划转客户的投资账户，保险公司根据客户事先选择的投资方式和投资渠道进行投资，投资收益直接影响客户的养老金数额。

3）万能人寿保险

万能人寿保险具有弹性、成本透明、可投资的特征。保险期间，保险费可随着保单持有人的需求和经济状况变化，投保人甚至可以暂时缓交、停交保险费，从而改变保险金额。万能人寿保险将保险单现金价值与投资收益相联系，保险公司按照当期给付的数额、当期的费用、当时保险单现金价值等变量确定投资收益的分配，并且向所有保单持有人书面报告。

5.3.4　证券投资基金

证券投资基金是一种集合投资、专家理财、风险共担、收益共享的投资方式。其收益高于债券，而风险又低于股票。特别是其中的平衡型基金、收入型基金和指数型基金，收益稳定、风险较小，比较适合教育金投资。证券投资基金中的基金定投更是与教育金投资相契合，可以作为教育金投资的重要对象。

5.3.5　蓝筹股和绩优股

总的来说，股票是高收益高风险的投资品种，但是股票中也有收益较高且稳定，而风险相对较低的蓝筹股和绩优股。蓝筹股和绩优股公司实力雄厚，经营稳健，抗风险能力强，风险小，而且赢利能力强，收益高而且稳定，可以作为教育金投资组合的重要构成部分。

5.3.6　银行和信托理财产品

银行和信托理财产品有些投资于基础设施项目，收益高于银行存款且稳定、风险小，也可以成为教育金投资的选项。只是这些理财产品普遍投资门槛都比较高，一般最低投资额都在人民币 50 000 元以上，且投资期限较长又固定，不能提前兑付，又难以转让，流动性比较差。

理财絮语

投资操作六要

（1）在投资操作前一定要做认真细致的准备。有很多投资者的操作十分草率，在还不了解某只股票的情况下，仅仅是因为看到股评的推荐或亲友的劝说以及无法确认的所谓内幕消息而贸然买入，这时心态往往会受股价涨跌的影响而起伏不定，股价稍有异动就会感到恐惧。因此，尽可能多地了解所选中个股的各种情况，精心做好操作的前期准备工作，是克服恐惧的有效方法。

（2）投资操作中一定要有完善的资金管理计划。合理地控制仓位结构，不要轻易满仓或空仓。控制仓位结构的目的是防止在一棵树上吊死的局面出现，即不把所有鸡蛋放在一个篮子里，以防一不小心篮子破了而打碎所有的鸡蛋。另外，如果投资者的投资组合中品种过于单一的话，也会大大加重投资者的心理负担，投资者的心态往往会因此而变得非常不稳定。此外，对于投资者来说，除非你有十足的把握，否则绝对不要轻易地就满仓或者空仓操作，因为当仓位达到100%的满仓或100%空仓时，投资者的心理往往是最容易趋于恐慌的。

（3）要培养冷静乐观的投资态度，理性地去面对股市每一天的涨跌。任何股市都有涨有跌，不要说股市的天不会塌下来，即使股市真的遇到某种不确定因素，出现悲剧性的股灾时，只知道恐惧又有什么用？在暴跌行情中重要的是冷静，只有冷静才能正确地审时度势，才能使用合理的操作手段将损失减小到最低限度。而乐观如同一根针，能轻而易举地刺破不断膨胀的恐惧气球，使自己快速恢复到冷静的状态中；同样，在暴涨中也不能盲目乐观、头脑发热，不顾风险地追进去，其结果往往都是高位被套牢，从而长期地站岗放哨。

（4）要树立稳健灵活的投资风格。如果投资者的投资风格是倾向于投资方式的，则选股时应该重点选择那些有价值的蓝筹类个股，而这类股票在遇到股价出现异动时，往往不容易让投资者产生恐惧；相反，如果致力于短线投机炒作的投资者，则心理往往会随着股价的波动而跌宕起伏，特别是重仓参与短线操作时，获取利润的速度很快，但判断失误时造成的亏损也很巨大。因此，投资者要适当控制投资与投机的比例，保持稳健灵活的投资风格，这将十分有助于克服恐惧心理。

（5）学会坚持和忍耐。当大盘临近底部区域时，投资者对于市场中出现的一些非理性下跌要采取忍耐的态度，历史的规律表明，真正能让投资者感到恐惧的暴跌行情一般持续时间不可能很长，并且能很快形成阶段性底部。所以，越是在这种时候，投资者越是要耐心等待。

（6）要通过实战不断地提高自己的趋势判断能力。实践出真知，这话用在股票市场再正确不过，那些模拟炒股炒得风风火火的，之所以在实践上多数都不怎么样，其原因就在于实战与模拟绝对是两个不同的战场。

重点概括

本项目的内容和结构如图 5-1 所示。

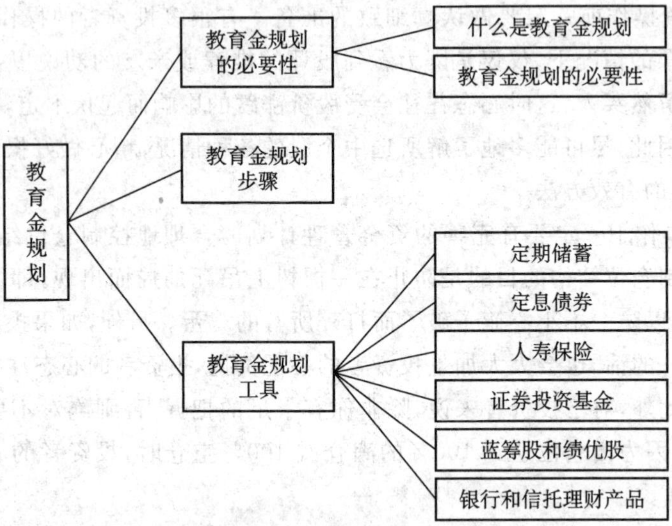

图 5-1   项目五的内容和结构

（1）确定客户教育目标就是明确客户希望子女接受什么样的教育，即是否希望子女上大学、上什么样的大学、大学后是否继续深造、是国内深造还是出国深造，并据以计算完成教育目标目前所需的费用。

（2）资金投入有一次性投入和分期投入。一次性投入是已知大学或研究生费用终值的情况下求其复利现值。分期投入是已知大学或研究生费用终值的情况下求期末或期初年金。

实训项目

1. 熟悉教育金规划工具。
2. 进行教育金规划。

思考练习

单项选择题

1. 按照我国现行的教育制度，规定入学年龄为（   ）岁。

A. 5   B. 3   C. 6   D. 7

2. 按照我国现行的教育制度,上大学的年龄为( )岁。

    A. 18   B. 17   C. 16   D. 20

3. 一般情况下,教育金规划是为客户小孩上( )筹集教育费用进行规划。

    A. 大学   B. 初中   C. 高中   D. 重点学校

4. 以下需要做教育规划的是( )。

    A. 研究生毕业,刚参加工作

    B. 小孩大学毕业,已参加工作

    C. 结婚五年,没有小孩

    D. 小孩 12 岁,上初一

5. 教育金规划的第一步是( )。

    A. 确定客户的教育目标   B. 计算未来的教育费用

    C. 设定一个费用增长率   D. 选择合适的投资工具进行投资

多项选择题

1. 以下属于教育金规划的必要性的有( )。

    A. 教育费用开支缺乏时间弹性   B. 教育费用开支缺乏费用弹性

    C. 教育费用的不确定性   D. 小孩成绩好,喜欢上学

2. 以下属于教育金规划步骤的有( )。

    A. 设定客户的投资报酬率   B. 设定一个教育费用增长率

    C. 确定客户教育目标   D. 选择合适的投资工具

3. 以下不属于教育支出最主要的资金来源的是( )。

    A. 教育贷款   B. 政府教育资助

    C. 奖学金   D. 客户收入和资产

4. 以下适于作为教育规划工具的有( )。

    A. 证券投资基金   B. 教育保险

    C. 定期储蓄存款   D. 股指期货

5. 以下影响教育金规划的因素有( )。

    A. 客户的投资报酬率   B. 大学教育费用增长率

    C. 商业银行贷款利率   D. 目前的大学教育费用

判断题

1. 子女教育保险最大的优点是,如果父母发生意外,则以后要缴的保费可以豁免,但子女不能领到与正常缴费同样的保险金。   ( )

2. 教育金规划是家庭理财规划中最主要的长期目标。   ( )

3. 送小孩上大学是教育投资,因而教育费用的支出要进行资本化。   ( )

4. 子女教育保险重在保障功能,且投资收益率比较低,因而可以作为教育金投资唯一的选择。   ( )

5. 客户教育准备金准备得越多越好。   ( )

简答题

1. 简述教育金规划的必要性。

2. 简述教育金规划的具体步骤。

3. 简述适合作为教育金规划的投资工具。

计算题

1. 宁先生计划送儿子出国留学,目前留学的费用需要 1 000 000 元,预定儿子 10 年后出国时要准备好留学基金,学费增长率为 3%,如果宁先生的平均投资报酬率为 6%,则宁先生的每年年末投资 80 000 元能否达到筹足子女教育金的目标?

2. 小苏预计 12 年后上大学,目前大学学费 120 000 元,假设学费年增长率为 3%。小苏的父亲每年投资 21 000 元于平均报酬率为 6% 的证券投资基金,则 12 年后是否足够支付当时学费?

3. 孝先生的小孩今年 9 岁,上小学三年级,孝先生希望小孩上大学,大学毕业后继续读研究生。目前,大学本科四年,每年学费 10 000 元,大学生每月生活开支 1 100 元;研究生三年,每年学费 15 000 元,每月生活开支 1 500 元,假设学费增长率均为 3%,通货膨胀率为 4%。若孝先生平均每年的投资报酬率为 10%,他想一次性提取足够资金进行准备,现在应准备多少资金?若想采取每年年末定期定额提存的方法,他每年应提存多少?

4. 请根据如下条件编制客户教育金模拟试算表。

目前专业型大学四年的所有费用为 70 000 元,综合型大学 4 年的所有费用为 80 000 元。每年大学费用上涨率为 6%(包括通胀率与学费实际上涨率)。客户王先生的儿子今年 8 岁,他打算让孩子上综合型大学。现在王先生已经替儿子准备了 40 000 元的教育储蓄金。王先生的投资报酬率为 8%,问他每年还应为孩子存入多少才能满足上大学的费用?

保 险 规 划

学习目标

1. 能进行家庭风险分析。
2. 掌握家庭风险管理方法。
3. 熟悉保险基本原理与保险规划工具的风险收益特征。
4. 熟悉保险规划流程。
5. 掌握保险规划方法

案例

张女士,39 岁,年收入约 90 000 元;爱人马先生 41 岁,为一家小企业合伙人,年收入不低于 200 000 元;儿子今年 11 岁。其家庭月度开支约 5 000 元,现有 120 平方米自住房。目前家庭金融资产有银行活期存款 170 000 元,理财产品 180 000 元,年预期收益率为 4.3%;马先生炒股,市值 200 000 元左右。试为张女士家庭进行保险规划。

任务 6.1 风险管理与保险

6.1.1 风险与风险管理

1. 风险

风险是某一特定危险情况发生的可能性和后果的组合。通俗地讲,风险就是发生不幸事件的概率。换句话说,风险是指一个事件产生我们所不希望的后果的可能性。风险具有客观性、普遍性、必然性、偶然性、可识别性、可控性、损害性、不确定性和社会性。

(1) 风险是由风险因素、风险事故和损失三者构成的统一体。

风险因素是风险事故发生的潜在原因,是造成损失的内在或间接原因。根据性质不同,风险因素可分为实质风险因素、道德风险因素和心理风险因素三种类型。

风险事故是造成损失的直接或外在的原因,是损失的媒介物,即风险只有通过风险事故的发生才能导致损失。

就某一事件来说,如果它是造成损失的直接原因,那么它就是风险事故;而在其他条件下,如果它是造成损失的间接原因,它便成为风险因素。例如,下冰雹路滑发生车祸,造成人员伤亡,这时冰雹是风险因素。冰雹直接击伤行人,它是风险事故。

在风险管理中,损失是指非故意的、非预期的、非计划的经济价值的减少。通常将损失分为两种形态,即直接损失和间接损失。直接损失是指风险事故导致的财产本身损失和人身伤害,这类损失又称为实质损失;间接损失则是指由直接损失引起的其他损失,包括额外费用损失、收入损失和责任损失。在风险管理中,一般将损失分为四类:实质损失、额外费用损失、收入损失和责任损失。

风险因素是指引起或增加风险事故发生的机会或扩大损失幅度的条件,是风险事故发生的潜在原因。

风险事故是造成生命财产损失的偶发事件,是造成损失的直接或外在的原因,是损失的媒介。

上述三者关系为:风险是由风险因素、风险事故和损失三者构成的统一体,风险因素引起或增加风险事故;风险事故发生可能造成损失。

(2)风险的种类。风险有多种划分方法,常用的有以下几种。

按照风险的性质划分为纯粹风险和投机风险。纯粹风险是只有损失机会而没有获利可能的风险,投机风险是既有损失的机会也有获利可能的风险。

按照产生风险的环境划分有静态风险和动态风险。静态风险是自然力的不规则变动或人们的过失行为导致的风险。动态风险是社会、经济、科技或政治变动产生的风险。

按照风险发生的原因划分有自然风险、社会风险和经济风险。自然风险是自然因素和物理现象所造成的风险。社会风险是个人或团体在社会上的行为导致的风险。经济风险是在经济活动过程中,因市场因素影响或者经营管理不善导致经济损失的风险。

按照风险致损的对象划分为人身风险、责任风险和财产风险。人身风险是个人的疾病、意外伤害等造成残疾、死亡的风险。责任风险是法律或者有关合同规定,因行为人的行为或不作为导致他人财产损失或人身伤亡,行为人所负经济赔偿责任的风险。财产风险是各种财产损毁、灭失或者贬值的风险。

按风险涉及范围可划分特定风险和基本风险。特定风险是与特定的人有因果关系的风险,即由特定的人所引起的,而且损失仅涉及特定个人的风险。基本风险是其损害波及社会的风险。基本风险的起因及影响都不与特定的人有关,至少是个人所不能阻止的风险。与社会或政治有关的风险、与自然灾害有关的风险都属于基本风险。

风险其基本的核心含义是"未来结果的不确定性或损失",也有人进一步定义为"个人和群体在未来遇到伤害的可能性以及对这种可能性的判断与认知"。如果采取适当的措施使破坏或损失的概率不会出现,或者说智慧地认知、理性地判断,继而采取及时而有效的防范措施,那么风险可能带来机会,由此进一步延伸的意义,不仅仅是规避了风险,可能还会带来比例不等的收益,有时风险越大,回报越高、机会越大。

风险是一种不以人的意志为转移,独立于人的意识之外的客观存在。无论是自然界的物质运动,还是社会发展的规律,都由事物的内部因素所决定,由超过人们主观意识所存在的客观规律所决定。而且风险发生的时间具有不确定性,从总体上看,有些风险是必然要发生的,但何时发生却是不确定的。例如,生命风险中,死亡是必然发生的,这是人生的必然现象,但是具体到某一个人何时死亡,在其健康时却是不可能确定的。风险的发生又具有偶然性。由于信息的不对称,未来风险事件发生与否难以预测。风险发生后又必然对社会造成损害,造成社会、组织和个人人身伤害和财产损失。另一方面风险又是普遍存在的。风险的后果与人类社会密切相关,会造成很大的社会影响。

2. 个人或家庭风险分析

个人或家庭在其工作学习和生活过程中,其人身和财产都有可能遇到各种各样的风险。归纳起来主要有财产风险、责任风险和人身风险三个方面。

1) 财产风险

财产风险是指因发生自然灾害、意外事故而使个人或家庭占有、控制或照看的一切有形财产遭受损毁、灭失或贬值的风险以及经济或金钱上损失的风险。对于个人或家庭来说,所拥有的房屋、家具、衣物、家用电器以及车辆等,可能会因为火灾、水灾、地震等自然灾害而造成损失,也可能因为失窃或者是遭受抢劫而丢失。财产损失通常包括财产的直接损失和间接损失两个方面。

家庭财产风险的发生具有不确定性,从可能造成经济损失的方式,可以大致分为以下几种。

(1) 自然灾害引起的财产损失。自然灾害是对居民家庭威胁最大的风险,我国是自然灾害多发的国家,地震、海啸、地陷、台风、龙卷风、暴风雪、暴雨、冰雹、雷击、洪水、冰凌、泥石流等自然灾害每年都在发生,其中尤其以台风、洪水对居民的财产造成的损失最为严重,1998 年长江、嫩江、松花江特大洪水,造成直接经济损失 1 666 亿元,倒塌房屋 4 970 000 间,数百万人流离失所,给当地民众的家庭带来巨大的财产损失。据民政部报告,截至 2008 年 9 月 25 日 12 时,四川汶川地震已确认 69 227 人遇难,374 643 人受伤,失踪 17 923 人,直接经济损失 8 452 亿元人民币。在财产损失中,房屋的损失很大,民房和城市居民住房的损失占总损失的 27.4%。

(2) 意外事故造成的家庭财产损失。在造成家庭财产发生损失的各类原因之中,意外事故是发生概率较高的风险。火灾、爆炸、水管、暖气管道突然破裂、煤气泄漏、家财失窃等情况经常发生。常言说"水火无情",一场火灾常常让居民室内所有财产毁于一旦。电气火灾、用火不慎、车辆自燃等是产生火灾的主要原因。以 2005 年为例,北京市未发生一起重、特大火灾事故,全国共发生火灾 8 498 起,死 50 人,伤 114 人,直接财产损失 10 280 847 元。

(3) 出租房屋租金损失。有很多居民为了获得一定的经济收入,而将自有的房屋出租出去。因此就存在着出租房屋由于自然灾害、火灾爆炸等意外事故以及房客恶意破坏行为造成居民出租屋及屋内财产损失的风险,而且同时也有可能造成因无法使用所致的租金损失。

2) 责任风险

责任风险是指因个人的疏忽或过失行为,造成他人的财产损失或人身伤亡,按照法律、契约应负法律责任或契约责任的风险。

责任风险中的"责任",少数属于合同责任,绝大部分是指法律责任,包括刑事责任,民事责任和行政责任。在保险实务中,保险人所承保的责任风险仅限于法律责任中对民事损害的经济赔偿责任。

由于人们的过失或侵权行为导致他人的财产毁灭或人身伤亡。在合同、道义、法律上负有经济赔偿责任的风险，又可细分为对人的赔偿风险和对物的赔偿风险。

另外还有居家第三者责任风险。家庭住户第三者责任风险，就是居民房屋及附属物由于意外事故造成第三者的人身财产损失的风险。比如家中客人在室内受伤、饲养的宠物咬伤人、窗台花盆或空调外挂机掉落砸伤人或车、家中水管爆裂使邻居家遭到水浸损失等风险。而这些风险一旦发生，不仅可能会影响邻里关系，也一定会给家庭带来相当大的经济损失。

3）人身风险

人身风险是家庭成员人身意外造成经济损失，是指导致人的伤残、死亡、丧失劳动能力以及增加费用支出的风险。人身风险包括生命风险和健康程度的风险。需要说明的是，死亡是人的生命中必然要发生的事，并无不确定可言，但死亡发生的时间却是不确定的，而健康风险则具有明显的不确定性，如伤残是否发生、疾病是否发生，其损害健康的程度大小等，均是不确定的。人身风险所致的损失一般有两种：一种是收入能力损失；另一种是额外费用损失。

人身风险的原因多种多样，主要有身患重大疾病、落水、坠楼、坠崖、跌跤、烧伤、烫伤、他伤、砸伤等。导致伤残、死亡或丧失劳动能力，这些都会直接或间接给个人和家庭造成严重的经济损失。

家庭经常被喻为停泊的港湾、憩息的驿站，让人有舒适安全的感觉。实际上，百姓居家生活中还是难免会发生意外，撞伤摔伤、割伤刺伤、物品掉落砸伤、烧伤烫伤、电伤等家庭意外经常会打乱家庭的正常生活，有时可能还会因为伤者的医治让家庭陷入严重的经济危机。

3. 风险管理

风险管理是指如何在一个肯定有风险的环境里把风险减至最低的管理过程。或者说在降低风险的收益与成本之间进行权衡并决定采取何种措施的过程。

风险管理要面对有效资源运用的难题。这牵涉到机会成本（opportunity cost）的因素。把资源用于风险管理，可能使能运用于有回报活动的资源减低；而理想的风险管理，正希望能够花最少的资源去尽可能化解最大的危机。

（1）风险管理必须识别风险。风险识别是确定何种风险可能会对个人或家庭产生影响，最重要的是量化不确定性的程度和每个风险可能造成损失的程度。提高认识风险的水平是提高风险管理水平最重要的一个环节。要想防范风险，首先要进行风险识别。识别风险就是主动地去寻找风险。风险的识别是风险管理的首要环节。只有在全面了解各种风险的基础上，才能够预测危险可能造成的危害，从而选择处理风险的有效手段。

（2）要进行风险预测。实际上就是估算、衡量风险，由风险管理人运用科学的方法，对其掌握的统计资料、风险信息及风险的性质进行系统分析和研究，进而确定各项风险的频度和强度，为选择适当的风险处理方法提供依据。风险的预测一般包括以下两个方面。

① 预测风险的概率：通过资料积累和观察，发现造成损失的规律性。一个简单的例

子,一个时期 10 000 栋房屋中有 10 栋发生火灾,则风险发生的概率是 1/1 000。由此对概率高的风险进行重点防范。

② 预测风险的强度:假设风险发生,导致企业的直接损失和间接损失。对于容易造成直接损失并且损失规模和程度大的风险应重点防范。

(3) 风险管理要着眼于风险控制,应采用积极的措施来控制风险。通过降低其损失发生的概率、缩小其损失程度来达到控制目的。控制风险的最有效方法就是制定切实可行的应急方案,编制多个备选的方案,最大限度地对个人或家庭所面临的风险做好充分的准备。当风险发生后,按照预先的方案实施,可将损失控制在最低限度。

(4) 要进行风险处理。风险的处理常见的方法有以下几种。

① 避免风险或规避风险:在既定目标不变的情况下,改变方案的实施路径,从根本上消除特定的风险因素。比如避免火灾可将房屋出售、避免航空事故可改乘火车或汽车等。

② 预防风险:采取措施消除或者减少风险发生的因素。

③ 自保风险:个人或家庭自己承担风险。针对发生频率和强度都大的风险建立意外损失基金,损失发生时用它补偿。

④ 转移风险:在危险发生前,通过采取出售、转让、保险等方法,把自己面临的风险全部或部分转移给另一方。风险转移是应用范围最广、最有效的风险管理手段。保险就是转移风险的风险管理手段之一。

保险型风险管理,主要以可保风险作为风险管理的对象,将保险管理放在核心地位,将安全管理作为补充手段。

6.1.2　保险

1. 保险的概念

保险源于风险的存在,风险是保险产生和存在的前提,无风险就无保险。保险产生和发展的过程表明,保险是基于风险的存在和对因风险的发生所引起的损失进行补偿的需要而产生和发展的。

风险的发展是保险发展的客观依据,也是新险种产生的基础。社会的进步和科技水平的提高,在给人们带来新的更多的财富的同时,也给人们带来了新的风险和损失,与此相适应,也不断产生新的险种。

据有关专家分析,随着科学技术的进步,人们所面临的风险呈现出以下趋势。

(1) 巨额风险不断出现。随着各种新技术和新设备的广泛使用,风险事故发生后造成的损失越来越大,形成巨额风险。技术设备越复杂,其总体越脆弱,一点点的故障就会引起重大事故。

(2) "显性化风险"增多。随着社会的进步和技术手段的不断完善,一些过去一直存在但没有为人们所意识到的风险将会逐渐地显露出来并为人们所认识。

(3) "附着性风险"出现。一些新技术和新设备的广泛使用,给人们带来了一些新的风险。

(4) "创造性风险"。随着新体制的产生、新规则的制定、新环境的出现,也将产生新的风险因素。

(5) 新技术事故影响的空间大、时间长、受害人数多。

保险是微观经济主体转嫁风险的一种重要手段。如何将风险损失降到最低,是保险产生的基本原因。保险本质上是一种互助行为,是投保人根据合同约定,向保险人支付保险费,保险人对于合同约定的可能发生的事故因其发生而造成的财产损失承担赔偿保险金责任,或者当被保险人死亡、伤残和达到合同约定的年龄、期限时承担给付保险金责任的商业保险行为。

人类社会从开始就面临着自然灾害和意外事故的侵扰,在与大自然抗争的过程中,古代人们就萌生了对付灾害事故的保险思想和原始形态的保险方法。公元前 2500 年前后,古巴比伦王国国王命令僧侣、法官、村长等收取税款,作为救济火灾的资金。随着贸易的发展,大约在公元前 1792 年,正是古巴比伦第六代国王汉谟拉比时代,商业繁荣,为了援助商业及保护商队的骡马和货物损失补偿,在《汉谟拉比法典》中,规定了共同分摊补偿损失的条款。

保险源于海上借贷。到中世纪,意大利出现了冒险借贷,冒险借贷的利息类似于今天的保险费,但因其高额利息被教会禁止而衰落。1384 年,比萨出现世界上第一张保险单,现代保险制度从此诞生。

保险从萌芽时期的互助形式逐渐发展成为冒险借贷,发展到海上保险合约,发展到海上保险、火灾保险、人寿保险和其他保险,并逐渐发展成为现代保险。

英国在 1688 年建立的"寡妇年金制"和"孤寡保险会"等保险组织,使人寿保险企业化。

从经济角度来看,保险是一种损失分摊方法。以多数单位和个人缴纳保费建立保险基金,使少数成员的损失由全体被保险人分担。

保险又是一种经济制度。表现在:①保险人与被保险人之间的商品交换关系;②保险人与被保险人之间的收入再分配关系。保险属于经济范畴,它所揭示的是保险的属性,是保险的本质性的东西。

从法律意义上说,保险是一种合同行为,即通过签订保险合同,明确双方当事人的权利与义务,被保险人以缴纳保费获取保险合同规定范围内的赔偿,保险人则有收受保费的权利和提供赔偿的义务。

2. 可保风险

可保风险是指符合承保人承保条件的特定风险。尽管保险是人们处理风险的一种方式,它能为人们在遭受损失时提供经济补偿,但并不是所有破坏物质财富或威胁人身安全的风险,保险人都承保。可保风险仅限于纯风险,所谓"纯风险",是指只有损失可能而无获利机会的不确定性。既有损失可能又有获利机会的不确定性则称为"投机风险"。但并非所有的纯风险都是可保风险,要满足一定的条件。另外,可保风险与不可保风险间的区别并不是绝对的。纯风险成为可保风险必须满足下列条件。

1) 损失程度较高

潜在损失不大的风险事件一旦发生,其后果完全在人们的承受限度以内,因此,对付这类风险根本无须采用保险,即使丢失或意外受损也不会给人们带来过大的经济困难和不便。但对于那些潜在损失程度较高的风险事件,如火灾、盗窃等,一旦发生,就会给人们造成极大的经济困难。对此类风险事件,保险便成为一种有效的风险管理手段。

2) 损失发生的概率较小

可保风险还要求损失发生的概率较小。这是因为损失发生概率很大意味着纯保费相应很高,加上附加保费,总保费与潜在损失将相差无几。如某地区自行车失窃率很高,有40%的新车会被盗,即每辆新车有40%的被盗概率,若附加营业费率为0.1,则意味着总保费将达到新车重置价格的一半。显然,这样高的保费使投保人无法承受,而保险也失去了转移风险的意义。

3) 损失具有确定的概率分布

损失具有确定的概率分布是进行保费计算的首要前提。计算保费时,保险人对客观存在的损失分布要能做出正确的判断。保险人在经营中采用的风险事故发生率只是真实概率的一个近似估计,是靠经验数据统计、计算得出的。因此,正确选取经验数据对于保险人确定保费至关重要。有些统计概率,如人口死亡率等,具有一定的"时效性",像这种经验数据,保险人必须不断做出相应的调整。

4) 存在大量具有同质风险的保险标的

保险的职能在于转移风险、分摊损失和提供经济补偿。所以,任何一种保险险种必然要求存在大量保险标的。这样,一方面可积累足够的保险基金,使受险单位能获得十足的保障;另一方面根据"大数法则",可使风险发生次数及损失值在预期值周围能有一个较小的波动范围。换句话说,大量的同质保险标的会保证风险发生的次数及损失值以较高的概率集中在一个较小的波动幅度内。显然,距预测值的偏差越小,就越有利于保险公司的稳定经营。这里所指的"大量",并无绝对的数值规定,它随险种的不同而不同。一般的法则是:损失概率分布的方差越大,就要求有越多的保险标的。保险人为了保证自身经营的安全性,还常采用再保险方式,在保险人之间分散风险。这样,集中起来的巨额风险在全国甚至国际范围内得以分散,被保险人受到的保障度和保险人经营的安全性都得到提高。

5) 损失的发生必须是意外的

损失的发生必须是意外的和非故意的。所谓"意外",是指风险的发生超出了投保人的控制范围,且与投保人的任何行为无关。如果由于投保人的故意行为而造成的损失也能获得赔偿,将会引起道德风险因素的大量增加,违背了保险的初衷。此外,要求损失发生具有偶然性(或称为随机性)也是"大数法则"得以应用的前提。

6) 损失是可以确定和测量的

损失是可以确定和测量的,是指损失发生的原因、时间、地点都可被确定以及损失金额可以测定。因为在保险合同中,对保险责任、保险期限等都做了明确规定,只有在保险期限内发生的、保险责任范围内的损失,保险人才负责赔偿,且赔偿额以实际损失金额为限,所以损失的确定性和可测性尤为重要。

7) 损失不能同时发生

这是要求损失值的方差不能太大。如战争、地震、洪水等巨灾风险,发生的概率极小,由此计算的期望损失值与风险一旦发生所造成的实际损失值将相差很大。而且,保险标的到时势必同时受损,保险分摊损失的职能也随之丧失。这类风险一般被列为不可保风险。

可保风险与不可保风险间的区别并不是绝对的。例如地震、洪水这类巨灾风险,在保险技术落后和保险公司财力不足、再保险市场规模较小时,保险公司根本无法承保这类风险,它的潜在损失一旦发生,就可能给保险公司带来毁灭性的打击。但随着保险公司资本日渐雄厚,保险新技术不断出现,以及再保险市场的扩大,这类原本不可保的风险已被一些保险公司列在保险责任范围之内。可以相信,随着保险业和保险市场的不断发展,保险提供的保障范围将越来越大。

3. 可保利益

可保利益,是指投保人或被保险人因保险标的损坏(或丧失)或因责任的产生而遭受经济上的损失,因保险标的的安全或免予责任而受益。如果投保人或被保险人对保险标的存在上述经济上的利害关系,则具有可保利益。如果投保人或被保险人没有这种经济上的利害关系,则对保险标的没有可保利益。具体地说,在财产保险合同中的可保利益,是指投保人对保险标的所具有的因保险事故的发生而受损失或者因保险事故不发生而免受损失的利害关系;在人身保险合同中的可保利益,是指投保人对被保险人所具有的因被保险人的伤残或死亡而遭受经济上的损失或者因被保险人的身体健康或生命的延续而受益的一种利害关系;在责任保险中的可保利益,是指被保险人与民事侵权责任相关的一种利害关系。

简言之,可保利益是指投保人或被保险人与保险标的之间的为法律所认可的经济利益,并可作为投保的一种法定的权利。

可保利益原则是指只有对保险标的具有可保利益的投保人与保险人签订的海上保险合同才有法律效力,保险人才承担保险责任。其具体内容表现在:①可保利益是海上保险合同生效的依据;②可保利益是保险人履行保险责任的前提。可保利益原则为大多数国家的海商法和保险法所确认,并将其作为海上保险合同成立的法定条件,当事人不得协商变更。在保险合同中,被保险人要求保险人给予保障的并不是保险标的本身,而是被保险人对保险标的所享有的经济利益。也就是说,保险合同的客体是可保利益,而不是保险标的本身。因此,在保险标的因保险事故造成损害或灭失时,保险人向被保险人赔付的并不是保险标的实物,而是被保险人在保险标的中所具有的金钱上的利益。

在订立保险合同时,必须明确投保的对象,即保险标的。但保险合同中双方当事人权利义务所指向的对象即保险合同的客体不是保险标的本身,而是被保险人对保险标的拥有的可保利益。

可保利益必须具备的条件如下。

根据英国法律,被保险人应当事实上与产生经济利益的保险标的之间存在关系,而且这种关系应当是"法律上或衡平法上的关系"。可见,构成可保利益应当具备两个要件。根据中国《保险法》第十二条第三款,可保利益也须具备这样两个要件。

1) 可保利益应当是一种经济利益

可保利益应当是经济可保利益,也即它是一种经济利益。被保险人如欲取得可保利益,必须可以合理地期待从保险财产的安全或预期到达受益,或者因其损失或滞留而遭受不利。如果保险标的事实上并不处于这种风险之中,或在保险开始之时不会处于此种风险之中,则不存在经济利益,从而也就没有可保利益。

可保利益作为经济利益,必须可用金钱计算。被保险人遭受的非经济损失,如被保险人对保险标的的感情寄托或被保险人遭受的精神创伤、政治打击、行政或刑事处罚等,虽与被保险人有利害关系,不能构成可保利益。不能以货币估价的财产,如无价之宝,保险人难以承保,也难能充作可保利益。

可保利益必须具有可期待性或可确定性。也即保险合同订立之时,保险风险可能发生并可能影响被保险人,当然这种可能性不能太小。所谓可能,是指保险事故有可能发生,而且保险事故的发生可能导致保险财产的损失。这里,对损失的预期应当合理。同时,可能性的程度应当较高。不过,被保险人无须证明,如果没有保险事故肯定能够获利。换言之,被保险人对保险标的具有的利害关系,只有已经确定或者可以确定的才能构成可保利益。已经确定的利害关系为现有利益(如所有或者占有的财产),可以确定的利害关系为期待利益(如货物买卖所得利润、股票或期货交易等投机性活动中的预期利益、运费收入、租金收入、对他人的责任等)。

2)可保利益应当是法律上或衡平法上的利益

可保利益应当是法律上可保利益,即法律上或衡平法上的利益。在 Lucenav. Craufurd 案中,贵族院判决说,仅仅对将来的财产利益的事实上期待不足以构成可保利益。为了使得损失或得益足够确定,经济利益必须和其他东西相结合。可保利益必须是严格的法定权利或根据合同产生的权利。可见,只有法律认可的特定经济利益才能成为可保利益。MIA1906 第 5(2)条体现了这种认定可保利益的技术途径。换言之,可保利益必须符合社会公共秩序要求,不违反法律禁止性规定,符合法律的强制性规定。否则,即使被保险人对保险财产存有利害关系,例如,对走私货物或没有进口权而进口的货物享有占有利益,但仍无可保利益。

4. 投保人、受益人和保费

投保人即被保险人,是指根据保险合同,其财产利益或人身受保险合同保障,在保险事故发生后,享有保险金请求权的人。投保人往往同时就是被保险人。

在财产保险中,投保人可以与被保险人是同一人。如果投保人与被保险人不是同一人,则财产保险的被保险人必须是保险财产的所有人,或者是财产的经营管理人,或者是与财产有直接利害关系的人,否则不能成为财产保险的被保险人。

在人身保险中,被保险人可以是投保人本人,如果投保人与被保险人不是同一人,则投保人与被保险人存在行政隶属关系或雇佣关系,或者投保人与被保险人存在债权和债务关系,或者投保人与被保险人存在法律认可的继承、赡养、抚养或监护关系,或者投保人与被保险人存在赠与关系,或者投保人是被保险人的配偶、父母、子女或法律所认可的其他人。

被保险人必须具备下列条件:①其财产或人身受保险合同保障;②享有赔偿请求权。为保护被保险人的利益,《中华人民共和国保险法》明确规定:①投保人不是被保人时,投保人指定或变更受益人必须经过被保险人的同意;②以死亡为给付保险金条件的保险合同,投保人就保险险种和保险金额必须取得被保险人的同意,该保险合同转让和质押也必须经被保险人同意,否则保险合同无效,合同的转让和质押也无效。但父母为未成年子女投保的,不受此限,但是死亡给付保险金额总和不得超过金融监管部门规定的限额。

被保险人的权利如下。

(1) 决定保险合同是否有效。在人身保险合同中,以死亡为给付保险金条件的合同及其保险金额,在未经被保险人书面同意并认可的情况下,保险合同无效。

(2) 指定或变更受益人。在人身保险合同中,被保险人有权指定或变更受益人,而投保人指定或变更受益人,必须事先征得被保险人的同意。

(3) 在某些情况下被保险人享有保险金受益权。如根据《中华人民共和国保险法》规定,被保险人死亡,只要存在下列情形之一的,保险金即作为被保险人的遗产,由保险公司向被保险人的继承人履行给付义务:被保险人没有指定受益人;受益人先于被保险人死亡,并没有指定其他受益人;受益人依法丧失受益权或放弃受益权,并没有其他受益人。

被保险人的义务如下。

(1) 被保险人也有危险增加通知义务,保险事故通知义务,防灾防损和施救义务,提供有关证明、单证和资料的义务等。

(2) 当保险人行使保险代位权的时候(即保险人代替被保险人向造成损害的第三人行使赔偿请求权的时候),被保险人有协助义务。

保险受益人又称为"保险金领取人",是指由被保险人或者投保人指定,在保险事故发生或者约定的保险期限届满时,依照保险合同享有保险金请求权的人。

保险受益人在保险合同中由被保险人或投保人指定,在被保险人死亡后有权领取保险金的人,一般见于人身保险合同。如果投保人或被保险人未指定受益人,则他的法定继承人即为受益人。受益人在被保险人死亡后领取的保险金,不得作为死者遗产用来清偿死者生前的债务,受益人以外的他人无权分享保险金。在保险合同中,受益人只享受权利,不承担缴付保险费的义务。受益人的受益权以被保险人死亡时受益人尚生存为条件,若受益人先于被保险人死亡,则受益权应回归给被保险人,或由投保人或被保险人另行指定新的受益人,而不能由受益人的继承人继承受益权。

受益人故意造成被保险人死亡、伤残或者疾病的,保险人不承担给付保险金的责任。投保人已交足两年以上保险费的,保险人应当按照合同约定向其他享有权利的受益人退还保险单的现金价值。

受益人必须具备下列条件。

(1) 受益人是享受保险金请求权的人。受益人享受保险合同的利益,领取保险金,但他并非保险合同当事人,且不负交付保险费的义务。

(2) 受益人是由投保人或被保险人在保险合同中指定的人。保险合同生效后,投保人或被保险人可以中途撤销或变更受益人,无须征得保险人的同意,但必须通知保险人,由保险人在保险单上做出批准后才能生效。如果投保人与被保险人不是同一人,投保人变更或撤销受益人时,须征得被保险人同意。如果投保人或被保险人没有在保险合同中指明受益人的,则由被保险人的法定继承人为受益人。

保费也称保险费,是投保人为取得保险保障,按保险合同约定向保险人支付的费用。即被保险人参加保险时,根据其投保时所订的保险费率,向保险人交付的费用。

保险费率是指按保险金额计算保险费的比例。当保险财产遭受灾害和意外事故造成全部或部分损失,或人身保险中人身发生意外时,保险人均要付给保险金。保险费由保险金额、保险费率和保险期限构成。保险费多少是根据保险金额、保险费率、保险期限、保险人的年龄职业等因素计算决定的。

保险费的数额同保险金额的大小、保险费率的高低和保险期限的长短成正比,即保险金额越大,保险费率越高,保险期限越长,则保险费也就越多。交纳保险费是被保险人的义务。如被保险人不按期交纳保险费,在自愿保险中,则保险合同失效;在强制保险中,就要附加一定数额的滞纳金。通常保险合同上会载明保险费的数额并明确支付方式。交纳保险费一般有四种方式:一次交纳、按年交纳、按季交纳和按月交纳。保险费率是指按保险金额计算保险费的比例。以财产保险为例,它是根据保险标的的种类、危险可能性的大小、存放地点的好坏、可能造成损失的程度以及保险期限等条件来考虑的。计算保险费率的保险金额单位一般以每千元为单位,即每千元保险金应交多少保险费,通常以‰来表示。保险费率由纯费率和附加费率两个部分组成。这两部分费率相加叫做毛费率,即为保险人向被保险人计收保险费的费率。纯保费是用来向客户支付各种理赔金、生存金或是满期金等项目,可再分为生存保险金(支付满期保险的财源)和死亡金(支付死亡保险的财源)。附加保费是指营业费用,主要包括公司经营成本,也就是维持保单有效所需的费用。

需要注意的是,投保人只有在统一支付或者已经支付保险费的前提下,才能获得保险人承担保险损害赔偿的承诺。保险合同没有保险费约定的,保险合同无效。如投保人未能按规定交付保险费,则保险合同效力随之停止。

5. 保险的种类

保险分财产保险、人寿保险和健康保险。

财产保险包含机动车保险、企业财产保险、家庭财产保险、船舶保险、责任保险、保证保险、货物运输保险、意外伤害险、农业保险、工程保险和信用保险等。

人寿保险和健康保险又有以下分类。

(1) 根据投保人的数量分类,可分为个人健康险和团体健康险。

(2) 根据投保时间的长短,可以分为短期健康险和长期健康险。投保时间长短还与投保人的数量结合构成团体短期险和团体长期险,同样与个人结合可构成个人短期险和个人长期险等。

(3) 按照保险责任分类可分为:①疾病保险,是指以疾病为给付保险金条件的保险,即只要被保险人患有保险条款中列明的某种疾病,无论是否发生医疗费用或发生多少费用,都可获得定额补偿;②医疗保险,也称为医疗费用保险,指对被保险人在接受医疗服务时发生的费用进行补偿的保险;③失能保险,也称为收入损失保险、收入保障保险,指因被保险人丧失工作能力而使收入、财产等受到损失的一种保险。

（4）根据损失种类分类，可分为医疗费用保险、失能收入损失保险和长期护理保险。

（5）根据给付方式不同可分为以下几点。

① 费用型保险。保险人以被保险人在医疗诊治过程中发生的合理医疗费用为依据，按照保险合同的约定，补偿其全部或部分医疗费用。

② 津贴型保险（定额给付型保险）。津贴型保险是指不考虑被保险人的实际费用支出，以保险合同约定的标准给付保险金的保险。

③ 提供服务型产品。在此类产品的提供过程中，保险人直接参与医疗服务体系的管理。保险人根据一定标准来挑选医疗服务提供者（医院、诊所、医生），并将挑选出的医疗服务提供者组织起来，为被保险人提供医疗服务，并有严格正式的操作规则以保证服务质量，经常复查医疗服务的使用状况，被保险人按规定程序找指定的医疗服务提供者治病时可享受经济上的优惠。

任务 6.2　保险规划工具

人身保险是以人的寿命和身体为保险标的的保险，可分为人寿保险、年金保险、健康保险、伤害保险（意外险）等。

6.2.1　人寿保险

人寿保险是以人的生死为保险事件，保险人根据合同的规定负责对被保险人在保险期内死亡或生存至一定年龄时给付保险金。人寿保险可分为生存保险、死亡保险和生死合险。

1. 生存保险

若被保险人在保险契约的保险期间届满时仍生存，保险公司将会依照所约定的金额给付保险金。若被保险人死亡，则无给付责任，所缴保费不予退还。

2. 死亡保险

死亡保险就是在被保险人死亡发生时，保险公司将依照约定给付保险金的保险。死亡保险又可分为定期死亡保险和终身死亡保险。定期死亡保险是指被保险人在保险期间死亡，保险公司给付保险金，被保险人在保险期满后死亡，保险公司不负给付保险金的责任。终身死亡保险是不论何时，只要被保险人死亡发生，保险公司将依照契约所约定的金额立即给付保险金。

3. 生死合险

生死合险又称为养老保险，实际上是将死亡保险与生存保险混合，同时兼顾了死亡保障与储蓄的功能。被保险人于保险期间死亡或于保险届满时仍生存，保险公司将依照契约所约定的金额给付保险金。

6.2.2 年金保险

年金保险主要是为老年失去工作能力所产生的经济风险提供保障,是指在被保险人生存期间,保险人按照合同约定的金额、方式,在约定的期限内,有规则地、定期地向被保险人给付保险金的保险。年金保险,同样是由被保险人的生存为给付条件的人寿保险,但生存保险金的给付通常采取的是按年度周期给付一定金额的方式,因此称为年金保险。

在年金保险中,投保人要在开始领取之前,交清所有保费,不能边交保费边领年金。年金保险可以有确定的期限,也可以没有确定的期限,但均以年金保险的被保险人的生存为支付条件。在年金受领者死亡时,保险人立即终止支付。投保年金保险可以使晚年生活得到经济保障。人们在年轻时节约闲散资金缴纳保费,年老之后就可以按期领取固定数额的保险金。投保年金保险对于年金购买者来说是非常安全可靠的,因为保险公司必须按照法律规定提取责任准备金,而且保险公司之间的责任准备金储备制度保证,即使投保客户所购买年金的保险公司停业或破产,其余保险公司仍会自动为购买者分担年金给付。

1. 年金保险分类

(1) 按缴费方法不同分为趸缴年金与分期缴费年金。趸缴年金又称为一次缴清保费年金,投保人一次性地缴清全部保险费,然后从约定的年金给付开始日起,受领人按期领取年金。缴费年金的投保人,在保险金给付开始日之前分期缴纳保险费,在约定的年金给付开始日起按期由受领人领取年金。

(2) 按年金给付开始时间不同分为即期年金和延期年金。即期年金是指,在投保人缴纳所有保费且保险合同成立生效后,保险人立即按期给付保险年金的年金保险。通常即期年金采用趸缴方式缴纳保费,因此,趸缴即现年金是即期年金的主要形式。延期年金是指,保险合同成立生效后且被保险人到达一定年龄或经过一定时期后,保险人在被保险人仍然生存的条件下开始给付年金的年金保险。

(3) 按被保险人不同分为个人年金、联合及生存者年金和联合年金。个人年金又称为单生年金,被保险人为独立的一人,是以个人生存为给付条件的年金。联合及生存者年金是指,两个或两个以上的被保险人中,在约定的给付开始日,至少有一个生存即给付年金,直至最后一个生存者死亡为止的年金。因此,该年金又称为联合及最后生存者年金。但通常此种年金的给付规定,若一人死亡则年金按约定比例减少金额。此种年金的投保人多为夫妻。联合年金是指,两个或两个以上的被保险人中,只要其中一个死亡,则保险金给付即终止的年金,它是以两个或两个以上的被保险人同时生存为给付条件。

(4) 按给付期限不同分为定期年金、终身年金和最低保证年金。定期年金是指,保险人与被保险人有约定的保险年金给付期限的年金。一种定期年金是确定年金,只要在约定的期限内,无论被保险人是否生存,保险人的年金给付直至保险年金给付期限结束;一种是定期生存年金,在约定给付期限内,只要被保险人生存就给付年金,直至被保险人死亡。终身年金是指,保险人以被保险人死亡为终止给付保险年金的时间。也就是只要被保险人生存,被保险人将一直领取年金。对于长寿的被保险人,该险种最为有利,但一旦被保险人死亡,给付即终止。最低保证年金,是为了防止被保险人过早死亡而丧失领取年金的权利而产生的防范形式年金。它具有两种给付方式:一种是按给付年度数来保证被保险人及其受益人利益,该种最低保证年金形式确定了给付的最少年数,若在规定期内被保险人死亡,被保险人指定的受益人将继续领取年金到期限结束;另一种是按给付的回返来保证被保险人及其受益人的利益,该种最低保证年金形式确定有给付的最少回返金额,当被保险人领取的年金总额低于最低保证金额时,保险人以现金方式自动分期退还其差额。第一种方式为确定给付年金,第二种方式为退还年金。

(5) 按保险年金给付额是否变动分为定额年金与变额年金。定额年金的保险年金给付额是固定的,不因为市场通货膨胀的存在而变化。因此,定额年金与银行储蓄性质相类似。变额年金属于创新型寿险产品,通常变额年金也具有投资分立账户,变额年金的保险年金给付额,随投资分立账户的资产收益变化而不同。通过投资,此类年金保险有效地解决了通货膨胀对年金领取者生活状况的不利影响。变额年金因与投资收益相连接而具有投资性质。

从某种意义上说,年金保险和人寿保险的作用正好相反。人寿保险为被保险人因过早死亡而丧失的收入提供经济保障,而年金保险则是预防被保险人因寿命过长而可能丧失收入来源或耗尽积蓄而进行的经济储备。如果一个人的寿命与他的预期寿命相同,那么他参加年金保险既未获益也未损失;如果他的寿命超过了预期寿命,那么他就获得了额外支付,其资金主要来自没有活到预期寿命的那些被保险人缴付的保险费。所以年金保险有利于长寿者。

从本质上讲,年金保险并不是真正意义上的保险,而是人们通过寿险公司进行的一项投资,它代表年金合同持有人同寿险公司之间的契约关系。当投保客户购买年金时,保险公司为客户提供了一定的收益保障。当然保障的内容取决于投保人所购买的年金的类型。

2. 年金保险主要种类

年金保险有个人养老保险、定期年金保险、联合年金保险和变额年金保险。

1) 个人养老保险

个人养老保险是一种主要的个人年金保险产品。年金受领人在年轻时参加保险,按月缴纳保险费至退休日止。从达到退休年龄次日开始领取年金,直至死亡。养老年金、保险年金受领者可以选择一次性总付或分期给付年金。如果年金受领者在达到退休年龄之前死亡,则保险公司会退还积累的保险费(计息或不计息)或者现金价值,根据金额较大的计算而定。在积累期内,年金受领者可以终止保险合同,领取退保金。一般来说,保险公司对个人养老金保险可能会有如下承诺:

(1) 被保险人从约定养老年龄(比如 50 周岁或者 60 周岁)开始领取养老金,可按月领也可按年领,或一次性领取。对于按年领或按月领者,养老金保证一定年限(比如 10年)给付,如果在这一年限内死亡,则受益人可继续领取养老金至年限期满。

(2) 如果养老金领取一定年限后被保险人仍然生存,则保险公司每年给付按一定比例递增的养老金,一直给付,直至死亡。

（3）交费期内因意外伤害事故或因病死亡，保险公司给付死亡保险金，保险合同终止。

2）定期年金保险

定期年金保险是一种投保人在规定期限内缴纳保险费，被保险人生存至一定时期后，依照保险合同的约定按期领取年金，直至合同规定期满时止的年金保险。如果被保险人在约定期内死亡，则自被保险人死亡时终止给付年金。子女教育金保险就属于定期年金保险。父母作为投保人，在子女幼小时，为其投保子女教育金保险，等子女满 18 岁开始，从保险公司领取教育金作为读大学的费用，直至大学毕业。

3）联合年金保险

联合年金保险是以两个或两个以上的被保险人的生命作为给付年金条件的保险。它主要有联合最后生存者年金保险以及联合生存年金保险两种类型。联合最后生存者年金是指同一保单中的两人或两人以上，只要还有一人生存就继续给付年金，直至全部被保险人死亡才停止。它非常适用于一对夫妇和有一个永久残疾子女的家庭购买。由于以上特点，这一保险产品比起相同年龄和金额的单人年金需要缴付更多保险费。联合生存年金保险则是只要其中一个被保险人死亡，就停止给付年金，或者将随之减少一定的比例。

4）变额年金保险

变额年金保险是一种保险公司把收取的保险费计入特别账户，主要投资于公开交易的证券，并且将投资红利分配给参加年金的投保者，保险购买者承担投资风险，保险公司承担死亡率和费用率的变动风险。对投保人来说，购买这种保险产品，一方面可以获得保障功能；另一方面可以以承担高风险为代价得到高保额的返还金。因此购买变额年金类似于参加共同基金类型的投资，如今保险公司还向参加者提供多种投资的选择权。

由此可见，购买变额年金保险主要可以看做是一种投资。在风险波动较大的经济环境中，人寿保险市场的需求重点在于保值以及与其他金融商品的比较利益。变额年金保险提供的年金直接随资产的投资结果而变化。变额年金保险，是专门为了对付通货膨胀，为投保者提供一种能得到稳定的货币购买力而设计的保险产品形式。

6.2.3　健康保险

健康保险是以被保险人的身体为保险标的，使被保险人在疾病或意外事故所致伤害时发生的费用或损失获得补偿的一种保险。通常作为一种附加险与人寿保险和意外伤害保险组合办理。

1. 健康保险的种类

（1）按照保险责任划分，可分为疾病保险、医疗保险、收入保障保险等。

构成健康保险所指的疾病必须有以下三个条件：

① 必须是由于明显非外来原因所造成的。

② 必须是非先天性的原因所造成的。

③ 必须是由于非长存的原因所造成的。

（2）按给付方式划分，一般可分为三种：

① 给付型，保险公司在被保险人患保险合同约定的疾病或发生合同约定的情况时，按照合同规定向被保险人给付保险金。保险金的数目是确定的，一旦确诊，保险公司按合同所载的保险金额一次性给付保险金。各保险公司的重大疾病保险等就属于给付型。

② 报销型，保险公司依照被保险人实际支出的各项医疗费用按保险合同约定的比例报销。如住院医疗保险、意外伤害医疗保险等就属于报销型。

③ 津贴型，保险公司依照被保险人实际住院天数及手术项目赔付保险金。保险金一般按天计算，保险金的总数依住院天数及手术项目的不同而不同。如住院医疗补贴保险、住院安心保险等就属于津贴型。

2. 健康保险的特点

1）保险期限

除重大疾病等保险以外，绝大多数健康保险尤其是医疗费用保险常为一年期的短期合同。

2）精算技术

健康保险产品的定价主要考虑疾病率、伤残率和疾病（伤残）持续时间。健康保险费率的计算以保险金额损失率为基础，年末未到期责任准备金一般按当年保费收入的一定比例提存。此外，等待期、免责期、免赔额、共付比例和给付方式、给付限额也会影响最终的费率。

3）健康保险的给付

关于"健康保险是否适用补偿原则"问题，不能一概而论，费用型健康保险适用该原则，是补偿性的给付；而定额给付型健康险则不适用，保险金的给付与实际损失无关。

4）经营风险的特殊性

健康保险经营的是伤病发生的风险，其影响因素远比人寿保险复杂，逆选择和道德风险都更严重。此外，健康保险的风险还来源于医疗服务提供者，医疗服务的数量和价格在很大程度上由他们决定，作为支付方的保险公司很难加以控制。

5）成本分摊

由于健康保险有风险大、不易控制和难以预测的特性，因此在健康保险中，保险人对所承担的疾病医疗保险金的给付责任往往带有很多限制或制约性条款。

6）合同条款的特殊性

健康保险无须指定受益人，且被保险人和受益人常为同一个人。

健康保险合同中，除适用一般寿险的不可抗辩条款、宽限期条款、不丧失价值条款等外，还采用一些特有的条款，如既存状况条款、转换条款、协调给付条款、体检条款、免赔额条款、等待期条款等。

7）健康保险的除外责任

健康保险的除外责任一般包括战争或军事行动，故意自杀或企图自杀造成的疾病、死亡和残废，堕胎导致的疾病、残废、流产、死亡等。

3. 健康保险主要种类

1）医疗保险

医疗保险是指以约定的医疗费用为给付保险金条件的保险，即提供医疗费用保障的保险，它是健康保险的主要内容之一。

医疗费用是病人为了治病而发生的各种费用，它不仅包括医生的医疗费和手术费用，还包括住院、护理、医院设备等的费用。医疗保险就是医疗费用保险的简称。

（1）医疗保险的主要类型有普通医疗保险、住院保险、手术保险和综合医疗保险。

（2）医疗保险的常用条款如下。

① 免赔额条款

免赔额的计算一般有三种：一是单一赔款免赔额，针对每次赔款的数额；二是全年免赔额，按全年赔款总计，超过一定数额后才赔付；三是集体免赔额，针对团体投保而言。

② 比例给付条款

或称共保比例条款。在大多数健康保险合同中，对于保险人医疗保险金的支出均有比例给付的规定，即对超过免赔额以上的医疗费用部分采用保险人和被保险人共同分摊的比例给付办法。

比例给付，既可以按某一固定比例给付，也可按累进比例给付。

③ 给付限额条款

一般对保险人医疗保险金的最高给付均有限额规定，以控制总支出水平。

2）疾病保险

疾病保险指以疾病为给付保险金条件的保险。通常这种保单的保险金额比较大，给付方式一般是在确诊为特种疾病后，立即一次性支付保险金额。

（1）疾病保险的基本特点

① 个人可以任意选择投保疾病保险，作为一种独立的险种，它不必附加于其他某个险种之上。

② 疾病保险条款一般都规定了一个等待期或观察期，观察期结束后保险单才正式生效。

③ 为被保险人提供切实的疾病保障，且程度较高。

④ 保险期限较长。

⑤ 保险费可以分期交付，也可以一次交清。

（2）重大疾病保险

重大疾病保险保障的疾病一般有心肌梗塞、冠状动脉绕道手术、癌症、脑中风、尿毒症、严重烧伤、暴发性肝炎、瘫痪和重要器官移植手术、主动脉手术等。

重大疾病保险按保险期间划分有定期重大疾病保险和终身重大疾病保险；按给付形态划分有提前给付型、附加给付型、独立主险型、按比例给付型和回购式选择型五种。

3）收入保障保险

收入保障保险指以因意外伤害、疾病导致收入中断或减少为给付保险金条件的保险，具体是指当被保险人由于疾病或意外伤害导致残疾，丧失劳动能力不能工作以致失去收入或减少收入时,由保险人在一定期限内分期给付保险金的一种健康保险。

（1）收入保障保险的含义

提供被保险人在残废、疾病或意外受伤后不能继续工作时所发生的收入损失补偿的保险即为收入保障保险。

收入保障保险一般可分为两种:一种是补偿因伤害而致残废的收入损失;另一种是补偿因疾病造成的残废而导致的收入损失。

① 给付方式

收入保障保险的给付一般是按月或按周进行补偿,每月或每周可提供金额相一致的收入补偿。

残疾收入保险金应与被保险人伤残前的收入水平有一定的联系。在确定最高限额时,保险公司需要考虑投保人的下述收入:税前的正常劳动收入、非劳动收入、残疾期间的其他收入来源、目前适用的所得税税率。

收入保障保险除了在被保险人全残时给付保险金外,还可以提供其他利益,包括残余或部分伤残保险金给付、未来增加保额给付、生活费用调整给付、残疾免缴保费条款,以及移植手术保险给付、非失能性伤害给付、意外死亡给付。这些补充利益作为特殊条款通过缴纳附加保费的方式获得。

② 给付期限

给付期限为收入保障保单支付保险金最长的时间,可以是短期或长期的,因此有短期失能及长期失能两种形态。短期补偿是为了补偿在身体恢复前不能工作的收入损失,而长期补偿则规定较长的给付期限,这种一般是补偿全部残废而不能恢复工作的被保险人的收入。

③ 免责期间

免责期间又称等待期间或推迟期,是指在残疾失能开始后无保险金可领取的一段时间,即残废后的前一段时间,类似于医疗费用保险中的免责期或自负额,在这期间不给付任何补偿。

（2）残疾的定义

残疾指由于伤病等原因在人体上遗留的固定症状,并影响正常生活和工作能力。通常导致残疾的原因有先天性的残障、后天疾病遗留和意外伤害遗留。收入保障保险对先天性的残疾不给付保险金,并规定只有满足保单载明的全残定义时,才可以给付保险金。

① 完全残废

完全残废一般指永久丧失全部劳动能力,不能参加工作（原来的工作或任何新工作）以获得工资收入。

全部残废给付金额一般比残废前的收入少一些,经常是原收入的75%～80%。

② 部分残废

部分残废是与全部残废的定义相对而言的,是指部分丧失劳动能力。如果我们把全部残废认为是全部的收入损失,部分残废则意味着被保险人还能进行一些有收入的其他职业,保险人给付的将是全部残废给付的一部分。

$$部分残废给付＝全部残废给付×\frac{残废前的收入－残废后的收入}{残废前的收入}$$

③ 其他给付类型

收入补偿保险是对被保险人的收入损失进行有效的补偿,通常因条件的不同而具有不同类型。

4) 长期护理保险

长期护理保险是为因年老、疾病或伤残而需要长期照顾的被保险人提供护理服务费用补偿的健康保险。

长期护理保险的保险范围分为医护人员看护、中级看护、照顾式看护和家中看护四个等级,但早期的长期护理保险产品不包括家中看护。

典型长期看护保单要求被保险人不能完成下述五项活动中的两项即可:①吃;②沐浴;③穿衣;④如厕;⑤移动。除此之外,患有老年痴呆等认知能力障碍的人通常需要长期护理,但他们却能执行某些日常活动,为解决这一矛盾,目前所有长期护理保险已将老年痴呆症和阿基米德病及其他精神疾患包括在内。

长期护理保险保险金的给付期限有一年、数年和终身等几种不同的选择,同时也规定有 20 天、30 天、60 天、90 天、100 天或者说 80 天等多种免责期。免责期越长,保费越低。

长期护理保险的保费通常为平准式,也有每年或每一期间固定上调保费者,其年缴保费因投保年龄、等待期间、保险金额和其他条件的不同而有很大区别。一般都有豁免保费保障,即保险人开始履行保险金给付责任的 60 天、90 天或 180 天起免缴保费。

此外,所有长期护理保险保单都是保证续保的。最后,长期护理保险还有不没收价值条款规定。

6.2.4 意外伤害保险

意外伤害保险又称意外险,是针对外力所造成的伤害、死亡给予保障。被保险人在保险期间内,因遭遇意外事故,致其身体蒙受伤害,而致残或死亡时,依照契约约定,给付保险金。意外伤害保险中所称意外伤害是指,在被保险人没有预见到或违背被保险人意愿的情况下,突然发生的外来致害物对被保险人的身体明显、剧烈地侵害的客观事实。

1. 意外伤害的含义

伤害也称损伤,是指被保险人的身体受到侵害的客观事实,由致害物、侵害对象、侵害事实三个要素构成。意外是就被保险人的主观状态而言。被保险人事先没有预见到伤害的发生,可理解为伤害的发生是被保险人事先所不能预见或无法预见的,或者伤害的发生是被保险人事先能够预见到的,但由于被保险人的疏忽而没有预见到。伤害的发生违背被保险人的主观意愿。

意外伤害的构成包括意外和伤害两个必要条件。

2. 意外伤害保险的含义

意外伤害保险有三层含义。

(1) 必须有客观的意外事故发生,且事故原因是意外的、偶然的、不可预见的。

(2) 被保险人必须因客观事故造成人身死亡或残废的结果。

(3) 意外事故的发生和被保险人遭受人身伤亡的结果这两者之间有着内在的、必然的联系。

3. 意外伤害保险的基本内容

投保人向保险人交纳一定量的保险费,如果被保险人在保险期限内遭受意外伤害并以此为直接原因或近因,在自遭受意外伤害之日起的一定时期内造成死亡、残废、支出医疗费或暂时丧失劳动能力,则保险人给付被保险人或其受益人一定量的保险金。

4. 意外伤害保险的保障项目

(1) 死亡给付。

(2) 残废给付。

意外死亡给付和意外伤残给付是意外伤害保险的基本责任,其派生责任包括医疗给付、误工给付、丧葬费给付和遗族生活费给付等责任。

5. 意外伤害保险的特征

1) 保险金的给付

保险事故发生时,死亡保险金按约定保险金额给付,残废保险多按保险金额的一定百分比给付。

2) 保费计算基础

意外伤害保险的纯保险费是根据保险金额损失率计算的,这种方法认为被保险人遭受意外伤害的概率取决于其职业、工种或从事的活动,在其他条件都相同时,被保险人的职业、工种、所从事活动的危险程度越高,应交的保险费就越多。

3) 保险期限

意外伤害保险的保险期较短,一般都超过一年,最多三年或五年。

4) 责任准备金

年末未到期责任准备金按当年保险费收入的一定百分比(如 40%、50%)计算,与财产保险相同。

6. 意外伤害保险不可保意外伤害

不可保意外伤害,也可理解为意外伤害保险的除外责任,即从保险原理上讲,保险人不应该承保的意外伤害,如果承保,则违反法律的规定或违反社会公共利益。

不可保意外伤害一般包括:

(1) 被保险人在犯罪活动中所受的意外伤害。

(2) 被保险人在寻衅殴斗中所受的意外伤害。

(3) 被保险人在酒醉、吸食(或注射)毒品(如海洛因、鸦片、大麻、吗啡等麻醉剂、兴奋剂、致幻剂)后发生的意外伤害。

（4）由于被保险人的自杀行为造成的伤害。

对于不可保意外伤害，在意外伤害保险条款中应明确列为除外责任。

7. 特约保意外伤害

特约保意外伤害，即从保险原理上讲虽非不能承保，但保险人考虑到保险责任不易区分或限于承保能力，一般不予承保，只有经过投保人与保险人特别约定，有时还要另外加收保险费后才予承保的意外伤害。

特约保意外伤害包括：

（1）战争使被保险人遭受的意外伤害。

（2）被保险人在从事登山、跳伞、滑雪、赛车、拳击、江河漂流、摔跤等剧烈的体育活动或比赛中遭受意外伤害。

（3）核辐射造成的意外伤害。

（4）医疗事故造成的意外伤害（如医生误诊、药剂师发错药品、检查时造成的损伤、手术切错部位等）。

除不可保意外伤害、特约保意外伤害以外，均属一般可保意外伤害。

8. 意外伤害保险的保险责任

意外伤害保险的责任是保险人因意外伤害所致的死亡和残废，不负责疾病所致的死亡。

只要被保险人遭受意外伤害的事件发生在保险期内，而且自遭受意外伤害之日起的一定时期内（责任期限内，如 90 天、180 天等）造成死亡、残废的后果，保险人就要承担保险责任，给付保险金。

1）被保险人遭受了意外伤害

（1）被保险人遭受意外伤害必须是客观发生的事实，而不是臆想的或推测的。

（2）被保险人遭受意外伤害的客观事实必须发生在保险期限之内。

2）被保险人死亡或残废

（1）被保险人死亡或残废

死亡即机体生命活动和新陈代谢的终止。在法律上发挥效力的死亡包括两种情况：一是生理死亡，即已被证实的死亡；二是宣告死亡，即按照法律程序推定的死亡。

残废包括两种情况：一是人体组织的永久性残缺（或称缺损）；二是人体器官正常机能的永久丧失。

（2）被保险人的死亡或残废发生在责任期限之内

责任期限是意外伤害保险和健康保险特有的概念，指自被保险人遭受意外伤害之日起的一定期限（如 90 天、180 天、一年等）。

在宣告死亡的情况下，可以在意外伤害保险条款中订有失踪条款或在保险单上签注关于失踪的特别约定，规定被保险人确因意外伤害事故下落不明超过一定期限（如三个月、六个月等）时，视同被保险人死亡，保险人给付死亡保险金，但如果被保险人以后生还，受领保险金的人应把保险金返还给保险人。

责任期限对于意外伤害造成的残废实际上是确定残废程度的期限。

3）意外伤害是死亡或残废的直接原因或近因

（1）意外伤害是死亡、残废的直接原因。

（2）意外伤害是死亡或残废的近因。

（3）意外伤害是死亡或残废的诱因。

当意外伤害是被保险人死亡、残废的诱因时，保险人不是按照保险金额和被保险人的最终后果给付保险金，而是比照身体健康遭受这种意外伤害会造成何种后果给付保险金。

9. 意外伤害保险的给付方式

意外伤害保险属于定额给付性保险，当保险责任构成时，保险人按保险合同中约定的保险金额给付死亡保险金或残废保险金。

死亡保险金的数额是在保险合同中规定的，当被保险人死亡时如数支付。

残废保险金的数额由保险金额和残废程度两个因素确定。残废程度一般以百分率表示，残废保险金数额的计算公式是：

$$残废保险金＝保险金额×残废程度百分率$$

在意外伤害保险中，保险金额同时也是保险人给付保险金的最高限额，即保险人给付每一被保险人死亡保险金、残废保险金累计以不超过该被保险人的保险金额为限。

10. 意外伤害保险的主要险别

（1）按投保动因分类，个人意外伤害保险可分为自愿意外伤害保险和强制意外伤害保险。

（2）按保险危险分类，个人意外伤害保险可分为普通意外伤害保险和特定意外伤害保险。

（3）按保险期限分类，个人意外伤害保险可分为一年期意外伤害保险、极短期意外伤害保险和多年期意外伤害保险。

（4）按险种结构分类，个人意外伤害保险可分为单纯意外伤害保险和附加意外伤害保险。

11. 意外伤害保险的保费

意外伤害保险保险费的计算原理近似于非寿险，即在计算意外伤害保险费率时，应根据意外事故发生频率及其对被保险人造成的伤害程度、对被保险人的危险程度进行分类，对不同类别的被保险人分类，应分别制定保险费率。一年期意外伤害保险费的计算一般按被保险人的职业分类而确定，对被保险人按职业分类一般称为划分工种档次。

对不足一年的短期意外伤害保险费率计算，一般是按被保险人所从事活动的性质分类，分别确定保险费率。极短期意外伤害保险费的计收原则为：保险期不足一个月，按一个月计收，超过一个月不足两个月的，按两个月计收，以此类推。因为短期费率高于相应月份占全年 12 个月的比例，而对一些保险期限在几星期、几天、几小时的极短期伤害保险来讲，保险费率往往更高。

12. 意外伤害保险的保险金额

意外伤害保险是以人的身体为保险标的,只能采用定值保险。具体由保险人结合生命经济价值、事故发生率、平均费用率以及当时总体工资收入水平确定总保险金额,再由投保人加以认可。目前在团体意外伤害保险中,保险金额最低为 1 000 元,最高为 500 000 元;在个人意外伤害保险中,保险金额最低为 1 000 元,最高为 1 000 000 元。保险金额一经确定,中途不得变更。在特种人身意外伤害保险中,保险金额一般由保险条款或者法院规定。有些财产险公司推出的团体意外伤害保险,还增加了被保险人可中途更换的条款。

影响意外伤害保险费率高低的因素有两个:一是被保险人从事工作的危险程度。二是保险期限的性质。危险程度高,保险费率高;危险程度低,则保险费率低。

保险费率(以寿险公司的意外险为例),一般分为四级:第一级主要是非生产部门的脑力劳动者,年费率为 0.2%;第二级主要是轻工业工人和手工业劳动者,年费率为 0.3%;第三级主要是重工业工人和重体力劳动者,年费率为 7%;第四级主要是职业危险比较特殊的劳动者,年费率为 10%。

6.2.5　财产保险

财产保险是指投保人根据合同约定,向保险人交付保险费,保险人按保险合同的约定对所承保的财产及其有关利益因自然灾害或意外事故造成的损失承担赔偿责任的保险。财产保险,包括财产保险、农业保险、责任保险、保证保险、信用保险等以财产或利益为保险标的的各种保险。

可保财产,包括物质形态和非物质形态的财产及其有关利益。以物质形态的财产及其相关利益作为保险标的的,通常称为财产损失保险。例如,飞机、卫星、电厂、大型工程、汽车、船舶、厂房、设备以及家庭财产保险等。以非物质形态的财产及其相关利益作为保险标的的,通常是指各种责任保险、信用保险等。例如,公众责任、产品责任、雇主责任、职业责任、出口信用保险、投资风险保险等。但是,并非所有的财产及其相关利益都可以作为财产保险的保险标的。只有根据法律规定,符合财产保险合同要求的财产及其相关利益,才能成为财产保险的保险标的。

1. 财产保险的原则

1) 保险利益原则

保险利益原则是保险行业中的一个基本原则,又称"可保利益原则"或"可保权益原则"。所谓保险利益,是指投保人或被保险人对其所保标的的具有法律所承认的权益或利害关系。即在保险事故发生时,可能遭受的损失或失去的利益。《中华人民共和国保险法》第十二条规定:"保险利益是指投保人对保险标的的具有法律上承认的利益。"

2) 最大诚信原则

最大诚信原则的含义是指当事人真诚地向对方充分而准确地告知有关保险的所有重要事实,不允许存在任何虚伪、欺瞒、隐瞒行为。而且不仅在保险合同订立时要遵守此项原则,在整个合同有效期内和履行合同过程中也都要求当事人间具有"最大诚信"。最大诚信原则的含义可表述为:保险合同当事人订立合同及在合同有效期内,应依法向对方提供足以影响对方做出订约与履约决定的全部实质性重要事实,同时绝对信守合同订立的约定与承诺。否则,受到损害的一方,按民事立法规定可以此为由宣布合同无效,或解除合同,或不履行合同约定的义务或责任,甚至对因此受到的损害还可以要求对方予以赔偿。

3)近因原则

《中华人民共和国保险法》上的近因原则的含义为:"保险人对于承保范围的保险事故作为直接的、最接近的原因所引起的损失,承担保险责任,而对于承保范围以外的原因造成的损失,不负赔偿责任。"按照该原则,承担保险责任并不取决于时间上的接近,而是取决于导致保险损失的保险事故是否在承保范围内,如果存在多个原因导致保险损失,则其中所起决定性、最有效的,以及不可避免会产生保险事故作用的原因是近因。由于导致保险损失的原因可能会有多个,而对每一原因都投保于投保人没有必要,因此,近因原则作为认定保险事故与保险损失之间是否存在因果关系的重要原则,对认定保险人是否应承担保险责任具有十分重要的意义。

4)损失补偿原则

损失补偿原则是财产保险的核心原则。它是指在财产保险中,当保险事故发生导致被保险人经济损失时,保险公司给予被保险人经济损失赔偿,使其恢复到遭受保险事故前的经济状况。

由损失补偿原则派生出两个原则:代位求偿原则和重复保险分摊原则。

① 代位求偿原则

代位求偿原则是从补偿原则中派生出来的,只适用于财产保险。在财产保险中,保险事故的发生是由第三者造成并负有赔偿责任,则被保险人既可以根据法律的有关规定向第三者要求赔偿损失,也可以根据保险合同要求保险人支付赔款。

如果被保险人首先要求保险人给予赔偿,则保险人在支付赔款以后,保险人有权在保险赔偿的范围内向第三者追偿,而被保险人应把向第三者要求赔偿的权利转让给保险人,并协助向第三者要求赔偿。反之,如果被保险人首先向第三者请求赔偿并获得损失赔偿,被保险人就不能再向保险人索赔。

② 重复保险分摊原则

重复保险分摊原则也是由补偿原则派生出来的,它不适用于人身保险,而与财产保险业务中发生的重复保险密切相关。重复保险是指投保人对同一标的、同一保险利益、同一保险事故分别向两个以上保险人订立合同的保险。重复投保原则上是不允许的,但在事实上是存在的。其原因通常是由于投保人或者被保险人的疏忽,或者源于投保人求得心理上更大安全感的欲望。重复保险的投保人应当将重复保险的有关情况通知各保险人。

重复保险分摊原则是指投保人向多个保险人重复保险时,投保人的索赔只能在保险人之间分摊,赔偿金额不得超过损失金额。

在重复保险的情况下,当发生保险事故时,对于保险标的所受损失,由各保险人分摊。如果保险金额总和超过保险价值的,各保险人承担的赔偿金额总和不得超过保险价值。这是补偿原则在重复保险中的运用,以防止被保险人因重复保险而获得额外利益。

2. 家庭财产保险

家庭财产保险是以城乡居民室内的有形财产为保险标的的保险。家庭财产保险为居民或家庭遭受的财产损失提供及时的经济补偿,有利于安定居民生活,保障社会稳定。我国目前开办的家庭财产保险主要有普通家庭财产险和家庭财产两全险。

1) 普通家庭财产险

根据保险责任的不同,普通家庭财产险又分为灾害损失险和盗窃险两种。

(1) 灾害损失险

灾害损失险的保险标的包括被保险人的自有财产、由被保险人代管的财产或被保险人与他人共有的财产,通常包括:日用品、床上用品;家具、用具、室内装修物;家用电器;文化、娱乐用品;农村家庭的农具、工具、已收获入库的农副产品等。有些家庭财产的实际价值很难确定,如金银、珠宝、玉器、首饰、古玩、古书、字画等,这些财产必须由专业鉴定人员进行价值鉴定,经投保人与保险人特别约定后,才作为保险标的。

保险人通常对以下家庭财产不予承保:损失发生后无法确定具体价值的财产,如货币、票证、有价证券、邮票、文件、账册、图表、技术资料等;日常生活所需的日用消费品,如食品、粮食、烟酒、药品、化妆品等;法律规定不容许个人收藏、保管或拥有的财产,如枪支、弹药、爆炸物品、毒品等;处于危险状态下的财产;保险人从风险管理的需要出发,声明不予承保的财产。

家庭财产灾害损失险规定的保险责任包括:火灾、爆炸、雷击、冰雹、洪水、海啸、地震、泥石流、暴风雨、空中运行物体坠落等一系列自然灾害和意外事故。对于被保险人为预防灾害事故而事先支出的预防费用,保险人原则上不予赔偿;但对于在灾害事故发生后,为防止灾害损失扩大,积极抢救、施救、保护保险标的而支出的费用,保险人将按约定负责提供补偿。

保险人对于家庭财产保险单项下所承保的财产由于下列原因造成的损失不承担赔偿责任:战争、军事行动或暴力行为;核子辐射和污染;电机、电器、电器设备因使用过度、超电压、碰线、弧花、漏电、自身发热等原因造成的本身损毁;被保险人及其家庭成员、服务人员、寄居人员的故意行为,或勾结纵容他人盗窃或被外来人员顺手偷摸,或窗外钩物所致的损失等;其他不属于家庭财产保险单列明的保险责任内的损失和费用。

家庭财产保险的保险金额由投保人依据投保财产的实际价值自行估计而定。若估价过低,会使保障不足;若估价过高,一方面,保费将随之增加;另一方面,实际灾害发生时,保险人将根据补偿原则,以投保财产的实际价值作为赔偿上限,因而被保险人也不可能靠此获利。投保人明智的做法是,对投保财产做出客观合理的估价,使保险金额尽可能接近所投保财产的实际价值。

普通家庭财产险的保险期限为一年,即从保单签发日零时算起,到保险期满日 24 时为止。

(2) 盗窃险

盗窃险的保险责任指在正常安全状态下,留有明显现场痕迹的盗窃行为,致使保险财产产生损失。除自行车、助动车以外,盗窃险规定的保险标的的范围与家庭财产、灾害损失险完全一样。对于由被保险人及其家庭成员、家庭服务人员、寄居人员的盗窃或纵容行为造成的损失以及如房门未锁、门窗未关等非正常安全状态下的失窃损失,保险人均不承担赔偿责任。盗窃险保险金额的确定以及保险期限的规定,均与灾害损失险相同。

2)家庭财产两全险

家庭财产两全险是一种具有经济补偿和到期还本性质的险种。它与普通家庭财产保险的不同仅在于保险金额的确定方式上。家庭财产两全险采用按份数确定保险金额的方式:城镇居民每份1 000元,农村居民每份2 000元,至少投保一份,具体份数多少根据投保财产的实际价值而定。投保人根据保险金额一次性交纳保险储金,保险人将保险储金的利息作为保费。保险期满后,无论保险期内是否发生赔付,保险人都将如数退还全部保险储金。

3. 家庭财产保险的保障范围

1)基本保障

房屋:房屋由于火灾、台风、暴雨、泥石流等原因造成的损失,可申请理赔。房屋指房屋主体结构以及交付使用时已存在的室内附属设备,如固定装置的水暖、气暖、卫生、供水、管道煤气及供电设备、厨房配套的设备等。保额自主填写,建议您所填写的保额为市场价重置该房屋的费用。

备注:房屋为被保险人拥有合法产权的钢筋混凝土或砖混结构的房屋。

房屋装修:房屋装修由于火灾、台风、暴雨、泥石流等原因造成的损失,可申请理赔。房屋装修指地板、水暖、气暖、供水、管道煤气及供电设备、厨房配套的设备等房屋装修附属设备。

室内财产:室内财产由于火灾、台风、暴雨、泥石流等原因造成的损失,可申请理赔。室内财产指家用电器、服装、家具、床上用品。

2)附加保障

室内财产盗抢险:家用电器、服装、家具、床上用品等室内财产由于遭受盗窃、抢劫行为而丢失,经报案由公安部门确认后,可申请理赔,此附加险提供最高100 000元保额。

水暖管爆裂及水渍险:房屋、房屋装修、室内财产因水暖管爆裂,由此遭受水浸、腐蚀的物质损失,可申请理赔,此附加险提供最高100 000元保额。

现金、金银珠宝盗抢损失险:现金、金银珠宝存放在房屋内由于遭受盗窃、抢劫所致的损失,经公安部门确认后,可申请理赔,此附加险提供最高2 000元保额。

保姆人身意外险:保姆在工作过程中遭受烫伤、滑倒等意外伤害事故造成的医疗费用或身体伤残,即可申请理赔,此附加险提供最高50 000元保额。

家用电器用电安全损失险:电压异常引起家用电器的损毁,可申请理赔,此附加险提供最高100 000元保额。电压异常通常是由供电线路老化、自然灾害造成的意外或施工失误造成的短路等原因引起。

高空坠物责任险:窗框、花盆等因意外从家中坠下导致他人受伤或他人财物损毁,而因此事件需负法律责任的费用将可获赔偿。甚至所住楼宇范围内发生高空坠物,而无法确定肇事者,由此经法院判决由相关住户分摊的费用将可获赔偿,此附加险提供最高50 000元保额。

家养宠物责任险:合法拥有的宠物造成他人受伤或他人财物损毁,而因此事件需负法律责任的费用将可获赔偿,此附加险提供最高 5 000 元保额。宠物不包括藏獒等烈性犬只等。

4. 特保财产

特约可保财产(简称特保财产)是指经保险双方特别约定后,在保险单中载明的保险财产,分为不提高费率的特保财产和需要提高费率的特保财产。不提高费率的特保财产是指市场价格变化较大或无固定价格的财产,如金银、珠宝、玉器、首饰、古玩、古画、邮票、艺术品、稀有金属和其他珍贵财物;堤堰、水闸、铁路、涵洞、桥梁、码头等。需提高费率或需附贴保险特约条款的财产一般包括矿井、矿坑的地下建筑物、设备和矿下物资等。

5. 不可保财产

含下列六种情况的财产均不属于财产保险的投保范围。

(1) 不属于一般性的生产资料或物资的财产,如土地、矿藏、矿井、矿坑、森林、水产资源以及未经收割或收割后尚未入库的农作物。

(2) 风险特殊,应投保专门的现金保险,如货币、票证、有价证券。

(3) 无法鉴定价值的财产,如文件、账册、图表、技术资料。

(4) 承保这些财产将与政府相关法律、法规相抵触,如违章建筑、危险建筑、非法占用的财产;在运输过程中的物资等。

(5) 必然会发生危险的财产,如危房。

(6) 应投保其他险种的财产。

6. 财产保险的种类

1) 财产险

保险人承保因火灾和其他自然灾害及意外事故引起的直接经济损失。险种主要有企业财产保险、家庭财产保险、家庭财产两全保险(指只以所交费用的利息作保险费,保险期满退还全部本金的险种)、涉外财产保险、其他保险公司认为适合开设的财产险种。

2) 责任保险

责任保险指保险人承保被保险人的民事损害赔偿责任的险种,主要有公众责任保险、第三者责任保险、产品责任保险、雇主责任保险、职业责任保险等险种。

3) 保证保险

保证保险指保险人承保的信用保险,被保证人根据权利人的要求投保自己信用的保险是保证保险,权利人要求被保证人信用的保险是信用保险。包括合同保证保险、忠实保证保险、产品保证保险、商业信用保证保险、出口信用保险和投资(政治风险)保险。

7. 家庭财产保险分类

1) 普通家庭财产保险

普通家庭财产保险是采取交纳保险费的方式,保险期限为一年,从保险人签发保单零时起,到保险期满 24 小时止。没有特殊原因,中途不得退保。家庭财产保险保单保险期满后,所交纳的保险费不退还,继续保险需要重新办理保险手续。

2) 到期还本型家庭财产保险

到期还本型家庭财产保险的承保范围和保险责任与普通家庭财产保险相同。到期还本型家庭财产保险具有灾害补偿和储蓄的双重性质。投保时,投保人交纳固定的保险储金,储金的利息转作保费,保险期满时,无论在保险期内是否发生赔付,保险储金均返还投保人。

3) 利率联动型家庭财产保险

随着物价指数的上涨和央行不断升息,人们对保险保障提出了更高的要求,利率联动型家庭财产保险应运而生。投保此类险种除拥有相应的保障责任外,如遇银行利率调整,随一年期银行存款利率同步、同幅调整,分段计息,无论是否发生保险赔偿,期满均可获得本金和收益。

8. 人身保险与财产保险的区别

在财产保险中,我国实行的是财产损失补偿原则,即在保险标的限额内,根据实际造成损失的情况来予以补偿,同时还要扣除损失的残值。在人身保险中,只要出现保险金给付事由,发生合同约定的保险事故的,保险公司应按照约定给付被保险人或者受益者保险金,却没有免赔率和残值认定等问题。这也是人身保险与财产保险的区别之一。在《中华人民共和国保险法》中并未限制规定一人只能投保一份,反而鼓励投保人多投保险,对保险业的发展也持积极支持态度。所以,投保人、被投保人、受益人可以根据不同的保险合同、不同的保险份额,从不同的当事人处获得超过一份保险额的保险金及损害赔偿金。同时,在人身保险合同中,一般不会授予保险人的追偿权,保险公司承担的是合同中的权利和义务,而没有超出合同所约定的权利,更没有法律赋予的其他权利。所以,被保险人有权在获得加害人的赔偿后,再向保险公司索赔。

财产保险是指以财产及其相关利益为保险标的的保险,包括财产损失保险、责任保险、信用保险、保证保险、农业保险等。它是以有形或无形财产及其相关利益为保险标的的一类补偿性保险。

人身保险是以人的寿命和身体为保险标的的保险。当人们遭受不幸事故或因疾病、年老以致丧失工作能力、伤残、死亡或年老退休时,根据保险合同的约定,保险人对被保险人或受益人给付保险金或年金。

人身保险与财产保险的区别具体表现在以下几方面。

1) 保险金额的确定方式

人身保险和财产保险在保险金额的确定方式上有所不同:由于人的身体和生命无法用金钱衡量,所以保险人在承保时,是以投保人自报的金额为基础,参照投保人的经济状况、工作性质等因素来确定保险金额。财产保险是补偿性保险,保险金额依照投保标的的实际价值确定。

2) 保险期限

除意外伤害保险和短期健康保险外,大多数人身保险险种的保险期限都在一年以上,保险期限较长。因此,长期性寿险要求在计算保费和保单所积累的资金时要考虑利率因素,不仅要考虑当前的利率水平,还要考虑利率未来的走势。财产保险除工程保险和长期出口信用险外,多为短期(一年及一年以内)。财产保险计算保费时一般不考虑利率因素。

3) 储蓄性

长期寿险所缴纳的纯保费中,大部分被用于提存责任准备金,将来给付给被保险人,因此具有储蓄性。责任准备金是保险人的一项负债。保单在经过一定的时间后,具有现金价值,投保人或被保险人享有保单抵押贷款等一系列权利,而这是一般财产保险所不具有的。

4) 代位求偿

代位求偿是指当损失由第三方造成时,保险人在履行赔偿义务后,可以向第三方责任人追偿损失,被保险人不能再向第三方责任人索赔。在人身保险中,投保人或被保险人在遭受保险事故受到伤害后,既能从保险公司获得保险金,又可从致害人那里获得赔偿,而保险人除了给付保险金之外,没有从肇事者处索取赔偿的权利。

5) 经营方式

(1) 展业。保险展业渠道主要包括直接展业、代理人展业及经纪人展业。其中,直接展业是指保险人依靠自己的业务人员销售保单;代理人展业是指在保险人授权的范围内,由代理人进行保单推销,代理人可分为专业代理和兼业代理。我国目前在财产保险中主要依靠直接展业和兼业展业,而人身保险除采用直接展业方式外,一般由保险营销员招揽业务。

(2) 承保。保险承保的过程实质上是保险公司对风险选择的过程。选择可分为对"人"的选择和对"物"的选择。就是说,保险公司不是什么风险都承保,也不是不加区别地将保单卖给任何人。财产保险的标的是物,但拥有或控制财产的被保险人也会影响标的风险的大小,因而财产保险除了对"物"进行选择外,还存在对"人"的选择问题。在人身保险中,对"人"的选择就是对标的的选择,一般不涉及对"物"的选择。

(3) 理赔。财产保险和人身保险在损失通知、索赔调查、核定损失金额以及最后结案的整套程序中都基本相同,但人身保险不适用损失补偿原则和代位求偿原则。

(4) 防灾防损。在人身保险中,保险人进行防灾防损体现在研究应对逆向选择的措施,向社会宣传健康保护方案,定期或不定期进行体检以及捐赠医疗设备等行动上。在财产保险中,则体现在保险人积极参与社会防灾防损工作和在自身业务经营中,如条款设计、费率厘定、承保经营等方面,贯彻保险与防灾防损相结合的原则。

(5) 投资。由于人身保险具有储蓄性,所以保险人必须将提存的责任准备金用于投资,尽可能使这些准备金不断增值,以应付将来给付的需要。财产保险多为短期,其责任准备金也有不断增值和资金运用的问题。

任务 6.3　保险规划程序

保险规划是完备的理财计划不可缺少的一部分,是一种风险投资,一种最安全可靠的投资手段,一种理想的理财方式和一种合理避税的有效途径。

6.3.1 制定保险规划的原则

个人购买保险的目的是为了避免风险发生后造成个人或家庭成员人身伤害和家庭财产损失,给家庭生活造成危害,获得一份保障,以保证个人和家庭生活的安全、稳定。理财规划师在帮助客户制定保险规划时从以上目的出发,应遵循以下原则。

1. 转移风险的原则

客户购买保险的目的就是为了将风险转移给保险公司,当保险事故发生后可以从保险公司得到一定的经济补偿,从而减小风险给个人和家庭造成的经济损失,减轻保险事故对家庭生活的影响,保证家庭生活的安全和稳定。理财规划师在为客户进行保险规划时应全面系统地分析客户家庭可能面临的各种风险、风险发生的可能性、风险发生后的损失程度及其对客户家庭生活可能产生的影响程度,进而分析对这些风险进行管理的最佳措施、最终选择哪些风险和怎样合理地把这些风险转嫁给保险公司。

2. 量力而行的原则

保险本质上是一种互助行为,同时也是一种经济行为和合同行为。通过购买保险将风险转移给保险公司,以保险费获得保险保障,是以按期足额交纳保费为前提的。购买的险种越多,保障金额越高,保险期限越长,交纳的保费也就越多。因此,理财规划师在为客户制定保险规划时应综合分析客户的目前和未来的财务状况和经济实力,在条件许可的范围内量力而行。

3. 突出重点的原则

在人身保险方面,应优先为家庭的经济支柱购买保险;在财产方面,应优先为家庭的住房购买财产保险;在家庭成员方面,应优先为大人购买保险。

4. 利用免赔额的原则

买保险的主要目的是为了预防那些重大的自己无法承受的损失。

5. 综合投保的原则

避免各单独保单间可能出现的重复,节省保费,得到较大的费率优惠。

6.3.2 保险规划的主要步骤

1. 确定保险标的

确定保险标的是制定保险规划的首要任务。保险标的是作为保险对象的财产及其有关利益,或者人的寿命和身体。

投保人可以以其本人、与本人有密切关系的人、他们所拥有的财产以及他们可能依法承担的民事责任作为保险标的。

各国保险法都明确规定只有投保人对保险标的有可保利益才能为其投保,否则这种投保行为是无效的。可保利益是保险制度中的一个核心概念,是指投保人或被保险人因保险标的损坏(或丧失)或因责任的产生而遭受经济上的损失;因保险标的的安全或免予责任而受益。如果投保人或被保险人对保险标的存在上述经济上的利害关系,则具有可保利益。如果投保人或被保险人没有这种经济上的利害关系,则对保险标的没有可保利益。具体来说,在财产保险合同中的可保利益,是指投保人对保险标的所具有的因保险事故的发生而受损失或者因保险事故不发生而免受损失的利害关系;在人身保险合同中的可保利益,是指投保人对被保险人所具有的因被保险人的伤残或死亡而遭受经济上的损失或者因被保险人的身体健康或生命的延续而受益的一种利害关系;在责任保险中的可保利益,是指被保险人与民事侵权责任相关的一种利害关系。

简言之,可保利益是指投保人或被保险人与保险标的之间的为法律所认可的经济利益,并可作为投保的一种法定的权利。

财产保险的可保利益比较容易确定,对于家庭财产而言,可保利益的产生和存在主要有三个来源。

(1)所有权:单个或者与别人共同拥有财产的所有人,接受他人财产管理委托的受托人,或者享有他人利益的受益人,均对财产具有可保利益。

(2)占有权:对财产的安全负有责任的人(比如,保管客户物品的仓库保管员),以及对财产具有留置权的人。不过,这种可保利益的来源在家庭财产保险中不是很常见。

(3)契约权益:与他人签订契约或合同并因此而享有权益的人,比如租赁房屋的承租人,就对承租的房屋具有一定的可保利益。

在财产保险合同中的可保利益,是指投保人对保险标的所具有的因保险事故的发生而受损失或者因保险事故不发生而免受损失的利害关系;在人身保险合同中的可保利益,是指投保人对被保险人所具有的因被保险人的伤残或死亡而遭受经济上的损失或者因被保险人的身体健康或生命的延续而受益的一种利害关系。投保人与被保险人之间是否存在合法的经济利益关系是衡量投保人对被保险人是否具有可保利益的根本依据。而投保人是否会因为被保险人的人身风险发生而遭受损失则是判断投保人与被保险人之间是否存在合法的经济利益关系的重要方面。一般来说,投保人对自己以及与自己具有血缘关系的家人或者亲人,或者具有其他密切关系的人都具有可保利益。在责任保险中的可保利益,是指被保险人与民事侵权责任相关的一种利害关系。

2. 选定保险产品

保险产品的选择应该始终掌握两点:①从个人具体保障功能需求出发;②挑选性价比最优的产品。

科学地购买保险产品可分解为五个步骤:确定保险需求、分析保险公司、选择保险产品、综合推荐方案和进行额度测算。每一步都一定要有科学、客观的分析方法进行支持,而不是简单地听保险销售人员的推荐。

(1)首选保险类型。保险产品主要分为医疗健康(包括普通住院报销、重大疾病、津贴等)、养老金、寿险(身故责任)、意外保障、儿童教育金和投资理财型几大类。在选择某类产品时,重点看想要解决什么问题。是想解决医疗费用(意外、重疾、普通住院报销),还是想解决养老金(养老险),或者解决家庭经济支柱的家庭责任问题(寿险)。我们经常听到很多客户说:"我邻居买了一份保险,到期返还、有分红,可好呢。""我同事最近投保了一份保险,保费特便宜,很划算,我也打算买一份。"其实这些产品适合他们也许并不适合您,我们要根据自己的年龄、家庭情况、重点关注问题来确定自己所需要的保险种类。保险只有适合不适合之分,没有好坏之分,每种产品都有它特定的适合人群。

(2) 定下大的种类后其次定产品。很多人在选产品时,特别会算计价格——只选便宜的。其实市场上同类型的产品价格差异不大,保险买的是一种不确定性的风险保障,所以在同类产品中要重点关注保险责任、保障范围和免责条款。比如同是健康险,有的是短期保障,有的是终身保障;大病险有的保 10 种,有的保 27 种;寿险有的公司三条免责,有的公司八条、十条免责;意外险有的只保交通意外,有的包括所有的意外等。这些经常是客户容易忽略的地方,所以经常有客户说保险买容易、理赔难,很大一部分原因是买前没有很好地关注保险责任及保险公司免责条款。保险是要买最适合自己的,而不是买最便宜的。

选择适合自己的保险产品,要从认识和分析自己所面临的风险入手。简单地说,消费者面临的不外乎就是财产和人身两方面的风险。就财产而言,主要是房屋、家庭财产、汽车等的损失;就人身而言,可以简单地归纳为生、老、病、死、残 5 种风险。在对自己的风险全面认识的基础上,消费者可以将自己面临的风险排排队,选择那些对自己的生活影响最大的风险优先投保。

以城市居民为例,财产险方面,家庭财产保险不可或缺,至少应当对自己的室内财产和室内装修进行投保,避免漏水或者火灾对家庭财务造成的重大影响;另外,有车一族需要投保车险。人身险方面,意外伤害保险不可或缺,因为意外伤害或者疾病导致劳动能力丧失、因为家庭经济支柱的意外身故导致家庭财务崩溃,以至于影响赡养老人和抚育幼童,应当是最大的风险所在。因此,不论贫富,意外伤害保险应优先购买,健康保险则可以根据所享受的社会医疗保险和自身付费能力酌情购买,之后才能考虑储蓄型的养老保险,最后才是投资型的保险产品。在选择给谁买保险的问题上,科学的排序应当是壮年优先(收入高者优先),其次才是儿童和老人,而不是相反。

总之,选定保险产品要根据保险标的所面临的风险种类、各类风险发生的概率、风险发生后可能造成损失的大小以及自身的经济承受能力。应注意合理搭配险种,购买 1～2 个主险附加意外伤害、重大疾病保险,使人得到全面保障。要综合安排,避免重复投保。如果准备购买多项保险,应尽量以综合的方式投保。

3. 确定保险金额

所谓保险金额,是指一个保险合同项下保险公司承担赔偿或给付保险金责任的最高限额,即投保人对保险标的的实际投保金额,同时又是保险公司收取保险费的计算基础。保险金额应以财产的实际价值和人身的评估价值为依据确定。在不同的保险合同中,保险金额的确定方法和原则不同。财产保险合同中,对保险价值的估价和确定直接影响保险金额的大小。保险价值等于保险金额是足额保险;保险金额低于保险价值是不足额保险,保险标的发生部分损失时,除合同另有约定外,保险公司按保险金额与保险价值的比例赔偿;保险金额超过保险价值是超额保险,超过保险价值的保险金额无效,恶意超额保险是欺诈行为,可能使保险合同无效。在人身保险合同中,人身的价值无法衡量,保险金额是人身保险合同双方约定的,由保险人承担的最高给付的限额或实际给付的金额。

对于补偿性的保险合同,按照补偿原则的要求通过损失补偿使被保险人在经济上恢复到损失发生前的状态。人寿保险是给付性的定值保险合同,不适用于保险的补偿原则,传统的人寿保险保单的保险金额就是保单的死亡给付金,因此,寿险保单保险金额的确定是非常重要的。在寿险保单中没有任何限制保险金额的规定,也不存在对保险给付金额进行限制的保单条款,但是这并不意味着寿险保单对保险金额的确定没有任何限制。购买人寿保险的目的应该是通过死亡保险金的给付使被保险人的亲属和家庭在被保险人死亡之后在经济上获得的给付和以前保持在相仿水平。这就是确定寿险保额的原则。

投保人对被保险人具有可保利益是购买寿险保单的前提条件,由于可保利益是一种不确定的利益,因此要分析被保险人的提前死亡给投保人或受益人带来的经济影响,虽然很多情况下,这种经济损失是无法确切进行衡量的,但是可以通过需求法和人生价值法来衡量被保险人发生提前死亡产生的经济困难和负担,带来的经济损失的严重程度,并且将这种损失程度作为确定保险金额的依据。

1) 保险金额与保险价值的区别

(1) 任何保险合同,无论是人身保险还是财产保险必有保险金额,但不一定都有保险价值。财产保险合同中,有的约定保险价值,有的没有约定保险价值。人身保险合同则根本就没有保险价值一说,因为人的生命、身体是不能以金钱来衡量的。

(2) 保险合同订立时必须确定一个保险金额,但不一定确定保险价值,如不定值保险合同在订立时就无须确定保险价值。

(3) 保险金额是保险人计收保险费的依据,而保险价值是保险人计算保险赔偿金额的依据。

(4) 保险金额是投保人的实际投保金额,也是保险人的最高赔偿限额;而保险价值则是保险合同订立时或保险事故发生时保险标的的价值,是保险人赔偿的最高额。即使保险金额高于保险价值,保险人也只在保险价值范围内予以赔偿。

2) 保险金额与保险价值的联系

保险金额根据保险价值确定,并且一般不得超过保险价值。保险价值是保险赔偿金额的计算依据,而保险赔偿金额又不能超过保险金额,两者都影响到保险赔偿金额的确定。

理财规划师在帮助客户确定保险金额时应注意不要出现超额投保和重复投保。

4. 明确保险期限

在为个人制定保险规划时,应该将长短期险种结合起来综合考虑。

财产保险、意外伤害保险、健康保险等多为中短期保险合同,人寿保险期一般较长。

保险期限也称"保险期间",指保险合同的有效期限,即保险合同双方当事人履行权利和义务的起讫时间。由于保险期限一方面是计算保险费的依据之一;另一方面又是保险人和被保险人双方履行权利和义务的责任期限,所以它是保险合同的主要内容之一。对于具体的起讫时间,各国法律规定不同。中国目前的保险条款通常规定保险期限为约定起保日的零时开始到约定期满日 24 小时止。值得一提的是,保险期限与一般合同中所规定的当事人双方履行义务的期限不同,保险人实际履行赔付义务可能不在保险期限内。

保险合同的保险期限,通常有两种计算方法:

(1) 用年、月计算。如财产保险一般为一年,期满后可以再续订合同。人身保险的保险期限较长,有 5 年、10 年、20 年、30 年等。

(2) 以某一事件的始末为保险期限。如货物运输保险、运输工具保险有可能以一个航程为保险期限,而建筑安装工程则以工程施工日至预约验收日为保险期限。

财产保险按保险期限的不同分为定期保险和不定期保险。定期保险以一定的时间标准即年、月、日、时来计算保险责任的开始与终止,其中,超过一年期的为长期保险,一年期以下的为短期保险,相应确定不同的费率标准。保险期限一经确定,无特殊原因,一般不得随意更改。不定期保险,也叫航程险、航次险,其保险责任的开始与终止主要不是按确定的时间标准,而是根据保险标的行动过程来确定,如船舶保险、货物运输保险均如此。

投保人应该根据自己的具体情况,确定合适的保险期限、缴费期间和领取保险金时间等事项。

5. 保险公司选择

现在中国的保险公司主要有三种形式,即中资、纯外资和合资保险公司。不少客户对外资保险公司有偏好,因为国外保险业比较发达,所以外资的产品和服务比中资的更胜一筹。也有一部分客户认为外资不安全,认为它们会随时撤资。其实无论是内资、外资还是合资保险公司,在中国注册、开业,就必须适用中国的法律,受中国保监会的监管,它们的法律地位是平等的。外资保险公司在产品设计条款上和全球售后服务体系上是有一定的优势,但内资保险公司产品在老百姓中的认知度比较高,具有地域上的优势。现在消费者又有了一个新的选择,就是专业的保险代理公司,可以代理多家保险公司的产品。代理多家保险公司的产品,对客户来说选择的范围更大。但是目前的代理公司也有些缺陷,并不能代理所有保险公司;另外,也不能代理某家公司的所有产品,所以选择上也有一定的限制。因此,消费者应该根据自己的实际情况,选择适合自己的公司和产品。

而对于一般的客户来说,要解决以上三个问题,还有一个最简单的方法,就是找一个专业、诚信的代理人,而不需要自己花费大量的时间在各种产品间比来比去。

6.3.3　保险规划的风险

理财规划师在帮助客户进行保险规划的过程中也会面临一些风险,主要有以下几种。

1. 未充分保险的风险

在财产保险中,主要是不足额保险的风险,当损失发生时所获得的保险金赔偿不足,未能完全规避风险;在人身保险中,主要是保险金额太小,期限太短,事故发生时不能获得较为充分的补偿。

2. 过分保险的风险

在财产保险中,出现超额保险或重复保险,但是保险公司是根据实际损失来支付保险赔偿金,造成浪费保费。

在保险产品组合中,出现保险过度或重叠,有些方面又出现保险空白。过度保险和不足保险同时存在。

3. 不必要保险的风险

对应该自己保留的风险进行保险是不必要的,也会增加机会成本,造成资金的浪费。

此外,保险产品种类多样、名目繁杂,保险费率的计算和保险金额的确定都比较复杂,这些都增加了保险规划的难度。

理财絮语

购买人身保险产品的常见误区

1. 视投保回报率的高低来决定购买与否

冲着险种的投资回报或分红水平而购买保险是不正确的保险消费理念。购买保险产品应建立正确认识,应为满足自己对风险保障的需求而不仅仅为了投资回报率及分红水平高低而购买;应该根据自己对养老、疾病、子女成长、生存、死亡、伤残等方面的风险需求,来选择适合自己的人身保险。

投资回报率及分红水平高低与持有保单时间长短、市场环境、经济环境、公司经营状况等诸多客观因素都有关系。投保者应始终把享有风险保障作为持有保险的根本目的,尤其不要因为投资回报率及分红水平没有达到预期而退保,从而使自己受到不必要的退保损失。

2. 我收入稳定,不需要保险

人生风险无处不在,应做好防范抵御风险的准备,保险为大家提供了风险发生后的资金保障,保证自己和家人的生活质量不受影响。

3. 我有社保,不需要商业保险

社会保险的特点是低水平、广覆盖。其中社会医疗保险一般仅按一定比例赔付规定范围内的医疗费用,其余的将全部由个人承担。而商业保险的好处是可以在一定程度上补充社会保险的不足。

保险消费者可以在自己的预算范围内,量力购买商业保险,以确保在真的发生重大保险事故时不至于因社保的保障程度不够而使自己和家庭陷入财务危机。

4. 别人买什么,我就买什么

对自身及家人的情况和财务状况缺乏充足了解而盲目投保,将无法购买到合适的保险产品和适当的保额。投保者可以自行分析自己可能面临的潜在风险,或者参考专业人士的意见,有针对性地购买保险,以使自己和家人获得充分的保障。

5. 只要告诉我多少钱，看合同太麻烦

投保者在决定投保之前一定要仔细阅读保险条款，以了解将要购买的保险产品的具体保险责任范围、免责条款等。也要明确自己的告知义务和签订合同的具体流程，如有不清楚的地方，可拨打公司的咨询服务电话咨询确认，以免给自己带来不必要的麻烦。

6. 未遵循"先大人后小孩"的原则

购买保险时未能遵循"先大人后小孩"的原则，过分强调先为小孩投保，而忽略大人的人身保障。成年人是家庭支柱，更应受到重视。

7. 个人信息变更后不及时告知

在个人信息变更后未能及时通知保险公司或保险营销员，在真正发生保险事故时很可能损害自己索取保险金的权利。

8. 没必要帮保单做"体检"

投保者可以定期检查自己所拥有的保险合同的状况，或者要求保险公司提供相关服务，并根据自身具体情况的变化来及时终止不必要的保单，为需要更多保险额度的保单增加保险金额等。

重点概括

本项目的内容和结构如图 6-1 所示。

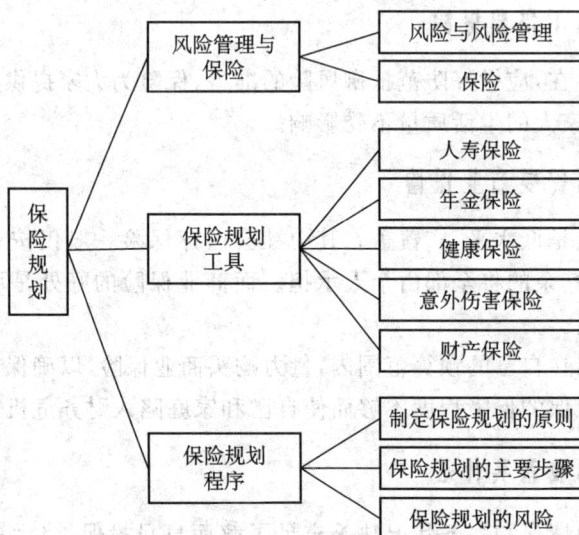

图 6-1　项目六的内容和结构

（1）财产风险是指因发生自然灾害、意外事故而使个人或家庭占有、控制或照看的一切有形财产遭受损毁、灭失或贬值的风险以及经济或金钱上损失的风险。

（2）责任风险是指因个人的疏忽或过失行为，造成他人的财产损失或人身伤亡，按照法律、契约应负法律责任或契约责任的风险。

（3）人身风险是家庭成员人身意外造成经济损失，是指导致人的伤残、死亡、丧失劳动能力以及增加费用支出的风险。

（4）人寿保险是以人的生死为保险事件，保险人根据合同的规定负责对被保险人在保险期内死亡或生存至一定年龄时给付保险金。人寿保险可分为死亡保险、生存保险和生死合险。

（5）年金保险是指在被保险人生存期间，保险人按照合同约定的金额、方式，在约定的期限内，有规则地、定期地向被保险人给付保险金的保险。

（6）健康保险是以被保险人的身体为保险标的，使被保险人在疾病或意外事故所致伤害时发生的费用或损失获得补偿的一种保险。

（7）意外伤害保险又称意外险，是针对外力所造成的伤害、死亡给予保障。被保险人在保险期间内，因遭遇意外事故，致其身体蒙受伤害，而致残或死亡时，依照契约约定，给付保险金。

（8）财产保险是指投保人根据合同约定，向保险人交付保险费，保险人按保险合同的约定对所承保的财产及其有关利益因自然灾害或意外事故造成的损失承担赔偿责任的保险。

（9）确定保险标的是制定保险计划的首要任务。保险标的是作为保险对象的财产及其有关利益，或者人的寿命和身体。

投保人可以以其本人、与本人有密切关系的人、他们所拥有的财产以及他们可能依法承担的民事责任作为保险标的。

（10）保险产品的选择应该始终掌握两点：①从个人具体保障功能需求出发；②挑选性价比最优的产品。

（11）所谓保险金额，是指一个保险合同项下保险公司承担赔偿或给付保险金责任的最高限额，即投保人对保险标的的实际投保金额，同时又是保险公司收取保险费的计算基础。保险金额应以财产的实际价值和人身的评估价值为依据确定。在不同的保险合同中，保险金额的确定方法和原则不同。在财产保险合同中，对保险价值的估价和确定直接影响保险金额的大小。在人身保险合同中，人身的价值无法衡量，保险金额是人身保险合同双方约定的，由保险人承担的最高给付的限额或实际给付的金额。

（12）保险期限也称"保险期间"，指保险合同的有效期限，即保险合同双方当事人履行权利和义务的起讫时间。由于保险期限一方面是计算保险费的依据之一；另一方面又是保险人和被保险人双方履行权利和义务的责任期限，所以它是保险合同的主要内容之一。保险合同的保险期限，通常有两种计算方法：

① 用年、月计算。如财产保险一般为一年，期满后可以再续订合同。人身保险的保险期限较长，有 5 年、10 年、20 年、30 年等。

② 以某一事件的始末为保险期限。如货物运输保险、运输工具保险有可能以一个航

程为保险期限,而建筑安装工程则以工程施工日至预约验收日为保险期限。

（13）现在中国的保险公司主要有三种形式,即中资、纯外资及合资保险公司。

实训项目

1. 分析家庭风险。
2. 熟悉保险规划工具。
3. 进行保险规划。

思考练习

单项选择题

1. 以下不属于保险规划风险的是（　　）。
  A. 过分保险的风险　　　　　　　　　B. 不必要保险的风险
  C. 未充分保险的风险　　　　　　　　D. 高额保险的风险

2. 旅客坐飞机或其他交通工具时购买的人身保险是（　　）。
  A. 财产保险　　　　　　　　　　　　B. 人寿保险
  C. 意外伤害保险　　　　　　　　　　D. 健康保险

3. 在所有保险中,保险期限最长的是（　　）。
  A. 财产保险　　　　　　　　　　　　B. 人寿保险
  C. 意外伤害保险　　　　　　　　　　D. 健康保险

4. 在所有保险中,保险期限最短的是（　　）。
  A. 财产保险　　　　　　　　　　　　B. 人寿保险
  C. 意外伤害保险　　　　　　　　　　D. 健康保险

5. 干燥的气候是森林大火的（　　）。
  A. 风险因素　　　　　　　　　　　　B. 风险事故
  C. 风险程度　　　　　　　　　　　　D. 损失

多项选择题

1. 个人或家庭在其工作学习和生活过程中其人身和财产都有可能遇到各种各样的风险,归纳起来主要有（　　）。
  A. 财产风险　　　　　　　　　　　　B. 人身风险
  C. 责任风险　　　　　　　　　　　　D. 自然风险

2. 风险是由（　　）构成的统一体。
  A. 风险因素　　　　　　　　　　　　B. 损失
  C. 风险行为　　　　　　　　　　　　D. 风险事故

3. 风险具有( )的特性。

  A. 客观性   B. 必然性

  C. 偶然性   D. 不确定性

4. 以下关于保险金额和保险价值说法正确的是( )。

  A. 保险金额是保险人计收保险费的依据

  B. 保险价值是保险人计算保险赔偿金额的依据

  C. 保险金额根据保险价值确定,并且一般不得超过保险价值

  D. 如果保险金额高于保险价值,则保险人应按保险金额予以赔偿

5. 制定保险规划的原则有( )。

  A. 量力而行的原则   B. 转移风险的原则

  C. 突出重点的原则   D. 综合投保的原则

判断题

1. 所有的风险都不应该自己保留,而要全部购买保险转移给保险公司。 ( )

2. 买了保险后,什么安全防范措施都不用做了,就万事大吉,高枕无忧了。 ( )

3. 在所有保险中,保险金额越高越好,保多少,保险公司就赔多少。 ( )

4. 在家庭成员方面,应优先为大人购买保险。 ( )

5. 在财产方面,应优先为家庭的住房购买财产保险。 ( )

简答题

1. 简述保险规划的步骤。

2. 在制定保险规划时,应遵循哪些原则?

3. 年金保险有哪些种类?

4. 个人或家庭在其工作学习和生活过程中会遇到哪些风险?

5. 简述保险金额和保险价值之间的联系与区别。

纳 税 规 划

1. 熟悉我国个人收入所得税制度。
2. 了解纳税规划的原则。
3. 掌握纳税规划的方法。

案例

周女士28岁,其先生31岁,目前没孩子。周女士月入6 000元,先生月入18 000元,年终奖合计约40 000元,没有任何投资。每月日常支出约10 000元,其中包括房贷3 000元、交通费2 000元、购物等生活开销5 000元。计划近期要孩子,收支压力将增大,希望通过合理理财实现财富增值。试为周女士家庭进行纳税规划。

任务7.1 个人收入所得税

7.1.1 纳税人

《中华人民共和国个人所得税法》第一条规定:"在中国境内有住所、或者无住所而在境内居住满1年的个人,从中国境内和境外取得的所得,依照本法规定缴纳个人所得税;在中国境内无住所又不居住或者无住所而在境内居住不满1年的个人,从中国境内取得的所得,依照本法规定缴纳个人所得税。"

税法规定我国个人所得税的纳税人包括居民纳税人和非居民纳税人两种。居民纳税人负有无限纳税义务,应该就其来源于境内、境外的所得缴纳个人所得税;非居民纳税人负有有限纳税义务,只就其来源于中国境内的所得缴纳个人所得税。税法中同时采用住所和居住两个标准判定纳税人的居民和非居民身份。即凡在中国境内有住所或者无住所而在境内居住满1年的个人,就是个人所得税的居民纳税人;凡在中国境内无住所又不居住,或者无住所而且在中国境内居住不满1年的人,就是个人所得税的非居民纳税人。其中,在中国境内有住所的个人指因户籍、家庭、经济利益关系而在境内习惯性居住的个人;在境内居住满1年是指在一个纳税年度(公历1月1日至12月31日)中,在中国境内连续居住满365日,临时离境(在一个纳税年度中一次不超过30日,或者多次累计不超过90日的离境)的,不扣减日数。

居民纳税人和非居民纳税人所承担的纳税义务明显不同。因而,判定是否有来源于中国境内和境外的所得,对不同的纳税人来讲,直接决定着他(她)承担何种纳税义务。所谓来源于中国境内的所得,是指纳税人从中国境内取得的所得;来源于中国境外的所得,是指纳税人从中国境外取得的所得。

下列所得,不论支付地点是否在中国境内,均为来源于中国境内的所得:

(1)因任职、受雇、履约等而在中国境内提供劳务取得的所得;

(2)将财产出租给承租人在中国境内使用而取得的所得;

(3)转让中国境内的建筑物、土地使用权等财产或者在中国境内转让其他财产取得的所得;

(4)许可各种特许权在中国境内使用而取得的所得;

(5)从中国境内的公司、企业以及其他经济组织或者个人取得的利息、股息、红利所得。

7.1.2 应税所得

我国个人所得税法规定,下列各项个人所得,应纳个人所得税。

1. 工资、薪金所得

工资薪金所得是指个人因任职或者受雇而取得的工资、薪金、奖金、年终加薪、劳动分红、津贴、补贴以及与任职或者受雇有关的其他所得。

2. 个体工商户的生产经营所得

个体工商户的生产经营所得是指:

(1)个体工商户从事工业、手工业、建筑业、交通运输业、商业、饮食业、服务业、修理业以及其他行业生产、经营取得的所得。

(2)个人经政府有关部门批准,取得执照,从事办学、医疗、咨询以及其他有偿服务活动取得的所得。

(3)其他从事个体工商业生产、经营取得的所得。

(4)上述个体工商户和个人取得的与生产、经营有关的各项应纳税所得。

3. 对企业、事业单位的承包、承租经营以及转包、转租取得的所得

对企业、事业单位的承包、承租经营以及转包、转租取得的所得包括个人按月或者按次取得的工资、薪金性质的所得。

4. 劳务报酬所得

劳务报酬所得是指个人从事设计、装潢、安装、制图、化验、测试、医疗、法律、会计、咨询、讲学、新闻、广播、翻译、审稿、书画、雕刻、影视、录音、录像、演出、表演、广告、展览、技术服务、介绍服务、经纪服务、代办服务以及其他劳务取得的所得。

5. 稿酬所得

稿酬所得是指个人因其作品以图书、报刊形式出版、发表而取得的所得。

6. 特许权使用费所得

特许权使用费所得是指个人提供专利权、商标权、著作权、非专利技术以及其他特许权的使用权取得的所得;提供著作权的使用权取得的所得,不包括稿酬所得。

7. 利息、股息、红利所得

利息、股息、红利所得,是指个人拥有债权、股权而取得的利息、股息、红利所得。

8. 财产租赁所得

财产租赁所得,是指个人出租建筑物、土地使用权、机器设备、车船以及其他财产取得的所得。

9. 财产转让所得

财产转让所得,是指个人转让有价证券、股权、建筑物、土地使用权、机器设备、车船以及其他财产取得的所得。

10. 偶然所得

偶然所得,是指个人得奖、中奖、中彩以及其他偶然性质的所得。

11. 经国务院财政部门确定征税的其他所得

个人取得的所得,难以界定应纳税所得项目的,由主管税务机关确定。

7.1.3　计税依据

计税依据即纳税人的应纳税所得额。纳税人取得的应纳税所得包括:现金、实物和有价证券。所得为实物的,应当按照取得实物的凭证上所注明的价格计算应纳税所得额;无凭证的实物或者凭证上所注明的价格明显偏低的,由主管税务机关参照当地的市场价格核定应纳税所得额;所得为有价证券的,由主管税务机关根据票面价格和市场价格核定应纳税所得额。对纳税人各项应纳税所得额的计算,《中华人民共和国个人所得税法》及其实施条例分别规定如下。

1. 工资、薪金所得

工资薪金所得,以每月收入额减除费用 3 500 元后的余额,为应纳税所得额。意味着纳税人每月工资薪金所得不超过 3 500 元的,免征个人所得税。

2. 个体工商户的生产经营所得

个体工商户的生产、经营所得是以每一纳税年度的收入总额减除成本费用以及损失后的余额,为应纳税所得额。其中成本、费用,是指纳税义务人从事生产、经营所发生的各项直接支出和分配计入成本的间接费用以及销售费用、管理费用、财务费用;所说的损失,是指纳税义务人在生产、经营过程中发生的各项营业外支出。

另外,个体工商户从事生产、经营活动未提供完整、准确的纳税资料,不能正确计算应纳税所得额的,由主管税务机关核定其应纳税所得额。

3. 对企业、事业单位的承包、承租经营所得

对企业、事业单位的承包、承租经营以及转包、转租取得的所得,是以每一纳税年度的收入总额减除必要费用后的余额,为应纳税所得额。其中纳税人每一纳税年度的收入总额,是指纳税义务人按照承包经营、承租经营合同规定分得的经营利润和工资、薪金性质的所得;所说的减除必要费用,是指按月减除3 500元。

4. 劳务报酬所得、稿酬所得、特许权使用费所得、财产租赁所得

劳务报酬所得、稿酬所得、特许权使用费所得、财产租赁所得,是以每次收入不超过4 000元的,减除费用800元;4 000元以上的,减除20%的费用,其余额为应纳税所得额。

劳务报酬所得,属于一次性收入的,以取得该项收入为一次;属于同一项目连续性收入的,以一个月内取得的收入为一次。

稿酬所得,以每次出版、发表取得的收入为一次。

特许权使用费所得,以一项特许权的一次许可使用所取得的收入为一次。

财产租赁所得,以一个月内取得的收入为一次。

5. 财产转让所得

财产转让所得,是以转让财产的收入额减除财产原值和合理费用后的余额,为应纳税所得额。其中,财产原值是指有价证券,为买入价以及买入时按照规定交纳的有关费用;建筑物,为建造费或者购进价格以及其他有关费用;土地使用权,为取得土地使用权所支付的金额、开发土地的费用以及其他有关费用;机器设备、车船,为购进价格、运输费、安装费以及其他有关费用;其他财产,参照以上方法确定。

另外,纳税义务人未提供完整、准确的财产原值凭证,不能正确计算财产原值的,由主管税务机关核定其财产原值。合理费用是指卖出财产时按照规定支付的有关费用。

6. 利息、股息、红利所得,偶然所得和其他所得

利息、股息、红利所得,偶然所得和其他所得,是以每次收入额为应纳税所得额。即此类所得在计算所得额时不扣减任何费用。其中利息、股息、红利所得,以支付利息、股息、红利时取得的收入为一次。偶然所得,以每次取得该项收入为一次。

7. 其他规定

个人将其所得对教育事业和其他公益事业的捐赠,是指个人将其所得通过中国境内的社会团体、国家机关向教育和其他社会公益事业以及遭受严重自然灾害地区、贫困地区的捐赠。

捐赠额未超过纳税义务人申报的应纳税所得额30%的部分,可以从其应纳税所得额中扣除。

按照国家规定,单位为个人缴付和个人缴付的基本养老保险费、基本医疗保险费、失业保险费、住房公积金,从纳税义务人的应纳税所得额中扣除。

在中国境外取得工资、薪金所得,是指在中国境外任职或者受雇而取得的工资、薪金所得。

税法所说的附加减除费用,是指每月在减除2 800元费用的基础上,再减除2 800元的费用。

税法所说的附加减除费用适用的范围是指:

(1) 在中国境内的外商投资企业和外国企业中工作的外籍人员;

(2) 应聘在中国境内的企业、事业单位、社会团体、国家机关中工作的外籍专家;

(3) 在中国境内有住所而在中国境外任职或者受雇取得工资、薪金所得的个人;

(4) 国务院财政、税务主管部门确定的其他人员。

在中国境内有住所,或者无住所而在境内居住满一年的个人,从中国境内和境外取得的所得,应当分别计算应纳税额。

已在境外缴纳的个人所得税税额,是指纳税义务人从中国境外取得的所得,依照该所得来源国家或者地区的法律应当缴纳并且实际已经缴纳的税额。

应纳税额,是指纳税义务人从中国境外取得的所得,区别不同国家或者地区和不同所得项目,依照税法规定的费用减除标准和适用税率计算的应纳税额;同一国家或者地区内不同所得项目的应纳税额之和,为该国家或者地区的扣除限额。

纳税义务人在中国境外一个国家或者地区实际已经缴纳的个人所得税税额,低于依照前款规定计算出的该国家或者地区扣除限额的,应当在中国缴纳差额部分的税款;超过该国家或者地区扣除限额的,其超过部分不得在本纳税年度的应纳税额中扣除,但是可以在以后纳税年度的该国家或者地区扣除限额的余额中补扣。补扣期限最长不得超过五年。

7.1.4　税率

《中华人民共和国个人所得税法》根据纳税人的不同应税所得项目分别规定了比例税率和超额累进税率两种适用税率形式。

(1) 工资薪金所得适用七级超额累进税率,最低税率为3%,最高税率为45%,详见表7-1。

其中所称全月应纳税所得额是指按照个人所得税法的有关规定,以每月收入额减除费用3 500元后的余额,为应纳税所得额。

表 7-1　工资、薪金个人所得税税率表

级　数	全月应纳税所得额	税率/%
1	不超过 1 500 元的	3
2	超过 1 500 元至 4 500 元的部分	10
3	超过 4 500 元至 9 000 元的部分	20
4	超过 9 000 元至 35 000 元的部分	25
5	超过 35 000 元至 55 000 元的部分	30
6	超过 55 000 元至 80 000 元的部分	35
7	超过 80 000 元的部分	45

（2）个体工商户的生产、经营所得和对企事业单位的承包经营、承租经营所得适用五级超额累进税率，最低税率为 5%，最高税率为 35%。详见表 7-2。

表 7-2　五级超额累进税率表

级　数	全年应纳税所得额	税率/%
1	不超过 15 000 元的	5
2	超过 15 000 元至 30 000 元的部分	10
3	超过 30 000 元至 60 000 元的部分	20
4	超过 60 000 元至 100 000 元的部分	30
5	超过 100 000 元的部分	35

（3）稿酬所得，适用比例税率，税率为 20%，并按应纳税额减征 30%。

（4）劳务报酬所得，适用比例税率，税率为 20%。

个人一次取得劳务报酬，其应纳税所得额超过 20 000 元至 50 000 元的部分，依照税法规定计算应纳税额后再按照应纳税额加征五成；超过 50 000 元的部分，加征十成。

（5）特许权使用费所得，利息、股息、红利所得，财产租赁所得，财产转让所得，偶然所得和其他所得，适用比例税率，税率为 20%。

7.1.5　宽免和扣除

（1）按照我国个人所得税法规定，以下所得免纳个人所得税：

① 省级人民政府、国务院部委和中国人民解放军军以上单位，以及外国组织、国际组织颁发的科学、教育、技术、文化、卫生、体育、环境保护等方面的奖金。

② 教育储蓄存款利息、国债和国家发行的金融债券利息；其中国债利息是指个人持有中华人民共和国财政部发行的债券而取得的利息；国家发行的金融债券而取得的利息所得。

③ 按照国家统一规定发给的补贴、津贴；即按国务院规定发给的政府特殊津贴和国务院规定免纳个人所得税的补贴、津贴。

④ 福利费、抚恤金、救济金；其中，福利券是指根据国家有关规定，从企业、事业单位、国家机关、社会团体提留的福利费或者工会经费中支付给个人的生活补助费；救济金是指

国家民政部门支付给个人的生活困难补助费。

⑤ 保险赔款。

⑥ 军人的转业费、复员费。

⑦ 按照国家统一规定发给干部、职工的安家费、职退费、离退休工资、离退休生活补助费。

⑧ 依照我国法律有关规定应予免税的各国驻华使馆、领事馆的外交代表、领事馆和其他人员的所得。即依照《中华人民共和国外交特权与豁免条例》规定免税的所得。

⑨ 中国政府参加的国际公约、签订的协议中规定免税的所得。

⑩ 经国务院财政部门批准免税的所得。

(2) 按照我国个人所得税法规定有下列情形之一的,经批准可以减征个人所得税:

① 残疾、孤老人员和烈属的所得。

② 因严重自然灾害造成重大损失的。

③ 其他经国务院财政部门批准减税的。

④ 按照国家规定,单位为个人缴付和个人缴付的基本养老保险费、基本医疗保险费、失业保险费、住房公积金,从纳税义务人的应纳税所得额中扣除。

7.1.6 应纳税额的计算

个人所得税应纳税额,即纳税人取得个人所得税法中所规定的应税所得后,应当按规定缴纳的个人所得税税款数额。其计算公式为

$$应纳税额 = 应纳税所得额 \times 适用税率$$

由于个人所得税法所规定的纳税人应税所得的项目和扣除费用的标准和适用税率不同,所以,对不同的应税所得计算应纳税额的方法也有所不同。

1. 工资、薪金所得应纳税额的计算

工资、薪金所得,以每月收入额减除费用 3 500 元后的余额,为应纳税所得额。其应纳税额的计算公式为

$$应纳税额 = (纳税人全月工资、薪金收入总额 - 3 500 元) \times 适用税率$$

对享受附加减除费用的纳税人来讲,如外籍外人、华侨、港澳台同胞,在计算其应纳税额时,除每月扣除 3 500 元外,还需附加扣除 3 200 元。

2. 个体工商户的生产、经营所得和企、事业单位的承包经营、承租经营所得应纳税额的计算

此类所得适用超额累进税率,以每一纳税年度的收入总额减除成本、费用以及损失后的余额,为应纳税所得额。其应纳税额的计算公式为

$$应纳税额 = (纳税人每一纳税年度的收入总额 - 成本、费用及损失) \times 适用税率$$

3. 劳务报酬所得应纳税额的计算

(1) 纳税人每次劳务报酬收入不超过 4 000 元的,减除费用 800 元,其应纳税额计算

公式为

$$应纳税额＝（纳税人每次劳务报酬收入－800元）×20\%$$

（2）纳税人每次劳务报酬收入在 4 000 元以上的，减除 20％的费用。应纳税额计算公式为

$$应纳税额＝纳税人每次劳务报酬收入×（1－20\%）×20\%$$

（3）纳税人每次劳务报酬收入按上述规定扣除费用后，其余额超过 20 000 元至 50 000 元的部分，加征五成。应纳税额计算公式为

$$应纳税额＝纳税人每次劳务报酬收入×（1－20\%）×20\%$$
$$＋[纳税人每次劳务报酬收入×（1－20\%）－20\,000]×20\%×50\%$$

（4）纳税人每次劳务报酬收入按上述规定扣除费用后，其余额超过 50 000 元的部分，加征十成。其应纳税额计算公式为

$$应纳税额＝纳税人每次劳务报酬收入×（1－20\%）×20\%＋（50\,000－20\,000）$$
$$×20\%×50\%＋[纳税人每次劳务报酬收入×（1－20\%）－50\,000]$$
$$×20\%×100\%$$

4. 稿酬所得应纳税额的计算

（1）纳税人稿酬所得每次收入不超过 4 000 元的，减除费用 800 元，应纳税额的计算公式为

$$应纳税额＝（纳税人每次稿酬收入－800元）×20\%×（1－30\%）$$

（2）纳税人每次稿酬所得收入超过 4 000 元的，减除 20％的费用，应纳税额计算公式为

$$应纳税额＝纳税人每次稿酬收入×（1－20\%）×20\%×（1－30\%）$$

5. 特许权使用费所得、财产租赁所得应纳税额的计算

特许权使用费所得、财产租赁所得应纳税额的计算与稿酬所得应纳税额的计算类似，只是没有减征的规定。

（1）纳税人每次收入不超过 4 000 元的，减除费用 800 元，应纳税额的计算公式为

$$应纳税额＝（纳税人每次收入额－800元）×20\%$$

（2）纳税人每次收入超过 4 000 元的，减除 20％的费用，应纳税额计算公式为

$$应纳税额＝纳税人每次收入额×（1－20\%）×20\%$$

6. 财产转让所得应纳税额的计算

财产转让所得应纳税额的计算适用 20％的比例税率，但税法规定财产转让所得，是以转让财产的收入额减除财产原值和合理费用后的余额，为应纳税所得额。其应纳税额的计算公式为

$$应纳税额＝（转让财产的收入－财产原值和合理费用）×20\%$$

7. 股息、红利所得,偶然所得和其他所得应纳税额的计算

股息、红利所得,偶然所得和其他所得适用的税率均为20%,而且都没有减除费用的规定,所以,其应纳税额的计算方法完全相同,应纳税额的计算公式为

$$应纳税额＝纳税人每次收入额×20\%$$

8. 纳税人来源于中国境外所得应纳税额的计算

我国个人所得税法规定,居民纳税人来源于中国境内、境外的所得均应依法向中国政府缴纳个人所得税。其尚未在中国境外缴纳所得税的所得收入,比照上述七类计算方法计算应纳税额;已在中国境外缴纳了个人所得税的所得收入,在计算应纳税额时可以扣除已在境外缴纳的个人所得税税额,但扣除额不得超过该纳税人的境外所得按照我国个人所得税法规定计算的应纳税额。

任务7.2　纳税规划的原则和方法

7.2.1　纳税规划的原则

纳税规划是指在纳税行为发生之前,在不违反法律、法规(税法及其他法律、法规)的前提下,通过对纳税主体的经营活动或投资活动等涉税事项进行事先策划,制定一整套纳税操作方案,从而实现少缴税和递延纳税的一系列谋划活动。纳税规划不是偷税,也不完全等同于避税和节税,需要遵循以下原则。

1. 合法性原则

纳税规划是在合法条件下进行的,是在对国家制定的税法进行比较分析研究后,进行纳税优化选择。

从纳税规划的概念可以看出,纳税规划是以不违反国家现行的税收法律、法规为前提的,否则就构成了税收违法行为。因此,纳税人应该具备相当的法律知识,尤其是清楚相关的税收法律知识,知道违法与不违法的界限。

纳税规划的合法性是纳税规划最基本的特点,具体表现在纳税规划运用的手段是符合现行税收法律、法规的,与现行国家税收法律、法规不冲突,而不是采用隐瞒、欺骗等违法手段。

2. 事前规划原则

纳税规划必须做到与现行的税收政策法令不冲突。国家税法制定在先,而税收法律行为在后,纳税人的经济行为在先,纳税在后,这就为人们的筹划创造了有利的条件。

孙子说:"夫未战而庙算胜者,得算多也;未战而庙算不胜者,得算少也。多算胜,少算不胜,而况于无算乎? 吾以此观之,胜负见矣。"意思是说:开战之前就预见能够取胜的,是因为筹划周密,胜利条件充分;开战之前就预见不能取胜的,是因为筹划不周,胜利条件

不足。筹划周密、条件充分就能取胜；筹划疏漏、条件不足就会失败，更何况不做筹划、毫无条件呢？人们根据这些观察，谁胜谁负也就显而易见了。

人们完全可以根据已知的税收法律规定，调整自身的经济事务，选择最佳的纳税方案，争取最大的经济利益。如果没有事先筹划好，经济业务发生，应税收入已经确定，则纳税筹划就失去了意义。这个时候如果想减轻自身的税收负担，就只能靠偷税、逃税了。所以，纳税人进行纳税筹划，必须在经营业务未发生和收入未取得时先做好安排。

3. 保护性原则

纳税人的账簿、凭证是记录其经营情况的真实凭据，是税务机关进行征税的重要依据，也是证明纳税人没违反税收法律的重要依据。例如，《中华人民共和国税收征收管理法》第五十二条规定："因税务机关的责任，致使纳税人、扣缴义务人未缴或少缴税款的，税务机关在 3 年内可以要求纳税人、扣缴义务人补缴税款，但是不得加收滞纳金。因纳税人、扣缴义务人计算错误等失误，未缴或少缴税款的，税务机关在 3 年内可以追征税款、滞纳金；有特殊情况的，追征期可以延长到 5 年。"这里所说的特殊情况，是指涉及的应纳税款额在 10 万元以上。因此，纳税人在进行纳税筹划后，要巩固已取得的成果，应妥善保管好账目、记账凭证等有关会计资料，确保其完整无缺，保管期不得短于税收政策规定的补征期和追征期。

4. 经济原则

纳税规划可以减轻纳税人的税收负担，使其获得更多的经济利益，因此许多纳税人都千方百计加以利用。但是在具体操作中，许多纳税规划方案理论上虽然可以少缴纳一些税金或降低部分税负，但在实际运作中却往往不能达到预期效果，其中很多纳税规划方案不符合成本效益原则是造成纳税规划失败的原因。纳税规划归根结底是属于财务管理的范畴，它的目标与财务管理的目标是相同的——实现财务利益最大化。由于纳税规划在降低纳税人税收负担、取得部分税收利益的同时，必然要为纳税规划方案的实施付出额外的费用，导致成本费用的增加，以及因选择该规划方案而放弃其他方案所损失的相应机会收益。所以在纳税规划时，要综合考虑采取该纳税规划方案是否能带来绝对的利益，要考虑纳税人整体税负的降低和纳税绝对值的降低。

纳税规划是一项技术性很强的工作，理财规划师不仅需要有过硬的财务、会计、管理等业务知识，还要精通有关国家的税收法律、法规及其他相关法律、法规，并十分了解税收的征管规程及其相关内容，因此，在纳税规划前需要进行必要的税务咨询，有些时候还可能需要聘用专业的税务专家为其服务，或直接购买避税计划。所以，纳税规划与其他管理决策一样，必须遵循成本效益的原则，只有当规划方案的所得大于支出时，该项纳税规划才是成功的筹划。

5. 适时调整的原则

纳税规划是一门科学，有其规律可循。但是一般的规律并不能代替一切，不论多么成功的纳税规划方案，都只是一定的历史条件下的产物，不是在任何地方、任何时候、任何条件下都适用的。纳税规划的特征是不违法，究竟何为违法，何为不违法，这完全取决于一个国家的具体法律。随着时间的推移,国家的法律也会发生变化。纳税人面对的具体的国家法律、法规不同,其行为的性质也会因此而不同。由此可见,任何纳税规划方案都是在一定的地区、一定的时间、一定的法律、法规条件下,以一定的经济活动为背景制定的,具有针对性和时效性,一成不变的纳税筹划方案终将妨碍纳税人财务管理目标的实现,损害纳税人的权益。所以,如果纳税人要想长久地获得税收等经济利益的最大化,就必须密切注意国家有关税收法律、法规的变化,并根据国家税收法律环境的变化,及时修订或调整纳税筹划方案,使之符合国家税收政策法令的规定。

7.2.2 纳税规划的方法

纳税规划的基本方法主要包括:利用税收优惠政策、缩小应税所得、递延纳税时间及利用避税地降低税负等。

1. 利用税收优惠政策

税收优惠政策是国家税制的组成部分,税收优惠政策是指税法对某些纳税人和征税对象给予鼓励和照顾的一种特殊规定。比如,免除其应缴的全部或部分税款,或者按照其缴纳税款的一定比例给予返还等,从而减轻其税收负担。税收优惠政策是国家利用税收调节经济的具体手段,国家通过税收优惠政策可以扶持某些特殊地区、产业、企业和产品的发展,促进产业结构的调整和社会经济的协调发展。

(1) 最大化税收减免。税收减免是对某些纳税人或课税对象的鼓励或照顾。减税是从应征税款中减征部分税款,免税是免征全部税款。我国的税收中有着诸多减免税。关于减免税的具体规定,有些是在税法;有些是在税收条例或者实施细则中规定的;有些则是后来所做的补充规定。纳税规划中应充分利用税收减免政策,使客户的财务利益最大化。

(2) 选择合适的扣除时机。

在累进税率及减免税优惠期,通过选择合适的费用扣除时机可以实现降低税率及减免税最大化的税收利益。

在正常纳税年度,通过提前确认扣除项目,使前期所得减少,减少应纳税款,利用货币的时间价值,实现递延纳税。

在累进税率下,尽量把费用安排在税率较高的时期进行扣除,起到费用抵税的效果。即如果预计未来收入会增加,适用更高的税率时,应尽量推迟费用的扣除时间;反之,亦然。

在纳税人享受减免税期间,应尽量把费用安排在正常纳税年度进行扣除,使正常纳税年度应税所得减少,起到少纳税的效果。

(3) 适用税率最小化。税率与应纳税额成正比,因此理财规划师在进行纳税规划时,应充分利用税法规定的各种优惠政策,使纳税人适用的税率最小,以减少应纳税额。

2. 缩小应税所得

(1) 扩大税前可扣除范围。在税前扣除项目中,分清全额扣除、按标准扣除以及不能扣除的项目界限。对有标准、有限额的扣除项目应尽量控制在限额以内,尽量把有标准、有限额的扣除项目或不能扣除的项目转化为无扣除标准及扣除限额的项目,通过直接缩小应税所得来减少应纳税额。

（2）不可抵扣的费用、支出最小化。我国个人所得税法对不得在税前列支的项目做出了明确的规定。因此,在进行纳税规划之前,理财规划师应充分了解和分析税法的相关规定,尽可能减少不得在税前扣除的项目和金额。

3. 递延纳税时间

（1）递延收入的实现时间,包括收入实现时机的选择和尽量推迟收入的实现时间。

（2）加速费用摊销。在正常纳税年度,对于固定资产折旧、无形资产摊销等,在不违背税法规定的条件下,应尽可能采用加速摊销的方式,扩大前期费用扣除金额,减少前期应纳税额,以达到递延纳税的效果。

（3）选择合理的预缴方式。对于采用分期预缴、年终汇算清缴方式的,应尽量避免出现多预缴的情况。

4. 利用避税地降低税负

避税地通常是指那些可以被人们借以进行所得税或财产税国际避税活动的国家或地区,它的存在是跨国纳税人得以进行国际避税活动的重要前提条件。

国际上,避税地有下类型。

（1）不征收任何所得税的国家和地区。如:巴哈马共和国、百慕大群岛、开曼群岛以及瑙鲁。

（2）征收所得税但是税率较低的国家和地区。如:瑞士、列支敦士登、海峡群岛。

（3）所得税课征仅实行地域管辖权的国家和地区。如:中国香港、巴拿马、塞浦路斯等。

（4）对国内一般公司征收正常的所得税。如:卢森堡、荷属安第列斯等。

（5）与其他国家签订有大量税收协定的国家。根据国际税收协定,缔约国双方要分别向对方国家的居民提供一定的税收优惠,主要是预提所得方面的税收优惠。如:荷兰。

在条件允许的情况下,理财规划师在为客户进行纳税规划时也可以利用避税地。具体方法如下。

（1）虚设避税地信托财产。建立信托有着多方面的好处,可以为继承财产提供条件,为财产保密,便利投资和从事经营风险活动,免除或降低财产和所得的税收负担等。纳税人通过在避税地确立一家信托公司,把高税国财产委托给它,从而将财产名义上转移到避税地,借以躲避有关税收。

虚设避税地信托财产的方式主要有设立个人持股信托公司、设立受控信托公司和订立信托合同等。

（2）虚构避税地营业。开办各种文件公司,虚构国际避税地营业。例如,高税国A国母公司在低税国B国开设子公司,把产品以低价销售给B国子公司,再由子公司把产品按正常价格转售给C国买主,而实际上货物往往从A国直接运往C国,B国子公司只是一种纯属虚构的营业。这样通过总公司或母公司将销售和提供给其他国家和地区的商品、技术和各项劳务,虚构为设在避税地受控公司的转手交易,从而将所得的全部或一部分滞留在避税地,或者通过贷款和投资方式再重新回流,但公司利润则从高税国转移到了低税国,实行了避税。

任务 7.3　纳税规划实务

7.3.1　纳税人身份规划

住所和时间是世界各国界定个人所得税纳税义务人的两个判定标准,因此,在纳税规划中可以通过对住所和居住时间的合理筹划,尽量避免成为居民纳税义务人,以实现少缴纳税款的目的。

1. 居民纳税人与非居民纳税人身份的规划

1) 转移住所

通过个人住所或居住地跨越税境的迁移,可以少纳税,减轻税负。纳税人可以通过转移住所免除纳税义务:纳税人可以把自己的居所迁出某一国,而不在任何地方取得住所,这样可以躲过所在国对其纳税身份的确认,免除个人所得税的纳税义务。纳税人也可以通过转移住所减轻纳税义务:纳税人可以把自己的居住地由高税国迁到低税国,使高税国政府无法对其行使居民管辖权。具体做法是:将个人住所真正迁出高税国,或者利用有关国家居民身份界限的不同规定或模糊不清实现虚假迁出,即仅在法律上不再成为高税国的居民,或者通过短暂迁出和成为别国临时居民的办法,以求得对方国家的特殊税收优惠。

2) 税收流亡

在国际上,有些国家采用时间标准确立居民身份,即当个人在一国境内连续累计停留时间达到一定标准时就可确立其居民身份,理财规划师在为纳税人进行纳税规划时正好可以加以利用。纳税人可以不停地从一个国家转到另一个国家,确保自己不会成为任何一个国家的居民。这样尽管从这些国家取得收入,但不会成为任何一个国家的居民,从而避免承担纳税义务。

3) 合理安排居住时间

有些国家实行收入来源地管辖权,对临时入境者和非居民大多提供税收优惠。通常多以人员在这些国家逗留时间长短为标准来确定是否是临时入境者和非居住性。如中国规定,外国人在中国境内居住时间连续或累计居住不超过 90 日,或者在税收协定规定的期间内连续或累计居住不超过 183 日的个人,其来源于中国境内的所得,由中国境外雇主支付并且不是由该雇主设在中国境内机构负担的工资、薪金所得免予缴纳所得税。这样,入境者只要合理安排居住时间,使自己的居住时间在达到标准前离境,就可以享受免予缴纳所得税的待遇。

非居民还可以在取得适当的收入之后,将财产或收入留在低税负地区,人则到高税负但生活费用较低的地方生活,以取得低税负、低费用的双重好处。如中国内地收入低、税负高,与中国香港相比,生活费用相对较低,而香港的收入高、生活费用高、税收负担低,于是有的中国香港人在取得收入后,来到内地消费,既不承担内地的高税收负担,又躲避了中国香港的高消费成本。

2. 经营所得的纳税人身份规划

在现代市场经济条件下,随着国民经济的发展,个人收入水平不断提高,个人实业投资也越来越多。个人投资者在进行投资前应综合分析不同的投资方式,选择一个最佳的方式进行投资。而在这些诸多因素中,税负也应是一个重要的考察因素。

1) 选择适当的企业组织形式

作为个体工商户,承包租赁经营可以选择成立个人独资企业、组建合伙企业、设立有限责任公司等企业组织形式。不同的企业组织形式,其税收负担会有所不同。投资者在选择投资方式时,应充分比较其税负后做出决策。

2000 年 1 月 1 日起,我国对个人独资企业、合伙制企业停止征收企业所得税,比照个体工商户的生产、经营所得征收个人所得税。在以上企业组织形式中,相同情况下,有限责任公司的税负最重,投资者只承担有限责任,风险相对较小。个人独资企业、合伙制企业和有限责任公司是法人单位,在领购发票、纳税人认定等方面占有优势,业务容易开展,经营范围较广,可以享受国家的一些税收优惠政策,而个体工商户和合伙制企业要承担无限责任,风险较大。

2) 选择适当的企业承包方式

个人对企事业单位的承包、租赁经营形式多种多样,分配方案也不尽相同。《国家税务总局关于个人对企事业单位实行承包经营、承租经营取得所得征税问题的通知》(国税发[1994]第 179 号)对此做了适当分类并规定了相应的税务处理方法。

(1) 企业实行个人承包、承租经营后,如果工商登记仍为企业的,不管其分配方式如何,均应先按照企业所得税的有关规定缴纳企业所得税。承包经营、承租经营者按照承包、承租经营合同(协议)规定取得的所得,依照个人所得税法的有关规定缴纳个人所得税,具体为:

① 承包、承租人对企业经营成果不拥有所有权,仅按合同(协议)规定取得一定所得的,所得按工资、薪金所得项目征税,适用 3%～45% 的七级超额累进税率。

② 承包、承租人按合同(协议)的规定只向发包、出租方交纳一定费用后,企业经营成果归其所有的,承包、承租人取得的所得,按对企事业单位的承包经营、承租经营所得项目,适用 5%～35% 的五级超额累进税率征税。

(2) 企业实行个人承包、承租经营后,如工商登记改变为个体工商户的,应依照个体工商户的生产、经营所得项目计征个人所得税,不再征收企业所得税。这意味着,纳税人在承包、承租经营中是否变更营业执照直接决定其税负轻重,若使用原企业的营业执照,则要多征收一道企业所得税,如果变更为个体经营执照,则只征一道个人所得税。

(3) 企业实行承包经营、承租经营后,不能提供完整、准确的纳税资料,正确计算应纳税所得额的,由主管税务机关核定其应纳税所得额,并依据《中华人民共和国税收征收管理法》的有关规定,自行确定征收方式。

7.3.2 从征税项目角度规划

个人所得税的征税项目几乎包括了所有的个人收入项目。因此,变换收入支付方式,把部分收入项目通过提供福利设施、报销费用的形式将其排除在个人所得税的征税项目之外,可以减少收入总额,减轻税负。特别是在工资、薪金所得及个体工商户生产经营所得适用超额累进税率的情况下,还能起到适用较低税率的好处。

1. 变收入为费用支付

将一部分收入通过报销费用的途径支付,可以降低个人收入总额,达到减轻税负的目的。如纳税人可以通过报销医药费、差旅费及资料费、交通费等形式,使部分收入以报销费用的形式支付,以减少应纳税所得额。

2. 变收入为福利支付

我国个人所得税法规定,工资、薪金实行超额累进税制,对个人的支出只确定一个固定的扣除额,收入越高,适用的税率就越高,缴纳的税金就越多。因此,如果将部分收入以各种福利设施的途径提供或支付,则不会视为工资收入,也就不必计算个人所得税,从而可以减轻个人税负。

7.3.3 从应税所得角度规划

1. 工资薪金所得的纳税规划

在确定工资薪金所得应纳税额时,国家根据不同的工资、薪金支付方式规定了不同的费用扣除办法。缩小应税所得是工资薪金所得纳税规划的主要方法。

(1) 均摊发放工资。《中华人民共和国个人所得税法》第九条第二款规定,特定行业(采掘业、远洋运输业、远洋捕捞业以及财政部门确定的其他行业)工资、薪金所得应纳税款可以实行按年计算,分月预缴的方法。因此,这些行业的个人所得税纳税人可以利用这项政策的规定使其税负合理化。实际上其他行业遇到每月工资变化幅度较大的情况时,也可以利用该项政策的规定,将收入平均分摊到每个月,以免多缴税。

(2) 均摊发放奖金。按照税法有关规定,个人一次性取得的奖金,单独作为一个月的工资、薪金所得计算纳税。如果奖金一次性发放,由于其数额较大,将适用较高税率。因此,采用分摊发放办法,就可以降低适用税率,从而减轻税收负担。

2. 个体工商户生产经营所得的纳税规划

(1) 增加费用支出。个体工商户、合伙企业以及个人独资企业的应纳税所得额为收入减去成本、费用后的余额。当收入总额一定时,成本费用增加,应纳税所得额就会相应缩小。因此,尽可能增加准予扣除项目的金额,合理扩大成本、费用开支,就可以减少应纳税所得额,降低适用税率,减少应纳税额。

(2) 选择合理的费用摊销方法。我国个人所得税法规定,个体工商户的生产经营所得适用五级超额累进税率,每一纳税年度的收入总额减除成本、费用以及损失后的余额为应纳税所得额,因此,选择合理的费用摊销办法、增加成本费用、缩小应纳税所得额是纳税规划的总体思路。具体做法是在可以预见的若干年内合理安排有关费用,以平均分摊为原则,在利润较多的年份做一些技术改造之类的投资,防止利润进入较高税率档次而增加纳税。也可以采用费用提前确定,收入延后确定的方法以推迟收益的实现时间,从而起到递延纳税的效果。具体方法有以下几种。

① 选择合理的折旧方法和折旧年限。为了使企业的所得税税负降低,应把使折旧费用的抵税效应得到最充分或最快的发挥作为选择折旧方法的出发点。

对盈利企业而言,应选择最低的折旧年限,加速固定资产投资的回收,使计入成本的折旧费用前移,应纳税所得额尽可能地后移,递延纳税,减轻企业的纳税负担。享受所得税优惠政策的企业,应选择较长的折旧年限,使企业充分享受税收优惠,尽可能消除税收优惠政策对折旧费用抵税效应的副作用。亏损企业在确定折旧年限时,应充分考虑企业亏损的税前弥补规定,如果某一纳税年度的亏损额不能在今后的纳税年度中得到税前弥补或不能全部得到税前弥补,则应通过选择合理的折旧年限,使因亏损税前弥补不足对折旧费用抵税效应的副作用大大降低。

② 存货计价方法的选择。通常情况下,原材料存货的价格是不断上升的。因此,在选择存货计价方法时,采用后进先出法比较好,有利于本期多结转成本,冲减利润,减少应税所得,减轻所得税税负。

③ 选择合理的费用分摊方法。

④ 选择合理的筹资方法。企业的筹资渠道多种多样,不同的筹资渠道产生的纳税效果也有很大差别。因此,企业应选择能有效地帮助企业减轻税负、获得税收上的好处的筹资渠道进行筹资。

3. 对企事业单位承包、承租经营所得的纳税规划

纳税人对企事业单位承包、承租经营所得,月收入时高时低是常有的事,但在按月计算所得税时,高收入月份将适用较高的税率,而多纳税。因此,纳税人应对收入的实现时间及每次获得收入的金额进行合理安排,使收入尽可能在各个纳税期限内保持均衡。

4. 劳务报酬所得的纳税规划

我国个人所得税法规定,劳务报酬所得统一适用20%的比例税率,对一次性收入畸高的所得实行加成征收。实际上相当于适用三级超额累进税率。因此,在进行劳务报酬所得的纳税规划时,可以通过增加费用开支,尽量减少应纳税所得额,也可以通过延后收入的实现、均衡收入,将每一次的劳务报酬所得控制在较低税率的范围内。具体做法有以下几种。

(1) 转移费用。为他人提供劳务以取得报酬的个人可以考虑由对方提供一定的福利,将本应由自己承担的费用改由对方承担。如由对方提供办公用品和实验设备、提供食宿、报销交通费等,扩大费用开支范围,相应减少自己的劳务报酬总额,使该项报酬所得适用较低税率。

(2) 增加支付次数。在收入较高时,增加支付次数,并且使每次支付金额比较平均,从而适用较低税率。

(3) 分项计算。当个人兼有不同劳务报酬所得时,应当分开计算,分别减除费用,计算缴纳个人所得税。

5. 稿酬所得的纳税规划

(1) 增加前期写作费用。我国个人所得税法规定,个人取得的稿酬只能在一定限额

内扣除费用。应纳税所得额乘以税率即为稿酬所得的应纳税额。在这里,税率是固定不变的,应纳税所得额越大,应纳税额就越多。要想少纳税,只有缩小应纳税所得额。如果能够与出版商协商,让其尽可能多地提供设备或服务,将费用转移给出版商,多扣除一些费用,减少名义稿酬所得,就可以减少应纳税额。

(2) 合理分摊稿酬。个人所得税法规定,两个或两个以上的个人共同取得同一项目收入的,应当对每个人取得的收入分别按照税法规定减除费用后计算纳税,即实行先分、后扣、再税的办法。因此,在分摊稿酬时,应最大限度利用扣除政策,扩大免征额。

(3) 出版系列丛书。我国个人所得税法规定,个人以图书报刊方式出版、发表同一作品,不论出版单位是预约还是分别支付稿酬,或者加印该作品再付稿酬,均应合并稿酬所得,一次计征个人所得税,这无疑扩大了应纳税所得额。如果将一本书分成几个部分,以系列丛书的形式出版,则该作品将被认定为几个独立的作品,单独计算纳税,从而可以扩大免征金额,降低应纳税额。

6. 其他所得的纳税规划

(1) 特许权使用费所得的纳税规划。特许权使用费所得以个人每次取得的收入定额或定率减除规定费用后的余额为应纳税所得额,费用扣除计算方法与劳务报酬所得相同。每次收入是指一项特许权的一次许可使用收取的收入。另外,对个人从事技术转让中所支付的中介费,若能提供有效合法的凭证,允许从其所得中扣除。因而,可以运用转移费用、增加支付次数和分项计算等方法来进行特许权使用费所得的纳税规划。

(2) 财产租赁所得的纳税规划。按照我国个人所得税法规定,财产租赁所得以个人每次取得的收入定额或定率扣除规定费用后的余额为应纳税所得额。这里所说的一次是以一个月内取得的收入为一次。所以,财产租赁所得的纳税规划方法主要是平均分摊,按月支付,尽可能由承租方承担有关费用等。

(3) 财产转让所得的纳税规划。财产转让所得以个人每次转让财产取得的收入额减除财产原值和合理费用后的余额为应纳税所得额。其中每次是指一件财产的所有权一次性转让。转让所得中允许减除原值的财产包括有价证券、建筑物、土地使用权、机器设备和其他财产。财产转让所得的纳税规划主要是增加合理费用,减少应纳税所得,从而减少应纳税额。

(4) 股息、红利所得的纳税规划。我国个人所得税法规定,股息、红利所得以个人每次取得的收入额为应纳税所得额,不得从收入额中做任何扣除,但是一般都对企业留存未分配利润不征收所得税。因此,如果对企业前景看好,可以通过利润暂不分配,将本该领取的股息、红利所得作为再投资留在企业,既避免缴纳个人所得税,得到递延纳税的好处,又可以获取再投资的利益。

7.3.4 税率规划

利用税率进行规划,就是运用将高税率项目所得转换成低税率所得项目的方法,实现少纳税,减轻税负。

1. 合理安排应税所得

对于实行超额累进税率的工资薪金所得和个体工商户所得,承包、承租所得及劳务所得,通过增加支付次数、均衡支付等方法,降低每次的应纳税所得额,避免一次收入过高而适用高税率,以减少纳税。

2. 高税率项目转换为低税率项目

工资、薪金所得与劳务报酬所得适用的税率是不同的,因而同等金额的工资、薪金所得和劳务报酬所得的应纳税额大不一样,从而为利用税率差异进行纳税规划提供了可能。

(1) 劳务报酬所得与工资薪金所得互相转换。当劳务报酬所得适用的税率比工资、薪金所得适用的税率高时,可以将劳务报酬所得转化为工资、薪金所得,以便减轻税负。反之,当工资、薪金所得较高,适用的边际税率比较高的时候,则可以将工资、薪金所得转化为劳务报酬所得,以减少纳税。

(2) 股息转化为工资。股息所得适用 20% 的比例税率,工资、薪金所得则是适用 3% ~ 45% 的七级超额累进税率,有时把股息所得转化为工资、薪金所得也会减轻税负。

(3) 合理安排公益性捐赠支出。我国税法规定,个人将所得通过中国境内的社会团体、国家机关向教育和其他社会公益事业以及遭遇严重自然灾害地区、贫困地区的捐赠,允许从应纳税所得额中扣除,但扣除标准以不超过纳税人申报应纳税所得额的 30% 为限。当实际捐赠额小于等于应纳税所得额的 30% 时,实际捐赠额可以全部扣除,当实际捐赠额大于捐赠限额时,超过捐赠限额的部分不能扣除。

根据以上规定,纳税人在进行捐赠时,应注意以下几点。

① 避免直接捐赠。我国税法规定,纳税人直接对受益人的捐赠不得在税前扣除。因此,为了达到既尽到社会责任,又节税的目的,纳税人应尽可能选择通过中国境内的社会团体、国家机关等进行捐赠,而避免直接捐赠。

② 合理选择捐赠对象。我国税法规定一般公益性捐赠的扣除限额只有 30%,但个人通过非营利的社会团体和国家机关向教育事业的捐赠、向红十字事业的捐赠、对公益性青少年活动场所的捐赠,以及向慈善机构、基金会等非营利机构的公益性、救济性捐赠,允许在计算个人所得税时全额扣除。因而,纳税人在进行捐赠时,应选择向以上允许全额扣除的捐赠项目捐赠,以使全部捐赠额可以从税前扣除。

③ 选择适当的捐赠时期。对外捐赠完全出于纳税人自愿,捐多少、何时捐都是纳税人自己的事情,由纳税人自己决定。我国个人所得税法规定,捐赠额允许按一定比例从本期应纳税所得额中扣除。如果纳税人本期未取得收入,而是用自己过去的积蓄进行捐赠,则无法扣除。因此,纳税人应尽可能选择在自己收入较多、适用较高税率时捐赠,以获得税收抵免的好处。

7.3.5　利用税收优惠政策

1. 充分利用国家税收优惠政策

我国个人所得税法规定,个人取得国债、国家发行的金融债券的利息、教育储蓄存款利息所得免税。按照国家或各级地方政府规定的比例交付的住房公积金、医疗保险金、基本养老保险金、失业保险基金等专项基金或资金存入个人账户所取得的利息收入免征个人所得税,个人投资者买卖股票和基金单位获得的差价收入暂不征收个人所得税。纳税人可以将个人存款以教育基金或其他免税基金的形式存入金融机构,同时合理安排子女的教育资金、家庭的住房公积金、医疗保险基金等支出。

2. 合理利用免征额

我国个人所得税规定的免征额是月收入 3 500 元。因此,纳税人可以通过合理安排收入渠道及增加支付次数,利用免征额的规定,使免征额达到最大化,缩小应纳税所得额,免征个人所得税或适用较低的税率,以减少应纳税额,从而减轻税负。

3. 境外已纳税额的扣除

我国税法规定,纳税人从中国境外取得的所得,准予其在应纳税额中扣除已在境外实缴的个人所得税税款,但扣除额不得超过该纳税人境外所得依照中国税法规定计算的应纳税额。我国个人所得税的抵免限额采用分国不分项限额法,这样纳税人应合理安排在不同国家实缴的个人所得税税款,使之都能在中国的应纳税额中准予扣除。

7.3.6 合理安排预缴税款

我国税法规定,个体工商户、个人独资企业、合伙企业及分次取得承包、租赁经营所得的纳税人,实行分月(次)预缴,年终汇算清缴的税款缴纳制度。因此纳税人可以通过合理预缴税款,做到合法地在预缴期间尽可能少缴,特别是避免出现多预缴在年终需退税的情况,以取得递延纳税的好处。

1. 提前列支费用

在列支费用时,纳税人应合理安排年度内的费用支出,尽量将一些大型项目支出安排在年度前期,特别是按税法规定标准列支的项目支出,如业务招待费、广告费和工资等限额按年度核算的费用支出,前期超标的费用支出要到汇算清缴时进行纳税调整,因此可以在年度前期尽量多列支,从而减少应纳税所得额,获得递延缴纳税好处。

2. 延后确认收入

通过延后确认收入,使前期收入减少,可以降低前期所预缴的税款。在适用超额累进税率的情况下,降低前期应纳税所得额还可以带来降低税率的好处。在分次获得承包经营所得时,通过增加支付次数,可以减少前期所得金额。

7.3.7 其他相关税种的规划

1. 增值税纳税规划

增值税是对在中国境内销售货物或提供加工、修理、修配以及进口货物的单位和个人,就其销售货物或提供应税劳务的销售额以及进口货物金额计税,并实行税款抵扣制的一种流转税。我国征收管理制度将增值税纳税人分为一般纳税人和小规模纳税人。一般纳税人适用17％的增值税税率,少数几类货物适用13％的增值税税率,小规模纳税人的增值税税率为6％,小规模商业企业适用4％的增值税税率,但小规模纳税人不得进行进项税抵扣。

增值税纳税人在进行一般纳税人还是小规模纳税人身份规划时,要综合考虑以下因素。

追求利益最大化与小规模纳税人身份二者不可兼得。小规模纳税人按照销售额依照增值税税率计算应纳税额,不得抵扣进项税额,也不得使用增值税专用发票。而不使用增值税专用发票又会影响业务发展的规模,但是业务规模发展到一定程度又只能做一般纳税人。一般纳税人适用的增值税税率要高一些,但可以抵扣进项税额,可以使用增值税专用发票,有利于业务的发展。一般纳税人要建立、健全会计制度,聘用会计人员需要投入一定的人力、物力和财力,增加会计成本和纳税成本。

企业进行纳税人身份规划空间的大小在一定程度上是由企业产品性质和客户类型决定的。如果企业生产、经营的产品为固定资产,或客户多为小规模纳税人,不受发票类型的限制时,进行税收规划的空间就大;反之,如果企业产品销售对象多为一般纳税人,要求企业必须开具增值税专用发票,企业就只能做一般纳税人。

2. 营业税纳税规划

个人与营业税有关的经济活动主要是不动产销售缴纳营业税的问题。在不动产销售业务中每一个流转环节都要缴纳营业税,并以销售额或营业额为计税依据,因此应尽量减少流转环节,分解营业额,缩小计税依据,来减少应纳税额。

3. 土地增值税纳税规划

土地增值税是对转让国有土地使用权、地上建筑物及其附着物并取得收入的单位和个人,就其转让房地产所取得的增值额征收的一种税。

(1)变转让为租赁或投资。土地增值税仅对转让土地使用权及其地上建筑物和附着物的行为、产权发生转移的行为和转移房产并取得收入的行为征。房地产所有人可以通过避免发生以上三种行为来免予缴纳土地增值税。可以将房产、土地使用权租赁给承租人使用,由承租人向出租人支付租金,或将房地产作价入股或作为联营条件进行投资等,不发生产权的转移行为,均可免征土地增值税。

(2)控制增值额。增值额是纳税人转让房地产所取得的收入减去扣除项目金额后的余额,而土地增值税以增值额为基础实行超额累进税率,因此,合理合法地控制、降低增值额是土地增值税纳税规划的关键所在。控制增值额可以从成本费用和收入两方面进行。

成本费用方面就是最大限度地扩大成本费用列支比例金额,收入方面就是将可以分开单独处理的部分从整个房地产中分离出去,减少转让收入,降低土地增值额,适用低税率,减少应纳税额。

(3)利用税收优惠政策。土地增值税暂行条例规定,纳税人建造普通标准住宅出售,增值额未超过扣除项目金额20％的,免予征收土地增值税;个人因工作调动或改善居住条件而转让原自用住房,经向税务机关申报核准,凡居住满五年或五年以上的,免予征收土地增值税;居住满三年未满五年的,减半征收土地增值税。房地产所有人可以利用这些土地增值税优惠政策进行规划。

4. 房产税纳税规划

房产税是以房产为征税对象,依据房产价格或房产租金收入向房产所有人或经营人征收的一种税。房产税纳税规划方法有以下几种。

(1) 合理确定房产原值。房产税是按照房产原值一次减除30%后的余值依1.2%的税率计算缴纳房产税。房产原值的大小直接决定房产税的多少,房产原值越大,应纳房产税额就越多。因此,房产税纳税规划的关键是合理减少房产原值,应将附属设备与房产分开核算,分别管理,以减少房产的原值。

(2) 合理安排房产维修、更新改造。根据有关规定,固定资产的修理费支出达到固定资产原值的20%以上,经过修理后有关固定资产经济适用寿命延长两年以上,经过修理后的固定资产被用于新的或不同的用途,应确认为固定资产更新改造支出,计入固定资产原值,不满足条件的大修理支出则计入待摊费用或预提费用,直接在税前扣除,不计入固定资产原值。因此,在房产税纳税规划中,应将房产修理支出金额控制在房产原值的20%以下,避免计入房产原值,增加房产税应纳税额。

(3) 投资出租行为的选择。房产税暂行条例规定,对于以房产联营,投资者参与投资利润分红,共担风险的,被投资方要按房产余值为计税依据乘以1.2%的税率计征房产税,对以出租房产收取固定租金的,应按租金收入乘以12%的税率计缴房产税。对此,纳税人应综合权衡联营投资和出租房产的利害得失进行决策。

5. 印花税纳税规划

印花税是对经济活动和经济交往中书立、使用、领受具有法律效力的凭证的单位和个人征收的一种税。业务类型不同,适用的印花税税率也不同。

(1) 分项核算。我国税法明确规定对同一凭证,因载有两个或者两个以上经济事项而适用不同税目税率,如果分别记载金额的,应分别计算应纳税额,相加后按合计税额贴花;如果未分别记载金额的,按税率高的计税贴花。因此,一个合同如果涉及若干项经营业务,应当分别核算各项业务的余额,计算应纳税额。

(2) 使用不确定金额和保守金额。税法规定,对于在签订合同时无法确定计税金额的合同,可在签订前按定额5元贴花,以后结算时再按实际金额计税,补贴印花。因此纳税人在签订合同时,可先不确定合同金额,或者双方在订立合同时,确定比较保守的金额,确保所载金额小于合同履行后的实际结算金额。

> **理财絮语**

收入巧安排,财产巧投资

由于国家政策——如产业政策、就业政策、收入分配政策等导向的因素,我国现行的税务法律、法规中有不少税收优惠政策,作为纳税人,如果充分掌握这些政策,就可以在税收方面合理避税,提高自己的实际收入。

1. 公积金能多缴就多缴

按照我国个人所得税法的有关规定,公民每月所缴纳的住房公积金是从税前扣除的,财政部、国家税务总局将单位和个人住房公积金免税比例确定为12％,即职工每月实际缴存的住房公积金,只要在其上一年度月平均工资12％的幅度内,就可以在个人应纳税所得额中扣除。因此,大家可以充分利用公积金、补充公积金来免税。

2. 工资收入平均拿

我国个人所得税采用七级累进税率,纳税人的应税所得越多,适用的边际税率也就越高。所以,税务师建议,在纳税人一定时期内收入总额既定的情况下,其分摊到各月的收入应尽量均衡,最好不要大起大落,如实施季度奖、半年奖、过节费等薪金,会增加纳税人的纳税负担。

3. 通过福利工资巧妙安排

我国个人所得税法规定,按照国家规定,单位为个人缴付和个人缴付的基本养老保险费、基本医疗保险费、失业保险费、住房公积金,从纳税义务人的应纳税所得额中扣除。公司不妨在政策范围内多发放劳保福利,从而帮助员工合理避税。

除了尽可能合理安排工资收入外,居民还可以利用我国对个人投资的各种税收优惠政策来合理避税,投资者主要可以利用的有国债、教育储蓄和保险产品等。

4. 国债和国家发行的金融债券利息不纳税

被誉为"金边债券"的国债,不仅是各种投资品中最安全的产品,也因其可免征利息税而备受投资者的青睐。根据《中华人民共和国个人所得税法》规定,个人投资国债和国家发行的金融债券所得利息免征个人所得税。虽然由于加息的影响,债券收益的诱惑减弱,但对于那些偏好稳健的中老年投资者来说,利用国债和国家发行的金融债券投资避税不失为一个好的投资选择。

5. 教育储蓄免税

对于那些家有"读书郎"的家庭来说,利用教育储蓄合理避税也是一种不错的选择。与普通银行储蓄存款相比,教育储蓄是国家为了鼓励居民积累教育资金而设立的,其最大的特点就是免征利息税,因此教育储蓄的实得收益比同档次普通储蓄要高。尽管目前银行储蓄存款利息免征个人收入所得税,但这不是一个长期性的政策,而是控制通货膨胀的暂时措施。教育储蓄存款利息免征个人收入所得税则是一个长期性的政策。但教育储蓄并非人人都可办理,其对象仅仅针对在校学生。从教育储蓄新办法实施后,学生家长可以享受三次免利息税,总存款本金达到了六万元,高中、专本科、硕士和博士研究生各享受一次,每次本金各两万元。目前,银行储蓄存款利息免征个人收入所得税的情况下,纳税人也可以加以充分利用,减少纳税,减轻税负。

6. 购买保险节流税款

我国个人收入所得税法明确规定,保险赔款免征个人收入所得税。因此,对于多数家庭,人寿保险是一个很好的避税工具,选择合理的保险计划,是个不错的理财方法,既可得到所需的保障,又可减少纳税,减轻税负,增加可支配收入。

此外,银行发行的人民币理财产品,预期年收益率一般达到了 3% 以上,由于国家还没有出台代扣个人所得税的政策,这类理财产品暂时也可避税。

重点概括

本项目的内容结构如图 7-1 所示。

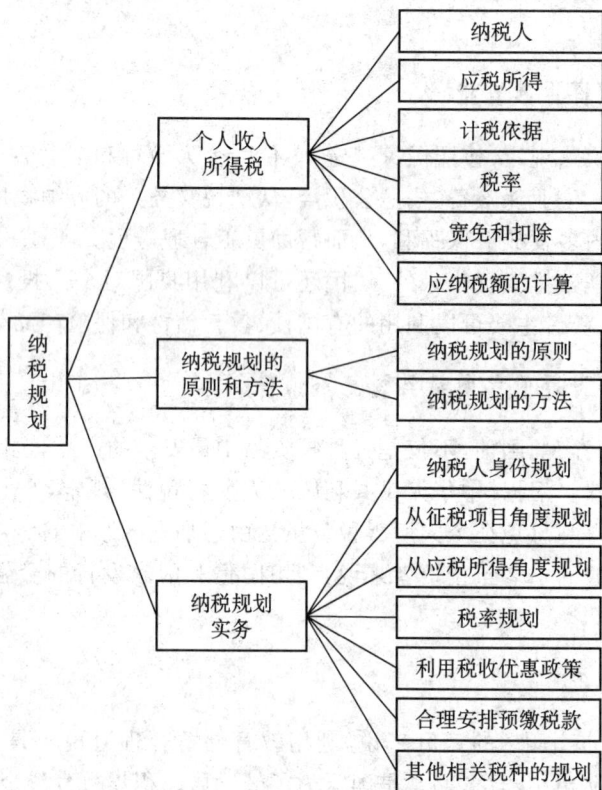

图 7-1　项目七的内容结构

（1）税收优惠政策是国家税制的组成部分,税收优惠政策是指税法对某些纳税人和征税对象给予鼓励和照顾的一种特殊规定。例如,免除其应缴的全部或部分税款,或者按照其缴纳税款的一定比例给予返还等,从而减轻其税收负担。

（2）避税地通常是指那些可以被人们借以进行所得税或财产税国际避税活动的国家

或地区,它的存在是跨国纳税人得以进行国际避税活动的重要前提条件。

（3）住所和时间是世界各国界定个人所得税纳税义务人的两个判定标准,因此,在纳税规划中可以通过对住所和居住时间的合理筹划,尽量避免成为居民纳税义务人,以实现少缴纳税款的目的。

（4）变换收入支付方式,把部分收入项目通过提供福利设施、报销费用的形式将其排除在个人所得税的征税项目之外,可以减少收入总额,减轻税负。

（5）利用税率进行规划,就是运用将高税率项目所得转换成低税率所得项目的方法,实现少纳税,减轻税负。

（6）我国税法规定,个体工商户、个人独资企业、合伙企业及分次取得承包、租赁经营所得的纳税人,实行分月（次）预缴,年终汇算清缴的税款缴纳制度。因此,纳税人可以通过合理预缴税款,做到合法地在预缴期间尽可能少缴,特别是避免出现多预缴在年终需退税的情况,以取得递延纳税的好处。

实训项目

1. 熟悉我国个人所得税法的内容。
2. 利用税收优惠政策进行纳税规划。
3. 利用避税地进行纳税规划。
4. 运用缩小应税所得进行纳税规划。
5. 运用递延纳税时间进行纳税规划。
6. 运用其他方法进行纳税规划。

思考练习

单项选择题

1. 以下不属于偶然所得的是（　　）。
　　A. 中奖所得　　　　B. 中彩所得　　　　C. 得奖所得　　　　D. 稿酬所得
2. 以下属于免征个人所得税的项目是（　　）。
　　A. 中奖所得　　　　B. 资本利得　　　　C. 岗位津贴　　　　D. 股票股息
3. 以下不属于劳务报酬所得的是（　　）。
　　A. 工资薪金所得　　　　　　　　　　　B. 技术服务所得
　　C. 表演所得　　　　　　　　　　　　　D. 翻译所得
4. 以下不属于工资薪金所得的是（　　）。
　　A. 劳动分红　　　　B. 年终加薪　　　　C. 津贴　　　　D. 审稿所得
5. 以下不适用20%税率的所得是（　　）。
　　A. 股息、红利所得　　　　　　　　　　B. 劳务报酬所得

C. 财产租赁所得   D. 利息所得

多项选择题

1. 世界各国界定个人所得税纳税义务人的判定标准有（   ）。
   A. 收入   B. 国籍   C. 住所   D. 时间

2. 以下属于纳税规划的原则的有（   ）。
   A. 合法性原则   B. 适时调整的原则
   C. 事前规划的原则   D. 经济原则

3. 个人通过非营利的社会团体和国家机关（   ），允许在计算个人所得税时全额扣除。
   A. 向教育事业的捐赠   B. 对公益性青少年活动场所的捐赠
   C. 向红十字事业的捐赠   D. 对寺庙的捐赠

4. 我国税收征管制度将增值税纳税人分为（   ）。
   A. 一般纳税人   B. 公司纳税人
   C. 小规模纳税人   D. 个人纳税人

5. 印花税是对经济活动和经济交往中书立、使用、领受具有法律效力的凭证的单位和个人征收的一种税。
   A. 买卖   B. 书立   C. 领受   D. 使用

判 断 题

1. 凡在中国境内有住所或者无住所而在境内居住满两年的个人，就是个人所得税的居民纳税人。   （   ）

2. 个人将其所得对教育事业和其他公益事业的捐赠，可以全部从其应纳税所得额中扣除。   （   ）

3. 目前，我国个人所得税规定的免征额是月收入 3 500 元。   （   ）

4. 我国个人所得税法规定，个人因工作调动或改善居住条件而转让原自用住房，经向税务机关申报核准，凡居住满一年或一年以上的，免予征收土地增值税。   （   ）

5. 股息、红利所得，偶然所得和其他所得适用的税率均为 20%，而且都没有减除费用的规定。   （   ）

6. 纳税人从中国境外取得的收入免缴个人所得税。   （   ）

简答题

1. 怎样进行纳税人身份规划？
2. 简述纳税规划的方法。
3. 简述房产税纳税规划。
4. 怎样进行税率规划？
5. 怎样从应税所得角度进行纳税规划？

退 休 规 划

1. 了解退休规划的必要性。
2. 熟悉退休规划的影响因素和风险。
3. 了解养老保险制度的类型和我国的养老保险制度。
4. 熟悉退休规划流程。
5. 掌握退休规划方法。
6. 熟悉退休规划工具的风险收益特征。

案例

个体工商户田先生现年 42 岁,爱人邓女士 38 岁,在成都双流市场做服装生意。虽然服装行业利润已经大不如前,但由于夫妻二人早出晚归,辛苦努力,每月税后平均纯利润能保证 20 000 元左右,但每月用于做生意周转的资金 200 000 元左右,全部存于活期银行卡上。家庭每月生活费用约 6 000 元;有自用房一套,130 平方米,市值 1 250 000 元左右,贷款已经还清;双流市场柜台一处,独立产权,市值 400 000 元左右。此外,有定期存款 110 000 元,夫妻二人暂时还没有养老保险和医疗保险。试为田先生进行退休养老规划。

任务 8.1　退休规划概述

"福如东海,寿比南山"、"长命百岁"是人们不绝于耳的祝寿词,健康长寿,安享晚年也是所有人的梦想。而且随着经济的发展、人们收入水平的提高、生活的改善、医学的发展和医疗条件的提高,以及人们健康意识的提高,现代人将越来越长寿。古语说人生七十古来稀,而最新统计数据显示,我国人均寿命已经达到 73.5 岁,而大多数发达国家的人均寿命都在 80 岁以上,日本的人均寿命则达到 83.4 岁。随着人们寿命的提高,退休后的退休生活时间更长了。当然寿命长了,生活开支也会随之增加。所以,活得久,活得好,需要有足够的财富做后盾,需要退休规划。

如果保守计算,一个人 50 岁开始进行退休养老规划,按人均寿命计算,退休养老规划的时间跨度也长达二十三年半,如果更早进行退休规划,且其寿命高于人均寿命,则退休规划的时间跨度就更长。所以说养老资金筹划是所有个人理财计划中跨时最长、不可测因素最多的一项。

　　"老有所养,老有所终",是中国古人对大同社会的美好向往,也是今天人们对自己老年生活的梦想,但要使梦想变为现实,就要做好退休规划,所有的个人理财计划,最终都是为富足养老服务的。养老是整个人生理财计划中最为关键的一个部分。为了使自己有一个高品质的晚年生活,做到"老有所养,老有所终",每一个人都应该及早制订养老资金筹划方案。

8.1.1　退休及退休规划的概念

1. 退休

　　退休是指员工在达到一定年龄或为企业服务一定年限的基础上,按照国家的有关法规和员工与企业的劳动合同而离开企业的行为。退休就是离开工作场所,长期休息之意。广义地说,退休就是不再从事一项全职有薪的工作,而接受过去工作的退休金的状况。

　　退休是原有工作的结束,是人生历程的一大转变,是一种新生活的开始。退休后,工作时的紧张感、压力感没有了,忙碌和充实也没有了,取而代之的是清闲、无所事事、空虚,甚至无聊,不知所措。有的则会有强烈的失落感,自由时间更多,但是收入下降了,负担也轻了些,身体状况不如以前,身体机能一步步老化。

　　从财务规划的角度看,退休可以视为拥有足够的退休金之后的生活。

　　在大多数国家,退休年龄一般在55～65周岁。我国的退休年龄是男职工年满60周岁,女干部年满55周岁,女工人年满50周岁,连续工龄或工作年限满10年。按照目前的人均寿命,一般人在退休后普遍拥有10～20年的退休生活。但是退休后失去了正常的工资收入来源。因而,进行退休策划能将年老时各种不确定性因素对生活的影响程度降到最低,使退休生活更有保障,保证个人在将来有一个自立、尊严、高品质的退休生活。

2. 退休规划

　　退休规划是个人理财规划的重要组成部分,是人们为了在将来拥有一个自立、尊严、高品质的退休生活,而从现在开始进行的财富积累和资产规划。所谓"兵马未动,粮草先行",一个科学合理的退休养老规划的制定和执行,将会为人们幸福的晚年生活保驾护航。

8.1.2　退休规划的必要性

　　退休规划的重要性或必要性可以从以下几个方面来进行分析。

　　(1) 退休后收入减少,无法保证支出。退休后,由于离开工作岗位,长期休息,只能领到退休金,工作时的奖金、津贴、各种补助等都没有了,因而收入急剧减少,有的甚至不到工作时收入的一半。但是由于年老,体弱多病,医疗、保健和护理方面的费用开支会大幅度增加,造成退休后的退休金收入无法保证支出。要弥补入不敷出的巨大缺口,只有通过退休规划来填补这个缺口。

　　(2) 养儿防老不堪重负。中国古话说,养儿防老,积谷防饥。但在目前的中国,积谷能防饥,养儿却不能防老。倒不是现在子女都没有孝心,实在是子女们心有余而力不足。因为现在都是独生子女,一对夫妻只有一个小孩。由于人均寿命延长,独生子女结婚后,在他们上面的老人有父母、岳父母、祖父母和外祖父母八个老人,寿命更长,还不止八个老人,加上要抚养小孩,不要说赡养老人,健健康康的就是照顾日常生活起居都做不到,如遇生病住院就更不用说了,何况他们还要工作,而且竞争激烈,工作压力巨大,就是不工作专门在家照顾老人都难以做到。

(3) 社保基金(国家基本养老保险及企业年金)不能足够维持退休时的基本生活所需。国家统一的养老政策只能给老年人提供最基本的生活保障,很难满足人们高品质生活的需求。而且随着人口老龄化趋势的日益加强、人均寿命的进一步提高,国家基本养老保险的压力和负担会越来越大,保险金的缺口也会越来越大,最终将难以为继。

(4) "老有所养,老有所终"退休规划本质上是一种以筹集养老金为目的的综合性金融服务。"老有所养,老有所终"不仅是中国古人对大同社会的理想,也是今天每一个人对自己老年生活的美好向往。然而要真正做到"老有所养,老有所终",有一个自立、尊严和高品质的退休生活,需要相当大的财力做后盾,否则,"老有所养,老有所终"就会成为一句空话。

8.1.3 退休规划的影响因素

要进行退休规划,首先要搞清楚退休规划的影响因素究竟有哪些,综合起来看,退休规划的影响因素主要有以下几个方面。

(1) 负担与责任。负担和责任主要是指家庭的各种贷款特别是住房按揭贷款是否还清、子女是否自立、是否有需要赡养和照顾的长辈或亲属。如果有,显然对积累退休金是十分不利的,它会减少退休金的资金来源。

(2) 退休时间及退休后的生活时间。由于退休后的收入明显少于工作时的收入,因而越早退休,收入也就越少,退休金的积累也就越少。反之,越晚退休,工作时间越长,收入越多,退休金的积累就越多,对退休规划越有利。另外,退休后的生活时间即预期余寿越长,退休生活的开支就越大,所需要的退休金就越多。

(3) 退休后的生活费用。退休后的生活费用主要受日常生活形态、消费习性、居住地消费水平、健康状况等诸多因素的影响和决定。总之,退休后的生活费用越高,所需要的退休金就越多;反之,所需要的退休金就越少。

(4) 退休保障及退休前的资产累积。退休保障越多越全面,退休前的资产累积额越大越多,退休规划的压力就越小;反之,退休规划的压力也就越大。

(5) 通货膨胀。通货膨胀是影响退休生活费用开支的主要因素之一,通货膨胀率越高,退休后的费用开支就越多,为了满足退休生活的基本需要,就需要更多的退休金,退休规划的压力就更大;反之,退休后的生活费用开支就要少一些,退休规划的压力也会轻一些。

(6) 是否需要为子女留有遗产。如果子女的条件不是很好,需要为子女留下遗产,另外又要满足自己退休后的基本生活需要,这样的话就需要更多的退休金,退休规划的压力就更大;反之,如果不需要为子女留有遗产,全部退休金或者资产积累都可以用于自己的退休生活需要,所需要的退休金就要少一些,退休规划的压力也要小一些。

8.1.4　退休规划风险

常言道,智者千虑,必有一失。计划与现实总会有些距离,总有百密一疏的时候,退休规划也不例外。一旦现实情况偏离计划或规划,就会为退休规划带来风险。退休规划面临的风险主要有以下几种。

(1) 职业生涯规划的风险。做退休规划时是按照正常情况客户正常退休,即达到退休年龄正常退休,客户正常退休的话,退休后就能领到退休金。但是如果客户在退休前提前被公司解雇或所服务的企业倒闭,而未能提取退休金。出现这种情况时,客户到退休年龄就可能得不到退休金。另一方面,客户在达到退休年龄前收入减少甚至没有收入,退休规划的资金来源没了着落,退休规划目标无法顺利实现。客户晚年生活没有生活来源。

(2) 投资风险。在进行退休规划时,设定了一定的投资报酬率,但是在实际实施过程中,投资报酬率低于计划没有达到预期目标,甚至发生严重亏损,也会造成客户退休金没有着落。

(3) 额外支出风险。在退休规划实施过程中,发生了一些意想不到的事情,发生了额外支出,退休规划的资金被挤占挪用,减少了退休金的资金来源。

(4) 实际寿命比退休计划设定的寿命长的风险。实际寿命比退休计划设定的寿命长,造成实际的生活费用开支要多于退休规划准备的退休金,出现钱用完了,人还活着的情况,在超出计划的时间里退休金没有着落。

(5) 退休后不久身故,须缴纳遗产税。

8.1.5　退休规划应遵循的重要原则

(1) 尽早开始储备退休基金,越早越轻松。

虽然年轻时的收入不高,但每月定期定额占收入的比例反而比年长收入较高时还低,这是因为人的工作收入成长率会随工资薪金收入水平的提高而降低,而理财收入成长率则会随着资产水平的提高而增加。最晚应从 40 周岁起,以还有 20 年的工作收入储蓄来准备 60 周岁退休后 20 年的生活。否则即使你的每月投资已做最佳运用,剩下的时间已不够让退休基金累积到足供你晚年舒适悠闲地生活。

(2) 退休金储蓄的运用不能太保守,否则即使年轻时就开始准备,仍会不堪负荷。

这是因为定期存单利率扣掉通货膨胀后,只能提供 2%～3% 的收益,若用定期存单累积退休金,无论在什么年龄开始准备,都要留下一半以上的工作收入,为了准备退休金,必须大幅降低工作期的生活水平。如果运用定期投资基金,投资报酬率可达 12%,以平均储蓄率 20%～30% 计算,大体可以满足晚年生活需求。进行退休规划时,当然也不应该假设退休金报酬率能达到 20% 以上的超级报酬率,这会让自己应缴付的储蓄偏低,且不易达到退休金的累积目标。

(3) 以保证给付的养老险或退休年金满足基本支出,以报酬率较高但无保证的基金投资,满足生活品质支出。

若要以养老险或退休年金来准备退休金,优点是具有保证的性质,可降低退休规划的不确定性;缺点是报酬率偏低,需要有较高的储蓄能力,才能满足退休需求的保额。其解决之道是将退休后的需求分为两部分,第一部分是基本生活支出,第二部分是生活品质支出。一旦退休后的收入低于基本生活支出水平,就需依赖他人救济才能维生,因此这是必要的收入。而生活品质支出是实践退休后生活理想所需的额外支出,有较大的弹性。因此对投资性格保守,但安全感需求高的人来说,以保证给付的养老险或退休年金来满足基本生活支出;另以股票或基金等高报酬、高风险的投资工具来满足生活品质支出,是一种可以兼顾老年安养保障和充分发展退休后兴趣爱好的资产配置方式。

假如工作期40年,退休后养老期20年,退休后基本生活支出占工作期收入40%的话,那么在工作期40年中,需将收入的20%购买有确定给付的储蓄险;若储蓄率可达40%,多出来的20%可投资定期定额基金,其投资成果作为退休后的生活品质支出;若投资绩效较好,退休后的支出可能比工作期还多,可用于环游世界等自己梦想的生活品质支出,此外的富余资金还可以成为遗产留给后代,为他们维持一个理想的生活水平。

任务 8.2　退休规划与养老保险

自从1889年德国俾斯麦政府建立养老保险制度以后,到目前养老保险制度已成为现代国家普遍建立的一种社会经济制度。社会养老保险制度的建立使劳动者在退休后可以定期按月领到一定数量的养老金,从而有了一个稳定的生活来源,是个人退休收入的主要来源之一。个人是否拥有社会保险将决定其能否顺利地度过一生,因此养老保险也就成为一个完整的退休规划所必不可少的内容。

8.2.1　养老保险体系概述

1. 养老保险的概述与特点

养老保险或养老保险制度是国家和社会根据一定的法律、法规,为解决劳动者在达到国家规定的解除劳动义务的劳动年龄界限,或因年老丧失劳动能力退出劳动岗位后的基本生活而建立的一种社会保险制度。

养老保险是社会保障制度的重要组成部分,是社会保险基本养老保险、生育保险、失业保险、工伤保险和医疗保险五大险种中最重要的险种之一。

2. 养老保险有如下含义

(1) 养老保险是在法定范围内的老年人完全或基本退出社会劳动生活后才自动发生作用的。法定的年龄界限才是切实可行的标准。

(2) 养老保险的目的是为老年人提供保障其基本生活需求的稳定可靠的生活来源。

(3) 养老保险是以社会保险为手段来达到保障目的的。

3. 养老保险的特点

（1）由国家立法，强制实行，企业单位和个人都必须参加，符合养老条件的个人可向社会保险部门领取养老金。

（2）养老保险费用来源一般由国家、企业和个人三方或企业和个人双方共同负担，并实现广泛的社会互济。

（3）养老保险具有社会性，影响很大，享受人多且时间较长，费用支出庞大，必须设置专门机构，实行现代化、专业化、社会化的统一规划和管理。

8.2.2　养老保险制度的类型

从世界范围来看，不同的国家养老保险的类型存在很大的差别，但归纳起来主要有以下三种类型：即投保资助型养老保险（即传统型）、国家统筹型养老保险和强制储蓄型养老保险（公积金模式）。

1. 传统型养老保险制度

传统型养老保险制度是目前全球居主流地位的养老保险制度，为世界大多数国家所采用。

传统型养老保险制度又称为与雇佣相关性模式（employment-related programs）或投保资助模式，1889 年德国俾斯麦政府颁布养老保险法最早创设传统型养老保险制度，后来美国、日本等国家也先后采纳。先确定个人领取养老金的工资替代率，然后再以支出来确定总缴费率。个人领取养老金的权利与缴费义务联系在一起，即个人缴费是领取养老金的前提，养老金水平与个人收入挂钩，基本养老金按退休前雇员历年指数化月平均工资和不同档次的替代率来计算，并定期自动调整。除基本养老金外，国家还通过税收、利息等方面的优惠政策，鼓励企业实行补充养老保险，基本上也实行多层次的养老保险制度。

它是通过立法程序强制工资劳动者加入，强制雇主和劳动者分别按照规定的投保费率投保，并要求建立老年社会保险基金，实行多层次退休金。

国家是老年社会保险的后盾，在财政、税收和利息政策上给以资助。

2. 国家统筹型养老保险制度

由国家或国家和雇主全部负担雇员的养老保险，雇员个人不缴费，是一种典型的福利型的养老保险制度。

国家统筹型（universal programs）分为两种类型。

（1）福利国家所在地普遍采取的，又称为福利型养老保险，最早为英国创设，目前适用该类型的国家还包括瑞典、挪威、澳大利亚、加拿大等。

该制度的特点是实行完全的"现收现付"制度，并按"支付确定"的方式来确定养老金水平。养老保险费全部来源于政府税收，个人不需缴费。享受养老金的对象不仅仅为劳动者，还包括社会全体成员。养老金保障水平相对较低，通常只能保障最低生活水平而不是基本生活水平，如澳大利亚养老金待遇水平只相当于平均工资的 25%。为了解决基本养老金水平较低的问题,一般大力提倡企业实行职业年金制度,以弥补基本养老金的不足。

该制度的优点在于运作简单易行,通过收入再分配的方式,对老年人提供基本生活保障,以抵消市场经济带来的负面影响。但该制度也有明显的缺陷,其直接的后果就是政府的负担过重。由于政府财政收入的相当一部分都用于了社会保障支出,而且要维持如此庞大的社会保障支出,政府必须采取高税收政策,这样加重了企业和纳税人的负担。同时,社会成员普遍享受养老保险待遇,缺乏对个人的激励机制,只强调公平而忽视效率。

(2)国家统筹型的另一种类型是苏联所在地创设的,其理论基础为列宁的国家保险理论,后为东欧各国、蒙古国、朝鲜以及我国改革以前所在地采用。

该类型与福利国家的养老保险制度一样,都是由国家来包揽养老保险活动和筹集资金,实行统一的保险待遇水平,劳动者个人无须缴费,退休后可享受退休金。但与前一种所在地不同的是,适用的对象并非全体社会成员,而是在职劳动者,养老金也只有一个层次,未建立多层次的养老保险,一般也不定期调整养老金水平。

随着苏联的解体和东欧国家的剧变以及我国进行经济体制改革,采用这种模式的国家也越来越少。

3. 强制储蓄型养老保险制度

这是一种固定缴费的模式,对缴费率有具体规定,待遇由所缴费用以及利息决定。缴费及利息积累在每个人的账户上。

缴费由雇员和雇主共同承担。

强制储蓄型主要有新加坡模式和智利模式两种。

(1)新加坡模式是一种公积金模式。该模式的主要特点是强调自我保障,建立个人公积金账户,由劳动者于在职期间与其雇主共同缴纳养老保险费,劳动者在退休后完全从个人账户领取养老金,国家不再以任何形式支付养老金。个人账户的基金在劳动者退休后可以一次性连本带息领取,也可以分期分批领取。国家对个人账户的基金通过中央公积金局统一进行管理和运营投资。除新加坡外,东南亚、非洲等一些发展中国家也采取了该模式。

(2)智利模式作为另一种强制储蓄类型,也强调自我保障,也采取了个人账户的模式,但与新加坡模式不同的是,个人账户的管理完全实行私有化,即将个人账户交由自负盈亏的私营养老保险公司管理,规定了最大化回报率,同时实行养老金最低保险制度。该模式于 20 世纪 80 年代在智利推出后,也被拉美一些国家所效仿。强制储蓄型的养老保险模式最大的特点是强调效率,但忽视公平,难以体现社会保险的保障功能。

8.2.3 我国的养老保险制度

我国的养老保险制度是一个由国家基本养老保险、企业年金(企业补充养老保险)和个人储蓄养老保险相结合的三支柱养老保险体系。

我国养老保险分为城镇职工养老保险和农村养老保险。城镇职工养老保险又由企业养老保险和机关事业单位退休制度构成。

20 世纪 80 年代实行养老保险社会统筹试点,开始进行改革探索,20 世纪 90 年代改革全面展开并不断深化,建立了由国家、企业和个人共同负担的基金筹集模式,确定了社会统筹与个人账户相结合的基本模式,统一了企业职工基本养老保险制度。

中国的基本养老保险制度实行社会统筹与个人账户相结合的模式。基本养老保险覆盖城镇各类企业及其职工、企业化管理的事业单位及其职工、城镇个体工商户和灵活就业人员,以及企业招用的农民工。城镇所有企业及其职工必须履行缴纳基本养老保险费的义务。目前,养老保险基金主要由企业和职工缴费形成,企业缴费比例一般不超过企业工资总额的20%,个人缴费比例为8%,由用人单位代扣代缴。城镇个体工商户和灵活就业人员参加基本养老保险的缴费标准为当地上年度在岗职工平均工资的20%,其中8%计入个人账户。财政每年对中西部地区和老工业基地给予养老保险资金补助。2007年中央财政给予养老保险资金补助873亿元、地方财政补助260亿元。企业缴纳的基本养老保险费全部纳入统筹基金,并以省为单位进行调剂。养老保险社会统筹基金纳入财政专户,实行收支两条线管理。个人缴纳的基本养老保险费计入个人账户。职工个人账户规模为本人缴费工资的8%,全部由个人缴费形成。个人账户储存额的多少,取决于个人缴费额和个人账户基金收益,并由社会保险经办机构定期公布。个人账户基金只用于职工养老,不得提前支取。职工或退休人员死亡,个人账户可以继承。个人账户基金由省级社会保险经办机构统一管理,按国家规定存入银行,全部用于购买国债,收益率要高于同期银行存款利率。

基本养老金由基础养老金和个人账户养老金组成,基础养老金由社会统筹基金支付,月基础养老金为职工社会平均工资的20%,月个人账户养老金为个人账户基金积累额的1/120。个人账户养老金可以继承。对于新制度实施前参加工作、实施后退休的职工,还要加发过渡性养老金。

社会统筹与个人账户相结合。社会统筹部分采取现收现付模式,均衡单位负担;个人账户部分采取积累模式,体现个人责任,全部由个人缴费形成。

职工领取基本养老金的条件:

(1) 达到法定退休年龄,并已办理退休手续。

(2) 所在单位和个人依法参加养老保险并履行了养老保险缴费义务。

(3) 个人缴费至少满15年。

符合上述条件的人员,按月支付养老金。

基本养老金待遇:参加工作、缴费年限累计满15年的人员,退休后按月发给基本养老金。基本养老金由基础养老金和个人账户养老金两部分构成。基础养老金月标准以当地上年度在岗职工月平均工资和本人指数化月平均缴费工资的平均值为基数,缴费每满一年发给1%;个人账户养老金月标准为个人账户储存额除以计发月数,计发月数根据职工退休时城镇人口平均预期寿命、本人退休年龄、利息等因素确定。基础养老金月标准为省上年度职工月平均工资的20%。(达到法定退休年龄且个人缴费满15年的)以后缴费每满一年增加一定比例的基础养老金,总体水平控制在30%左右。

基础养老金由社会统筹基金支付,个人账户养老金由个人账户基金支付,月发放标准根据本人账户储存额除以120,个人账户基金用完后,由社会统筹基金支付。

月基本养老金领取额为基础养老金由社会统筹基金支付,个人账户养老金由个人账户基金支付,月发放标准根据本人账户储存额除以 120,个人账户基金用完后,由社会统筹基金支付。

个人缴费年限累计不满 15 年的,退休后不享受基础养老金待遇,其个人账户储存额一次支付给本人。由于 1997 年前没有建立个人账户,国发[1997]26 号文件实施前参加工作,国发[2005]38 号文件实施后退休且缴费年限累计满 15 年的人员,在发给基础养老金和个人账户养老金的基础上,再发给过渡性养老金,以补充个人账户养老金。

达到退休年龄,男 60 周岁,女干部 55 周岁,女工人 50 周岁。缴费年限累计达到 15 年。达到退休年龄但缴费年限累计不满 15 年的,不发给基础养老金,个人账户储存额一次性支付给本人,终止基本养老保险关系。

根据职工工资和物价变动等情况,适时调整企业退休人员基本养老金水平,调整幅度为企业在岗职工平均工资年增长率的一定比例。2004 年调整比例是 60%,2006 年是80%,2007 年是 100%。

从长远看,基本养老保险应当实行全国统筹,但是在目前的财税体制下,中央和地方"分灶吃饭",养老保险基金跨省调剂困难,实行全国统筹难度比较大。因此,统筹层次比较低,2007 年年底,全国共有 17 个省市实现了省级统筹,能够在全省统一调度使用养老保险基金,其他地方仍在实行县市级统筹。

统筹层次不高,难以发挥社会保险的互济和调剂功能,不利于提高管理水平,在一定程度上影响了劳动力的合理流动。而且转移接续困难,影响了劳动者参保的积极性,有的地方允许退还外来务工人员所缴的个人账户部分养老基金,形成"退保潮",使养老保险制度名存实亡。

除基本养老保险以外,我国还建立了城市最低生活保障和农村养老保险。

企业在缴纳基本养老保险费后,根据自身的经济能力,还可以为本企业职工建立补充性的养老保险企业年金。

【例 8-1】 假设张先生平均月薪为 4 000 元,养老保险缴费年限为 15 年,假设 10 年后北京市月平均工资为 9 000 元,那么退休后,他能领到多少养老金?

解析:
$$9\,000 \times 20\% + 4\,000 \times 8\% \times 12 \times 10 \div 120 = 2\,120(元)$$

由计算可知,张先生退休后,每月能领到 2 120 元养老金。

8.2.4 企业年金

企业年金,即企业补充养老保险,是指企业及其雇员在依法参加基本养老保险的基础上,依据国家政策和本企业经济状况建立的、旨在提高雇员退休后生活水平、对国家基本养老保险进行重要补充的一种养老保险形式。在我国,企业年金是对国家基本养老保险的重要补充,是我国正在完善的城镇职工养老保险体系(由基本养老保险、企业年金和个人储蓄性养老保险三个部分组成)的"第二支柱"。

企业年金源自于自由市场经济比较发达的国家,是一种属于企业雇主自愿建立的员工福利计划。企业年金,即由企业退休金计划提供的养老金,其实质是以延期支付方式存在的职工劳动报酬的一部分或者是职工分享企业利润的一部分。最早的企业年金计划美国运通公司于 1875 年建立的企业补充养老保险计划。企业年金已经成为发达国家养老保险体系中的一个重要支柱。

1. 企业年金的主要特征

(1) 由企业发起建立。

(2) 经办方式多样化。

(3) 国家给予一定的税收优惠政策(详见本目录下的"列支渠道")。

(4) 企业缴费的列支渠道按国家有关规定执行;职工个人缴费可以由企业从职工个人工资中代扣。企业缴费在工资总额 4% 以内的部分可从成本中列支。

(5) 企业年金基金实行市场化投资运营。

(6) 政府在年金的建立和管理中不承担直接责任等。

2. 建立条件和程序

符合下列条件的企业,可以建立企业年金:

(1) 依法参加基本养老保险并履行缴费义务;

(2) 具有相应的经济负担能力;

(3) 已建立集体协商机制。

建立企业年金,应当由企业与工会或职工代表通过集体协商确定,并制定企业年金方案。国有及国有控股企业的企业年金方案草案应当提交职工大会或职工代表大会讨论通过。

3. 资金来源

企业年金所需费用由企业和职工个人共同缴纳,建立个人账户,与企业资产实行分账管理。雇主和雇员分担缴费义务的比例,有的是 1∶1,总体上雇主多缴、雇员少缴或不缴的情况比较常见。

企业缴费每年不超过本企业上年度职工工资总额的十二分之一(相当于工资总额的 8.33%)。企业缴费和职工个人缴费合计一般不超过本企业上年度职工工资总额的六分之一(相当于工资总额的 16.7%)。

4. 企业年金分类

1) 根据法律规范的程度来划分

企业年金可分为自愿性和强制性两类。

(1) 自愿性企业年金

以美国、日本为代表,国家通过立法,制定基本规则和基本政策,企业自愿参加;企业一旦决定实行补充保险,必须按照既定的规则运作;具体实施方案、待遇水平、基金模式由企业制定或选择;雇员可以缴费,也可以不缴费。

(2) 强制性企业年金

以澳大利亚、法国为代表,国家立法,强制实施,所有雇主都必须为其雇员投保;待遇水平、基金模式、筹资方法等完全由国家规定。

2）根据资金筹集和运作模式来划分

企业年金可分为缴费确定和待遇确定两种类型。

（1）缴费确定型企业年金（DC 计划）。

通过建立个人账户的方式，由企业和职工定期按一定比例缴纳保险费（其中职工个人少缴或不缴费），职工退休时的企业年金水平取决于资金积累规模及其投资收益。其基本特征是：①简便易行，透明度较高；②缴费水平可以根据企业经济状况做适当调整；③企业与职工缴纳的保险费免予征税，其投资收入予以减免税优惠；④职工个人承担有关投资风险，企业原则上不负担超过定期缴费以外的保险金给付义务。

DC 计划的优点在于：①简便灵活，雇主不承担将来提供确定数额的养老金义务，只需按预先测算的养老金数额规定一定的缴费率，也不承担精算的责任，这项工作可以由人寿保险公司承担；②养老金计入个人账户，对雇员有很强的吸引力，一旦参加者在退休前终止养老金计划时，可以对其账户余额处置具有广泛选择权；③本计划的企业年金不必参加养老金计划终止的再保险，如果雇员遇到重大经济困难时，可以随时终止养老金计划，并不承担任何责任。

DC 计划也有其自身的缺陷：①雇员退休时的养老金取决于其个人账户中的养老金数额，参加养老金计划的不同年龄的雇员退休后得到的养老金水平相差比较大；②个人账户中的养老金受投资环境和通货膨胀的影响比较大，在持续通货膨胀、投资收益不佳的情况下，养老金难以保值增值；③DC 计划鼓励雇员在退休时一次性领取养老金，终止养老保险关系，但因为一次领取数额比较大，退休者往往不得不忍受较高的所得税税率；此外，DC 计划的养老金与社会保障计划的养老金完全脱钩，容易出现不同人员的养老金替代率偏高或偏低。

我国现在实行的就是 DC 计划。

（2）待遇确定型企业年金（DB 计划）。

待遇确定型企业年金也称养老金确定计划，指缴费并不确定，无论缴费多少，雇员退休时的待遇是确定的。雇员退休时，按照在该企业工作年限的长短，从经办机构领取相当于其在业期间工资收入一定比例的养老金。参加 DB 计划的雇员退休时，领取的养老金待遇与雇员的工资收入高低和雇员工作年限有关。具体计算公式是：

$$雇员养老金 = 若干年的平均工资 \times 系数 \times 工作年限$$

式中：若干年的平均工资是计发养老金的基数，可以是退休前 1 年的工资，也可以是前 2~5 年的平均工资；系数是根据工作年限的长短来确定的。

DB 计划基本特征是：①通过确定一定的收入替代率，保障职工获得稳定的企业年金；②基金的积累规模和水平随工资增长幅度进行调整；③企业承担因无法预测的社会经济变化引起的企业年金收入波动风险；④一般规定有享有资格和条件，大部分规定工作必须满 10 年，达不到则不能享受，达到条件的，每年享受到的养老金额还有最低限额和最高限额的规定；⑤该计划中的养老金，雇员退休前不能支取，流动后也不能转移，退休前或退休后死亡的，不再向家属提供，但给付家属一定数额的一次性抚恤金。

两种计划给付方法的比较如下。

① DC 计划保险金给付水平最终受制于积累基金的规模和基金的投资收益，雇员要

承担年金基金投资风险;DB 计划保险金给付水平取决于雇员退休前的工资水平和工作年限,在没有全面建立起物价指数调节机制前,就会面临通货膨胀的威胁。

② 对 DC 计划而言,只有资本交易市场完善,有多样化的投资产品可供选择时,年金资产管理公司才能有既定收益,保证对年金持有人给付养老金和对投资收益的兑现;对 DB 计划而言,更适应于金融市场还不是很完善的国家。

从目前国际上的发展趋势看,DC 计划已经成为国际上企业年金计划的主流。

5. 企业年金与商业保险的区别

可以肯定地说,企业年金计划不属于商业保险范畴。企业年金与商业保险的寿险产品有某些相似之处,但绝不是商业寿险产品。将两者混为一谈,是认识上的误区。

企业年金属于企业职工福利和社会保障的范畴,不以营利为目的。是否建立企业年金,是企业劳资谈判中劳动报酬和劳动保障的一项重要内容。而商业寿险产品则是商业保险公司以营利为目的的保险商品。企业年金与商业保险有以下不同。

1) 政府政策差异

为推动企业年金制度的发展,鼓励有条件的用人单位为职工建立企业年金计划,政府在税收、基金运营等方面给予优惠,允许一定比例内的企业缴费在成本中列支,2004 年5 月1日起施行的《企业年金试行办法》第七条就规定,企业年金所需费用由企业和职工个人共同缴纳。企业缴费的列支渠道按国家有关规定执行,职工个人缴费可以由企业从职工个人工资中代扣。

而商业寿险产品则一般没有国家政策优惠。财政部财企[2003]61 号文件就明确规定:"职工向商业保险公司购买财产保险、人身保险等商业保险,属于个人投资行为,其所需资金一律由职工个人负担,不得由企业报销。"

2) 产品规范化程度不同

寿险保单是标准格式化产品,可以向个人按份出售。寿险合同一经生效,投保人必须按保单约定的金额缴费,保险人必须按保单约定的金额给付保险金。而企业年金计划不是标准化产品,它往往因企业经营特色和职工结构不同而具有个性化的特点;只要劳资双方达成一致,企业年金计划的供款可以调整或中止。

3) 经办管理机构不同

企业年金可以由企业或行业单独设立的企业年金机构经办管理,也可以由社会保险经办机构专门设立的企业年金管理机构经办。而商业保险的寿险产品则只能由商业人寿保险公司经办。

6. 与基本养老保险的区别和联系

企业年金与基本养老保险既有区别又有联系,其联系主要体现在两种养老保险的政策和水平相互联系、密不可分。企业年金和基本养老保险都是国家的社会养老保障体系的组成部分,且近年来企业年金角色越来越重要。

区别主要体现在以下方面。

1）强制性 VS. 自愿性

基本养老保险采取国家强制加入的模式,管理机构的经费纳入国家财政预算,由政府统一安排,政府机构进行管理。企业年金在大多数国家一般由企业在自愿的基础上建立,可以自主管理,也可以托管。

2）非私人产品 VS. 私人产品

基本养老保险不属于私人经济范畴,但严格地说也不算公共产品,因为养老保险具有一定的排他性,它属于非私人产品。而企业年金属于私人产品。

3）现收现付制 VS. 基金积累制

基本养老保险统筹模式一般采取现收现付制,通过代际赡养实现保障。而企业年金大多采用基金积累制,实行个人保障。

4）投资手段不多 VS. 投资手段多样化

基本养老保险基金由政府管理和运营,保值增值手段一般是储蓄和购买国债。企业年金的基金投资手段一般集中于资本市场,手段更多样化。

5）公平原则 VS. 效率原则

基本养老保险注重公平原则与收入再分配作用。企业年金更注重效率原则,是一种具有激励功能的福利手段。

6）政府主办 VS. 政府无直接责任

这里主要指责任主体方面的不同,企业年金的责任主体是企业自身。

任务 8.3　退休规划流程

8.3.1　退休规划流程

理财规划师在帮助客户进行理财规划时,应向客户说明退休前后的差异。退休前不仅有稳定的工作收入,还有各种投资带来的投资收入,可以持续投资。但退休后只有退休金,收入大幅度减少。另外退休前资产不断增加,不断累积,而退休后,将不断消耗原有的资产,资产日益减少。因而,对一个人的退休生活来说,资产的保值和持续不断的现金流是理财规划中必须十分注重的问题。

1. 退休规划流程

一个完整的退休规划流程是由个人职业生涯设计与收入分析、退休后生活设计与养老需求分析和自筹养老金的投资设计三个步骤构成的。通过个人职业生涯设计与收入分析来估算客户个人工作时可能的收入水平和退休时可以领到的退休金水平;通过退休后生活设计与养老需求分析可以确定客户退休后的生活水平以及维持这种生活水平所需要的消费支出的数额;通过以上两个步骤,可以大致计算出客户退休后退休金收入与消费支出额之间的差额,即是否需要自筹养老金以及需要多少自筹养老金;通过自筹养老金的投资设计,可以明确退休金的缺口,怎样弥补这个缺口,怎样筹集养老金,并且通过投资计划使其达到应有的数额。在此基础上,就可以据以制定客户个人的退休规划方案。

2. 自筹退休资金来源

如果客户退休金出现缺口,需要自筹部分退休金,可以从两方面着手进行筹集。一是将工作期间的一部分收入用作自筹退休金的来源。因为客户在进行退休规划时,还没有退休,这样就可以将距离退休日的剩余工作期间的收入的一部分拿出来作为自筹退休金的来源。二是将以前的积蓄进行投资所得的收入用作自筹退休金的来源。如果客户有一些积蓄,则可以将这些积蓄拿出来进行投资,将其投资所得的收入用作自筹退休金的来源。至于在这两种情况下,拿出多少来用作自筹退休金的资金来源则要看退休金缺口的大小和投资报酬率的高低。

3. 制定退休规划应重点考察的因素

为了使退休规划更加切合客户的实际情况,更具有可操作性,理财规划师在制定退休规划前应对客户各方面的情况进行全面性的综合分析考察,特别是对以下几个方面的因素进行重点考察分析。

1) 客户希望哪一年退休

客户希望哪一年退休,是否会提前或延后,如果客户希望在国家规定的法定退休年龄退休,则是顺理成章的事情,客户的目标很容易实现。如果是提前或延后退休则可能要符合有关规定才能实现。而客户哪一年退休则是退休规划首先要解决的问题,否则退休规划将无从谈起,无法下手。

2) 退休后的预期余寿

可根据客户同性别的社会平均寿命,结合客户家族寿命和客户身体状况加以大致确定。

3) 退休之后的生活水平

可根据客户希望退休后享有的生活水平与目前所享有的生活水平加以对照确定。

4) 预期个人的年均投资报酬率

可根据客户以往的投资报酬率、客户所选择投资工具的性质以及未来一定时期内的投资环境综合分析确定。

5) 投资期间合理的长期通货膨胀率(通常情况下按 3%～5% 来设定)

可根据以往平均的通货膨胀率、未来一定时期内可能的宏观经济形势以及金融市场资金供求形势综合分析确定。

6) 可能得到的来自企业和社会的退休金或老年给付

可以根据客户到退休前可能的收入水平、国家的养老保险政策以及客户所服务企业的员工福利计划等因素综合确定。

8.3.2　退休规划的具体步骤

制定退休规划要按照一定的程序进行,退休规划的具体步骤如下。

1. 确定退休目标

确定退休目标主要是确定客户哪一年退休或客户的退休年龄以及退休后的生活水平，也就是客户自己打算退休后有一个什么样的生活水平。

确定客户所希望的退休年龄对退休规划来说是十分重要的问题，可以说是退休规划的起点，据此才能确定客户从现在到退休的剩余工作时间，并且依据客户所希望的退休后的生活水平估算退休后的消费支出。按我国目前有关法律、法规规定，干部身份男性60周岁退休、女性55周岁退休，工人身份男性55周岁退休、女性50周岁退休。在法定退休年龄退休属于正常退休，退休后可以领到退休金。如果想提前或延后退休，要经过批准才行。确定客户退休年龄可以根据国家规定的法定退休年龄、客户的工作性质、身体状况，特别是客户本人的退休意愿来决定具体的退休时间。对大多数客户来说都是在法定退休年龄退休，即正常退休。客户越早退休，距离退休的剩余工作时间越短，退休规划的压力也就越大。反之，则越小。

客户退休年龄确定后，接下来就是确定客户退休后的生活水平，借以确定客户退休后每年可能的消费支出额。

客户退休后的生活水平与客户目前的生活水平有着千丝万缕的联系。消费水平是有一定刚性的，也就是说，一般情况下，生活水平只能提高，难以降低。正如俗语所说的"从俭入奢易，从奢入俭难"，也可以说，客户现在的生活水平在一定程度上决定了他退休后的生活水平。客户日常的生活习惯、退休后居住地的物价水平、消费水平等因素都对客户退休后的生活水平产生一定的影响，对这些因素都要加以考虑。

2. 估算退休后的支出

在确定了客户退休年龄和退休后的生活水平后，就可以据此估算客户退休后的支出。估算客户退休后的支出有两种方法：一是以收入为标准的方法；二是以开支为标准的方法。

1）以收入为标准的方法

以收入为标准的方法就是基于客户退休前收入的某一百分数进行计算来估算客户退休后的年支出金额或数额，一般是以客户最终退休前收入的60%～70%作为客户退休后维持与退休前相同的生活水平所需要的消费支出额。这一比例也称为工资替换率。

2）以开支为标准的方法

以开支为标准的方法是基于客户退休前支出的某一百分数进行计算来估算客户退休后的年支出额。一般情况下都是以客户退休前月支出额的70%～80%来进行估算。为什么不是100%，而是70%～80%呢？主要是因为客户退休后的支出一般来说较退休前要少一些。比如，退休后不用上班，在家里安享晚年，不用像上班一样穿得那么正式讲究，可以穿得休闲一些，所以着装费用明显减少，同时上下班的交通费也可以省了，退休后与同事以及相关部门之间的交往应酬也会减少，这方面的费用自然也会减少。甚至整个社会交往的费用也会减少。加之退休后，一般来说子女已自立，不再需要抚养子女。退休后进入老年，吃穿住用行等方面的开支都会不同程度地减少，只是对部分客户来讲，基于身体状况的医疗保健方面的开支可能会增加。但是总的来讲,减少的多,增加的少。所以如果客户要维持与退休前相同的生活水平,只需要退休前日常消费支出的70%～80%就够了。当然这只是对大多数情况而言,不排除特殊情况可能会增加。

计算出退休第一年的费用需求后,加入投资报酬率和生活费用增长率的因素,就可以计算出退休期间的费用总需求。计算公式为

$$E = \frac{1 - \left(\frac{1+c}{1+r}\right)^n}{r-c}$$

式中:E为退休后第一年支出;c为退休后生活费用增长率;r为投资报酬率;n为退休后预期余寿。

3. 估算退休后的收入

估算退休后的收入就是把退休后可能有的收入都计算进来,看退休后可以得到多少收入。退休后可能有的收入主要有:社会基本保险、企业年金、商业保险、投资收益、退休时累计的生息资产、子女赡养费、遗产继承、兼职工作收入、固定资产变现、受赠、离婚财产分割等。

稳定的现金流是维持退休生活品质的重要保证。

4. 估算退休金缺口

平衡现在和未来的收入与支出是所有养老计划的初衷和主旨。将第二步估算出来的退休后的支出与第三步估算出来的退休后的收入进行比较,如果支出大于收入,即为退休金缺口。加入客户的退休时间和通货膨胀率等因素,就可以计算出客户退休储备金的应有数额。通常情况下,客户可以采取两种途径来筹集或准备退休储备金。一是将每年的收支结余部分进行定期定额投资,用作退休储备金;二是将目前储蓄中的一部分用作退休储备金。同时,理财规划师要提醒客户并反复强调养老的极端重要性和紧迫性,来不得半点马虎和疏忽以及懈怠。为养老储蓄应该成为一种生活习惯,每取得一笔收入,都应该首先拿出一部分用作养老储备,并把养老为最优先考虑的位置加以重视和对待。

养老金的性质和用途决定了保值、适度收益和强制性是养老计划必须遵循的基本原则,为了确保养老储备金的安全,应将养老储蓄投资与其他投资分开进行管理。

【例8-2】 张先生,今年45岁,月收入9 000元,月均支出5 000元,希望60岁退休,退休后维持现有生活水平,并享受25年退休生活。假设当年当地职工平均月工资为2 000元,按现行的养老金制度,张先生每月缴纳养老保险费480元。退休时社会保险个人账户养老金本息合计约20万元。假设张先生退休时的当地社会平均工资为6 000元/月,假设通货膨胀率为3%,退休后资产的投资回报率为5%。计算张先生退休第一年退休准备金缺口和退休期间费用总需求?

解析:

(1) 计算张先生退休准备金需求。

退休后的年消费支出＝5 000×12×70％＝42 000(元)

退休时的年消费支出＝42 000(1＋3％)^{15}

＝65 435(元)

(2) 计算退休后每年领取的社保养老金。

退休后每年领取的社保养老金＝[基础养老金＋个人账户养老金(＋过渡性养老金)]×12

＝[退休前一年本地区职工月平均工资×20％

　＋个人账户本息和÷120]×12

＝[6 000×20％＋200 000÷120]×12

＝2 866.67×12

＝34 400(元)

(3) 张先生退休准备金缺口为

$$34\ 400-65\ 435＝-31\ 035(元)$$

(4) 退休时需准备退休资金为

$$E=\frac{1-\left(\frac{1+c}{1+r}\right)^{n}}{r-c}=65\ 435\times\frac{1-\left(\frac{1+3\%}{1+5\%}\right)^{25}}{5\%-3\%}$$

$$=1\ 248\ 832.12(元)$$

则退休时需准备退休资金为1 248 832.12元。

5. 制定退休规划

为了使退休规划更具有可操作性和切合实际,可以根据老年人的健康状况和日常消费生活消费特点将其退休生活划分为三个阶段,并逐段进行规划。

(1) 退休生活初前期(65周岁以前)为高消费阶段。这一阶段健康状况良好,具备一定的工作能力,可以根据本人工作意愿做些兼职工作,以便发挥余热或获得一些额外收入补贴退休生活。应以兼职收入维持基本开支,应以不影响充分享受退休生活为前提。

(2) 退休生活中期(65~75周岁)为平衡消费阶段。

(3) 退休生活后期(75周岁以后)为健康支出阶段。这一阶段是人生的黄昏时光,身体状况每况愈下,腿脚不听使唤,活动能力降低,以居家为主,生活不能自理,日常生活需要他人照顾,病痛不断,医疗费用急剧增加,各种费用比前两个阶段都多,需要年金和终生医疗保险来保障。

6. 选择退休规划工具

1) 个人商业年金养老保险

年金保险是指在被保险人生存期间,保险人按照合同约定的金额、方式,在约定的期限内,有规则地、定期地向被保险人给付保险金的保险。年金保险,同样是由被保险人的生存为给付条件的人寿保险,但生存保险金的给付通常采取的是按年度周期给付一定金额的方式,因此称为年金保险。有关内容已在前文中介绍,在此不再赘述。

除了传统保险外,市场上新出现的投资型保险,其收益率也跟股市有关,还分为分红险、万能险和投连险。分红险承诺客户享有固定的保险利益,万能险承诺保底收益,投连险不承诺保底收益。它们的风险排序依次递增,但风险越大,回报越高,它们的收益可能也依次递增。投连险跟生命周期基金的投资模式较相似,但其好处是如果投资人意外身故或全残的话,除了投资账户累计的投资收益金额外,还可以获得全额的人身保险金额。

2) 生命周期基金

生命周期基金是比较理想的养老储蓄产品。生命周期基金是根据基金目标持有人的年龄不断调整投资组合的一种证券投资基金。生命周期基金一般都有一个时间上的目标期限,随着所设定目标时间的临近,基金则会不断调整其投资组合,降低基金资产的风险,追求在和目标持有人在生命不同阶段的风险承受能力相适应的前提下实现资本的最大增值。

生命周期基金其早期主要投资于权益类证券,类似于股票型基金,风险收益水平较高;随着时间的流逝,其投资于权益类证券的比例不断减少,投资于固定收益类证券的比例不断增加,风险收益水平逐步降低;目标日期以后,最终演变为低风险收益水平的偏债型基金,甚至货币市场基金,为投资者带来稳定的收入。生命周期基金在海外市场发展迅速,自 1996 年推出以来,规模已由最初的 6 亿美元发展到 1 670 亿美元。截至 2005 年,美国 64％以上的 401K 养老金计划投资于生命周期基金,10 年时间增长了 7 倍。

生命周期基金可细分为"目标日期型基金"和"目标风险型基金"。它们的共同特点是通过单一简便的投资方式提供一种多元化的专业投资组合,来满足投资者在生命中不同阶段的需求,实现投资者的目标。

目标风险型基金在成立时,便预先设定了不同预期风险收益水平,基金名称也多以"成长""稳健""保守"加以命名。"成长型"基金,顾名思义,投资在高风险性资产上的比重较高;相对地,"保守型"基金则以投资低风险资产为主。投资人可依自己的风险承受度,选择成长型、稳健型或保守型基金投资。

目标日期型基金在初始时,投资在高风险性资产上的比重较高;而随着目标日期的临近,则逐渐增加低风险性资产的比重;直到到达目标日期后,将主要投资于固定收益类资产,并继续存续一段时间后往往并入货币市场基金。这类基金名称多以目标日期直接命名,例如,"目标 2015""目标 2020"等。因此,投资人可依自己的理财需求时间,选择合适的投资标的。例如,若投资人预计其子女 10 年后读大学,可选择目标日期在 2015 年左右的基金,累积教育资金;若计划 30 年后退休,可选择目标日期在 2035 年左右的基金,累积退休养老资金。

生命周期基金选择方式有以下几种。

(1) 考察基金的目标日期。

生命周期基金一般都会有一个明确的目标日期,例如,2015 年 12 月 31 日或者 2020 年 12 月 31 日。一般情况下,只有在目标日期以前,基金的风险收益水平才会不断调整;在目标日期以后,风险收益水平则相对固定,投资者需要注意基金的目标日期是否符合自己的要求。

(2) 考察基金的风险收益特征变动率。

各只生命周期基金的风险收益特征的变动速度是不尽相同的。例如,基金 A 早期将

100％的资产投资于股票,在 10 年内演变为一只货币市场基金;基金 B 早期只有 60％的资产投资于股票,在 20 年后演变为一只债券型基金。那么基金 A 比基金 B 的风险收益特征变动率更高。

(3) 考察买入基金时的风险收益特征。

在投资者买入生命周期基金的时候,该基金可能由于已经运作了一段时间,调整了资产配置比例,就需要考察该基金当前的风险收益特征是否符合自己的要求。

生命周期基金能让投资者避免在投资中常犯的错误,其优势主要体现在以下几个方面。

(1) 风险管理。

许多投资者没有取得预期回报并不是错在冒了过多风险,而是错在没有承担可接受的风险。所以获得的回报往往不能满足他们的要求,而生命周期型基金投资可帮助投资人在承担适度的风险条件下,获得相匹配的收益回报。

(2) 多样化资产配置。

美国先锋公司一份调查显示:养老金计划参与者只做了一个或两个投资选择。这意味着,大部分参与者的投资组合是缺乏多样性的,而生命周期型基金提供了多样化的资产类别及有效的资产配置方式。

(3) 投资组合的不断调整。

很多投资者并不会根据市场不断调整自己的投资组合。随着时间的推移,他们所承担的风险与他们承受风险的能力有很大的偏差。而生命周期型基金的投资经理定期根据相关的策略,重新审核投资组合的资产配置比例,并做出相应的调整,这保证了投资组合的风险和回报,与投资者的要求相匹配。

生命周期基金和一般基金不同的是,生命周期基金提出了中长期投资理财的概念,帮助投资者实现其投资目标。生命周期也不同于保险。保险是以契约形式确立双方经济关系,以缴纳保险费建立起来的保险基金,对保险合同规定范围内的灾害事故所造成的损失,进行经济补偿或给付的一种经济形式。保险是最古老的风险管理方法之一。保险合约中,被保险人支付一个固定金额(保费)给保险人,前者获得保证:在指定时期内,后者对特定事件或事件组造成的任何损失给予一定补偿。保险属于经济范畴,它所揭示的是保险的属性,是保险的本质性的东西。这和一些保险品种在功能上有相似的地方,如养老保险、子女教育金保险等。以下是两种理财产品的比较。

(1) 变现成本:如果生活发生变故,需要现金的话,两种产品的变现成本不同。对于基金来说,主要涉及赎回费的问题。按目前国内的情况,生命周期基金的赎回费应在 1％～1.5％。而保险的变现成本就是保险投资额减去保单价值,保险如果早期退出的话,成本非常高,但现在也可以拿保单向银行申请个人抵押贷款,成本就是贷款利率。

(2) 是否保本:国内投资者目前大多是风险厌恶者,不愿承受投资损失。生命周期基金并非保本基金,股市的震荡可能导致基金净值波动较大,投资者有亏损的危险。而投资保险,只要按时缴纳保费,收益率一般相对固定,当然收益率也较低。

(3) 投资方式:基金投资可以选择一次性投资或定期定额投资,保险投资也有趸交和分期缴纳。同样是分期投资,后者有强制性,前者没有。

3) 养老储蓄产品

银行储蓄存款也是积累养老金的重要途径,运用得法,在安全性好、流动性高、风险小的情况下,可以取得较高的收益。以下四种方法可供选择。

(1) 阶梯储蓄法

此种方法既流动性强,又可获取高息。具体操作步骤为:现假定你这个家庭手中持有50 000元,你可分别用10 000元开设一个一年期存单,用10 000元开设一个两年期存单,用10 000元开设一个三年期存单,用10 000元开设一个四年期存单(即三年期加一年期),用10 000元开设一个五年期存单,一年后,你就可以用到期的10 000元,再去开设一个五年期存单,以后每年如此,五年后手中所持有的存单全部为五年期,只是每个10 000元存单的到期年限不同,依次相差一年。

(2) 存单四分存储法

如果家庭现有10 000元,并且在一年之内有急用,但每次用钱的具体金额、时间不能确定,那你最好选择存单四分法,即把存单存成四张,这种方法可以降低损失。具体操作步骤为:把10 000元分别存成四张存单,但金额要一个比一个大,应注意适应性,可以把10 000元分别存成1 000元的一张、2 000元的一张、3 000元的一张、4 000元的一张,当然也可以把10 000元存成更多的存单。假如有1 000元需要周转,只要动用1 000元的存单便可以了,避免了需要1 000元,也要动用"大"存单,减少不必要的损失。

(3) 交替存储法

此法既不影响家庭急用,又能用活储蓄为自己带来"高"回报。具体操作步骤为:现假定你这个家庭手中持有50 000元,您不妨把它分成两份,每份为25 000元,分别按半年、一年的档次存入银行,若在半年期存单到期后,有急用便取出,若用不着便也按一年期档次再存入银行,以此类推,每次存单到期后,都转存为一年期存单,这样两张存单的循环时间为半年,若半年后有急用,可以取出任何一张存单。这种储蓄方式不仅不会影响家庭急用,也会取得比活期储蓄高的利息。

(4) 利滚利存储法

具体操作步骤为:假如你这个家庭现在有30 000元,你可以先考虑把它存成存本取息储蓄,在一个月后,取出存本取息储蓄的第一个月利息,再用这第一个月利息开设一个零存整取储蓄户,以后每月把利息取出来后,存入零存整取储蓄,这样不仅存本取息储蓄得到了利息,而且其利息在参加零存整取储蓄后又取得了利息,可谓是鸡生蛋、蛋孵鸡。

4) 国债

国债,又称国家公债,是国家以其信用为基础,为筹集财政资金而发行的一种政府债券。国债的发行主体是国家,以中央政府的税收作为还本付息的保证,具有最高的信用度,风险小,买卖方便,流动性强,收益高且稳定,被公认为是最安全的投资工具,有"金边债券"之称。特别是在资本市场急剧动荡时,更是成为理想的避险工具。国债利率高于银行储蓄利率,并且国债的利息收入不用纳税。

国债是养老金和稳健型投资者的投资首选。国债的种类有凭证式国债、实物式国债和记账式国债三种。

5）证券投资基金

证券投资基金是一种集中资金、专家管理、分散投资和降低风险的投资工具。

证券投资基金具有集合投资、分散风险、专家理财的特点，是一种风险共担、收益共享的集合投资方式。

证券投资基金作为一种新型的投资工具，将众多投资者的小额资金汇集起来进行组合投资，由专家来管理和运作，经营稳定，投资选择灵活多样，收益可观，从而使基金的收益高于债券，投资风险小于股票。

其中债券基金以债券为主要投资对象。由于债券的年利率固定，风险较低，适合于稳健型投资者。

货币市场基金以货币市场为投资对象，其投资工具期限在一年以内，主要包括银行短期存款、国库券、公司债券、银行承兑票据和商业票据等。被认为是无风险或低风险的投资。

指数基金以指数成分股为投资对象，通过购买某指数所包含的一部分或全部股票，来构建投资组合，并使这个投资组合的变动趋势与该指数相一致，以取得与指数大致相同的收益率。指数基金运作的核心是通过被动地跟踪指数，充分分散个股风险，获取市场的平均收益。

指数基金具有费用低廉、风险小、业绩透明度较高、管理过程人为因素影响小等优势。指数基金可以获得市场平均收益率，为股票投资者提供更好的投资回报。指数基金还是投资者避险套利的重要工具。指数基金由于其收益率的稳定性和投资的分散性，特别适用于社保基金等数额较大、风险承受能力较低的资金投资。

6）股票及其衍生工具

股票是高风险、高收益的投资品种。其中的蓝筹股公司实力雄厚、经营稳健、抗风险能力强、收益高且稳定、股票活跃、流动性强，适合养老金投资。另外，公用事业类股票对经济周期变化的敏感度较低，又属于自然垄断行业，事关国计民生，受到国家的重视和政策扶持，可以取得长期稳定的收益，公司业绩和成长性都比较好。对于这种高成长、高业绩，受周期性影响较小、具有二线蓝筹特性的防御性行业股票，也是适合养老金投资的上佳之选。同时，通过分散投资，建立合理的投资组合，也可以降低非系统风险，成为养老金的投资选择。

7）实物工具

在国外，房地产、基础设施等实业也是养老金的投资对象。尽管实业投资投资期长、流动性差，但也是抵御通货膨胀的重要工具。

7. 执行计划

计划制订后就要付诸实施，再好的计划如果执行不好，其结果也不会好到哪里去。为了顺利达到退休规划目标，理财规划师应制订一份详细的执行计划，对客户投资供款情况进行监督。计划是在不断地执行中逐步完善的。执行不是一个简单的"理解要做、不理解也要做"，而是做什么、什么时候做到什么地步、结果反馈到什么人或什么地方。任何一个计划都应符合 SMART 原则。即：S，明确的任务说明；M，明确的衡量成功界限和里程碑说明；AR，足够的资源保证；T，明确的时间要求。这几项中任何一个不明确，都会造成执行不力。

8. 反馈与调查

要有一个机制保证执行反馈，即必须有动态的监管。当监督机制建立起来之后，每一步工作的计划、执行情况，都可以在系统（或人）的监督下工作，任何的结果、风险变化、条件变化，都被收集进来，这样，反馈就不单是一个执行者自己的工作结果、进度的汇报了，而是整个计划相关的资源变化跟踪。只有这样，才能保证计划的正确执行、计划的正向改进和完善。

理财絮语

怎样购买养老保险

现在商业养老保险是消费者重点关注的险种之一，主要功用就是补充社会基本养老保险的不足，使我们退休后的生活能有所保障。由于储蓄养老，一旦发生通货膨胀，存在银行里的资金无疑会缩水。而商业养老保险兼具寿险保障和养老规划的双重功能，保障养老资金的保值和增值。如何购买养老保险更合算呢？有三个要点：尽量选择分红型养老保险、尽量早投保、尽量缩短保费缴纳期限。

1. 选择分红型养老保险

现在市场上个人商业养老保险主要有两种：一种是固定利率的传统型养老保险，其预定利率根据保监会规定最高为 2.5%。这类养老金的领取时间和领取金额都是预先计算好的，抗通胀和保值能力弱；另一种是分红型养老保险，即养老险金的多少和保险公司的投资收益有关联，收益是浮动的，这种养老保险保值增值能力强。需要注意的是，分红型养老保险与分红型保险不同，分红型的养老保险是专款专用，只能到一定年龄才能拿出来，而分红型保险更注重其投资功能，风险也较高。

2. 越早投保越便宜

保险公司给付被保险人的养老金是根据保费复利计算产生的储蓄金额，因此，考虑到货币时间价值的因素，不用详细计算我们也能猜想到，如果投保人投保越早，即保费资金储蓄的时间越长，在其他条件相同的情况下，缴纳的保费总额越少。并且年轻时身体健康容易承保，而且保费也较低，负担也相对较轻。因此买养老保险是早比晚好，越早投保越便宜。

3. 保费缴纳期限越短越便宜

考虑到货币时间价值和利率的问题，跟住房贷款类似，保费越早缴纳，越早开始增值。

一次性交清保费要比分期偿付的现值总额要低,期限短的分期偿付要比期限长的分期偿付现值总额低。如果有足够的经济能力,应尽量缩短缴纳保费的期限。

重点概括

本项目的内容结构如图 8-1 所示。

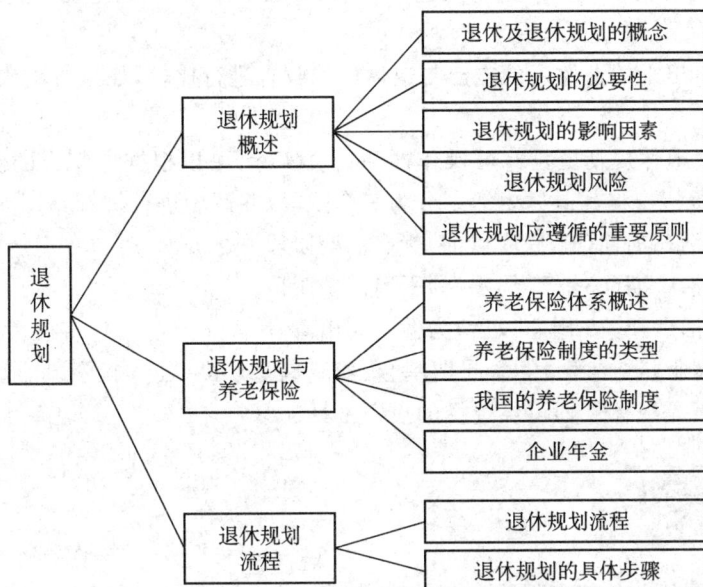

退休规划
- 退休规划概述
  - 退休及退休规划的概念
  - 退休规划的必要性
  - 退休规划的影响因素
  - 退休规划风险
  - 退休规划应遵循的重要原则
- 退休规划与养老保险
  - 养老保险体系概述
  - 养老保险制度的类型
  - 我国的养老保险制度
  - 企业年金
- 退休规划流程
  - 退休规划流程
  - 退休规划的具体步骤

图 8-1　项目八的内容结构

(1) 从世界范围来看,不同的国家养老保险的类型存在很大的差别,但归纳起来主要有以下三种类型:即投保资助型养老保险(即传统型)、强制储蓄型养老保险(公积金模式)和国家统筹型养老保险。

(2) 我国的养老保险制度是一个由国家基本养老保险、企业年金(企业补充养老保险)和个人储蓄养老保险相结合的三支柱养老保险体系。

(3) 企业年金,即企业补充养老保险,是指企业及其雇员在依法参加基本养老保险的基础上,依据国家政策和本企业经济状况建立的、旨在提高雇员退休后生活水平、对国家基本养老保险进行重要补充的一种养老保险形式。

(4) 确定退休目标主要是确定客户哪一年退休或客户的退休年龄以及退休后的生活水平,也就是客户自己打算退休后有一个什么样的生活水平。

(5) 估算客户退休后的支出有两种方法:一是以收入为标准的方法;二是以开支为标准的方法。

① 以收入为标准的方法。以收入为标准的方法就是基于客户退休前收入的某一百分数进行计算来估算客户退休后的年支出金额或数额,一般是以客户最终退休前收入的60%~70%作为客户退休后维持与退休前相同的生活水平所需要的消费支出额。这一比

例也称为工资替换率。

② 以开支为标准的方法。以开支为标准的方法是基于客户退休前支出的某一百分数进行计算来估算客户退休后的年支出额。一般情况下都是以客户退休前月支出额的70%～80%来进行估算。

（6）估算退休后的收入就是把退休后可能有的收入都计算进来，看退休后可以得到多少收入。退休后可能有的收入主要有：社会基本保险、企业年金、商业保险、投资收益、退休时累计的生息资产、子女赡养费、遗产继承、兼职工作收入、固定资产变现、受赠、离婚财产分割等。

（7）将估算出来的退休后的支出与退休后的收入进行比较，如果支出大于收入，即为退休金缺口。

（8）为了使退休规划更具有可操作性和切合实际，可以根据老年人的健康状况和日常消费生活消费特点将其退休生活划分为三个阶段，并逐段进行规划：

① 退休生活初前期（65周岁以前）为高消费阶段。

② 退休生活中期（65～75周岁）为平衡消费阶段。

③ 退休生活后期（75周岁以后）为健康支出阶段。

（9）个人商业养老保险、生命周期基金、养老储蓄产品、证券投资基金、国债、股票及其衍生产品等都是退休规划可供选择的投资工具。

实训项目

1. 熟悉我国目前的养老保险制度的内容。
2. 熟悉退休规划工具。
3. 进行退休规划。

思考练习

单项选择题

1. 目前，我国关于退休年龄的规定是：男职工（　　）周岁，女职工（　　）周岁。

　　A. 65；55　　　　　　B. 60；55　　　　　　C. 55；55　　　　　　D. 60；50

2. 大多数国家的养老保险体系由三个支柱组成，下列各项不属于这三个支柱的是（　　）。

　　A. 企业年金　　　　　　　　　　　　B. 基本养老保险

　　C. 子女养老　　　　　　　　　　　　D. 个人储蓄性养老保险

3. 养老保险是国家和社会根据一定的法律和法规，为解决劳动者在达到国家规定的解除劳动义务的劳动年龄界限，或因年老丧失劳动能力退出劳动岗位后的（　　）而建立的一种社会保险制度。

A. 基本生活　　　　　　　　　　　　B. 高品质生活

C. 贫困生活　　　　　　　　　　　　D. 富裕生活

4. 目前,在我国职工参加国家基本养老保险,个人缴费至少满(　　)年。

A. 20　　　　　B. 15　　　　　C. 10　　　　　D. 18

5. 目前,在我国达到领取基本养老保险条件的退休职工从社保局领取的基础养老金为其退休前一年当地职工月平均工资的(　　)。

A. 15%　　　　　B. 10%　　　　　C. 20%　　　　　D. 30%

多项选择题

1. 估算退休后支出的方法有(　　)。

A. 以收入为标准的方法　　　　　　　B. 以开支为标准的方法

C. 以生活需求为标准的方法　　　　　D. 以家庭资产为标准的方法

2. 退休后可能的收入主要有(　　)。

A. 基本养老保险　　　　　　　　　　B. 企业年金

C. 商业保险　　　　　　　　　　　　D. 银行贷款

3. 目前,世界范围内养老保险制度的类型有(　　)。

A. 投保资助型养老保险　　　　　　　B. 强制储蓄型养老保险

C. 家庭养老　　　　　　　　　　　　D. 国家统筹型养老保险

4. 目前,我国的养老保险体系包括(　　)。

A. 国家基本养老保险　　　　　　　　B. 企业年金

C. 个人储蓄养老保险　　　　　　　　D. 子女养老

5. 一个完整的退休规划流程是由(　　)步骤构成的。

A. 国家基本养老保险制度设计　　　　B. 退休后生活设计与养老需求分析

C. 自筹养老金的投资设计　　　　　　D. 个人职业生涯设计与收入分析

6. 以下属于我国职工领取基本养老金的条件的是(　　)。

A. 达到法定退休年龄,并已办理退休手续

B. 所在单位和个人依法参加养老保险并履行了养老保险缴费义务

C. 个人缴费至少满 15 年

D. 必须是公务员或国有企业职工

判断题

1. 有了国家基本养老保险,就不需要任何其他的补充性养老保险。　　(　　)

2. 基本养老保险制度也称国家基本养老保险,它是按国家统一政策规定强制实施的为保障广大离退休人员退休后的富裕生活需要而建立的一种养老保险制度。　　(　　)

3. 美国是世界上第一个实行现代社会保障制度的国家。　　(　　)

4. 世界上最早实行企业年金的是美国的运通公司。　　(　　)

5. 目前,在我国所有的企业都已建立了企业年金。　　(　　)

简答题

1. 简述退休规划的流程。
2. 简述企业年金与基本养老保险的联系和区别。
3. 简述企业年金与商业保险的联系和区别。
4. 简述适合作为退休规划的投资工具。
5. 怎样做退休规划。

计算题

1. 江先生今年 47 岁,月收入 15 000 元,月均支出 8 000 元,希望 60 岁退休,退休后维持现有生活水平,并享受 25 年退休生活。假设未来 20 年年均通货膨胀率为 4%,江先生的年均投资报酬率为 7%,江先生退休时社保个人账户养老金本息合计为 600 000 元,江先生退休时当地社会平均工资为 12 000 元/月,试计算江先生退休第一年的退休金缺口和退休期间费用总需求。

2. 于先生今年 40 岁,月收入 12 000 元,月均支出 6 000 元,希望 60 岁退休,退休后维持现有生活水平,并享受 25 年退休生活。假设通货膨胀率为 4%,投资报酬率为 5%,于先生退休时社保个人账户养老金本息合计为 200 000 元,于先生退休时当地社会平均工资为 7 000 元/月。试计算于先生退休第一年的退休金缺口和退休期间费用总需求。

遗 产 规 划

1. 了解遗产及其法律特征。
2. 熟悉我国的遗产税制度。
3. 熟悉各种遗产规划工具。
4. 掌握遗产规划方法。

案例

马先生,68 岁,某集团公司董事长,公司净资产 100 000 000 元以上,其名下尚有房产六处,价值 12 900 000 元,股票市值 7 000 000 元,古玩艺术品价值 10 000 000 元,银行存款 2 000 000 元。妻子健在,有两个儿子,一个女儿。掌控的公司是其二十多年辛苦打拼的结果,希望以后能继续发展壮大,并希望去世后家庭不会出现因争财产而同根相煎、兄弟阋于墙的情况。试为马先生做遗产规划。

任务 9.1 遗产的法律特征

9.1.1 遗产

1. 遗产

遗产是指自然人死亡时遗留的个人合法财产,包括不动产、动产和其他具有财产价值的权利。遗产是财产继承权的客体。

遗产作为一项特殊财产,仅存在于自然人死亡后到遗产处理结束前的时间内。自然人生存时拥有的财产不是遗产,只有在他(她)死亡之后遗留下来的财产才是遗产。遗产处理结束后,已经转归继承人所有,也不再具有遗产的性质。

2. 个人财产持有形式

客户对遗产的分配权直接取决于其对财产的持有形式,因而在遗产规划中,客户对财产的持有形式尤为重要。但是在很多情况下,客户并不十分清楚自己是否完全拥有一项财产的一部分。根据客户持有的形式不同,个人财产可分为个人特有财产和共同持有财产。

1) 个人特有财产

个人特有财产又称直接所有权财产。客户对个人特有财产拥有全部的所有权和处置权。客户何时或何地以何种形式安排该项资产，都受到法律的保护和认可。持有人可以不受任何其他人限制，按照自己的意愿分配给受益人或继承者。理财规划师应帮助客户分清个人特有的财产有哪些。一般来说，如果财产持有人只有客户一人，则客户就是该项财产的独立持有者，该项财产就属于客户个人特有财产。但是已婚客户婚后取得的财产，并且取得时客户的固定居所是其与配偶的共有财产，即使持有证明上只有客户一人的名字，客户也不是该财产的独立持有者，而只是共同持有人之一，该项财产是客户与配偶共同拥有的财产。

2) 共同持有财产

共同持有财产又称联合所有权，可分为以下三种情况：联合共有财产、合有财产和夫妻共有财产。

(1) 联合共有财产。又称带幸存者所有权，是共同持有财产中最为常见的形式。在这种形式下，共同持有财产的双方对被持有财产拥有相同的管理权力；当一方去世后，该财产的所有权将无条件地归另一方所有。这样，如果将该资产作为遗产，无须考虑当事人的遗嘱，也无须办理烦琐的转移手续和支付费用，就可以将其留给受益人。在许多遗嘱程序烦琐的国家，尤其是美国，这一点对客户十分方便，可以节约时间和大幅度降低遗产处置费用。在某种程度上，客户可以采取联合共有财产来代替遗嘱。但使用不当也会影响客户对财产的控制权，而且会增加受益人的纳税金额。各国法律对该工具的使用均有一定的限制。

(2) 合有财产。共同持有财产的双方对被持有财产拥有相同的管理权力。但是，合有财产的一方去世后，他在该财产上拥有的权力不会无条件地转移给另一方，而是要根据去世者的遗嘱进行处理。合有财产的持有人可以是两人甚至多人，而且各人持有的份额可以不同。

合有财产适用于那些不愿意将财产转移给另一持有者的客户。例如，客户与他人共同拥有和管理公司，而他希望去世后能将公司的合伙份额留给配偶而不是合伙人，这时就可以使用合有财产的形式。处置合有财产时要进行遗嘱检查并支付有关费用。如果客户愿意将合有财产留给另一方，为减少遗产费用，应使用联合共有财产的形式。

(3) 夫妻共有财产。已婚客户常常采用夫妻共有财产的形式拥有财产。在这种情况下，持有财产的一方去世后，他在该财产上的所有权不会无条件地转移给另一方，而要根据去世者的遗嘱进行处理。与合有财产不同的是，夫妻共有财产的形式仅存于客户与其配偶之间，而且双方各占财产份额的一半。处置夫妻共有财产时同样涉及遗嘱检验和支付税金及手续费用，所以只有在遗产数额不大时，理财规划师才可以建议客户采取这种持有形式。对于遗产数额较大的客户，则应考虑选择联合共有财产的形式。

理财规划师应要求客户在填写自己的财产数额时，将有关财产的性质加以说明，以便充分了解客户的真实财务状况，在判断准确的基础上制定出满足客户需要的遗产计划。

9.1.2 遗产的法律特征

遗产有以下法律特征。

1. 财产性

财产权和人身权是死者生前所享有的民事权利,但与个人身份密切结合,一旦分离便不复存在的权利,不能作为遗产,只有财产权可以作为遗产继承。在现代社会,身份继承已被各国所废除,原属于被继承人的人身权利,如姓名权、肖像权等不能作为遗产,仅实行财产继承。

2. 合法性

自然人死亡时遗留的财产必须是合法财产才具有遗产的法律地位,如属非法所得,不能作为遗产,继承人不得继承。被继承人生前非法占有的属于他人的财产,也不能作为遗产由继承人继承。另外,法律规定的不得作为遗产继承的财产也无遗产的法律地位。例如,《中华人民共和国文物法》规定的珍贵文物,在一定条件下就不能成为遗产。

3. 范围限定性

遗产是死亡自然人的个人财产,具有范围限定性,他人的财产不能作为遗产。

4. 可转移性

遗产是可以与人身分离而独立转移给他人的财产,具有可转移性。不能转移给他人承受的财产不能作为遗产。一般来说,遗产仅指能够转移给他人的财产,如所有权、债权等,并不是被继承人生前拥有的一切财产都能够作为遗产转移给他人。另外,与个人身份密切结合,一旦分离便不复存在的财产权利,同样不能作为遗产。例如,承包经营权不能由继承人直接继承;有偿的委托合同、演出合同等的一方当事人在尚未履行时或者履行中死亡,未履行的部分则自然终止,它所含有的权利不能转移,也就不能作为遗产由他人继承。

5. 时间的特定性

遗产是自然人死亡时尚存的财产。自然人生前所拥有的个人合法财产只有在其死亡后方可称之为遗产,因而自然人在世时,其所拥有的个人财产不能称之为遗产;而继承人在分割完遗产之后就使遗产转化为个人合法拥有的财产,也不能称之为遗产。因此遗产在法律上具有时间的特定性,只有在自然人死亡之时起至遗产分割完毕前的这一特定时间段内,自然人生前遗留的财产才能被称为遗产。正常情况下,遗产的存续时间是短暂的。

6. 权利义务的对称性

权利义务的对称性是指继承人在继承遗产的同时也要以所继承的财产为限承担被继

承人生前的债务。同理,如果继承人放弃继承权,则清偿被继承人生前债务的义务也就自动解除。

任务 9.2　遗产税制度框架

9.2.1　遗产税制度的类型

按照课税主体不同,目前世界各国实行的遗产税制度可以分为总遗产税制、分遗产税制和混合遗产税制三种类型。

1. 总遗产税制

总遗产税制是对被继承人死亡时遗留的财产总额征收遗产税的制度,即不管这项财产的去向如何,在遗产分割前一次性总体征收。不考虑继承人多少及与被继承人的亲疏关系,依据遗产总额设计税率。在这一遗产税制下,一般设有起征点、免征额和扣除项目,按照超额累进税率计征遗产税。

2. 分遗产税制

分遗产税制是在被继承人遗留的财产分割后对各个继承人继承的遗产份额分别征收遗产税的制度。

3. 混合遗产税制

混合遗产税制是先对被继承人的遗产总额征收遗产税,然后再分别对继承人继承的遗产份额征收继承税的制度。混合遗产税制的特点是先总额征税,以利源泉控制;再按继承的份额征税,以体现合理负担。

9.2.2　遗产税制要素

遗产税制度的基本要素包括纳税人、征税范围、税率和税收减免等。

1. 纳 税 人

遗产税纳税人可以是遗产继承人,也可以是受遗赠人。纳税时可以由遗嘱执行人或者遗产管理人代扣代缴。

2. 征 税 范 围

多数国家对课税对象采用宽税基,包括本国居民境内、境外取得的遗产和非本国居民从本国境内取得的遗产,如不动产、动产和其他具有财产价值的权利等。其中不动产主要是指土地、房屋、矿产;动产是指现金、银行存款、其他金融资产(如股票、债券等)、金银珠宝和收藏品等;其他具有财产价值的权利主要是指智力成果权、保险权益、土地使用权及债权等。

3. 税率

遗产税一般采用超额累进税率,即按遗产或继承、受遗赠财产的多少划分若干等级,设置由低到高的累进税率,见表 9-1。

表 9-1　遗产税税率

级　　别	应税遗产总额/万元	税率/%	速算扣除数/万元
1	超过 10～25 的部分	10	1
2	超过 25～50 的部分	20	3.5
3	超过 50～75 的部分	30	8.5
4	超过 75～100 的部分	40	16
5	超过 100 的部分	50	26

4. 税收减免

在计算遗产税应纳税额时,可以允许有一定的减免,主要包括免征项目、扣除项目和免税额。

1) 免征项目

《中华人民共和国遗产税暂行条例(草案)》中规定不计入遗产税总额的项目包括:遗赠人、受益人或继承人捐赠给各级政府、教育、民政和福利、公益事业的遗产;经继承人向税务机关登记、继承保存的遗产中的文物及有关文化、历史、美术方面的图书资料、物品,但继承人将此类文件、图书资料、物品转让时,仍须自动申请补税;被继承人自己创作、发明或参与创作、发明并归本人所有的著作权、专利权、专有技术;被继承人投保人寿保险所得的保险金;国际公约或外国政府签订的协议中规定免征遗产税的遗产等。

2) 扣除项目

《中华人民共和国遗产税暂行条例(草案)》中规定的扣除项目包括:被继承人死亡之前依法应补缴的各项税款、罚款、滞纳金;被继承人死亡之前需偿还的具有确凿证据的各项债务;被继承人丧葬费用;执行遗嘱及管理遗产的直接和必要的费用按应征税遗产总额的 0.5% 计算,但最高不能超过 5 000 元。

3) 免征额

《中华人民共和国遗产税暂行条例(草案)》中规定,遗产税的免征额为 20 万元。

任务 9.3　遗 产 规 划

9.3.1　遗产规划工具

1. 遗嘱

遗嘱是指遗嘱人生前在法律允许的范围内,按照法律规定的方式对遗产或其他事务所做的个人处分,并于遗嘱人死亡时发挥效力的法律行为。

2. 遗产委托书

遗产委托书是遗产规划的一种工具,它授权当事人指定的一方在一定条件下代表当事人指定其遗嘱的订立人,或直接对当事人遗产进行分配。客户通过遗产委托书,可以授权他人代表自己安排和分配其财产,从而不必亲自办理有关的遗产手续。被授予权利代表当事人处理其遗产的一方称为代理人。在遗产委托书中,当事人一般要明确代理人的权利范围,后者只能在此范围内行使权利。

3. 遗产信托

遗产信托是一种法律上的契约,当事人通过它指定自己或他人来管理自己的全部或部分遗产,从而实现各种与遗产有关的目标。遗产信托按其指定方式,可以分为生命信托和遗嘱信托。

(1) 生命信托。是指当事人仍健在时设立的遗产信托。例如,客户可以在生前为其儿女建立遗产信托,并指定自己或他人为该信托的托管人,儿女为受益人。这样,客户的儿女并不拥有该信托基金的所有权,但是他们可以根据信托条款获得该基金产生的收益。

(2) 遗嘱信托。是指通过遗嘱这种法律行为而设立的信托,也叫死后信托。当委托人以立遗嘱的方式把财产交付信托时,就是遗嘱信托。它是委托人预先以立遗嘱方式将财产的规划内容,包括交付信托后遗产的管理、分配、运用及给付等,详订于遗嘱中,等到遗嘱生效时,将信托财产转移给受托人,由受托人依据信托的内容,也就是委托人遗嘱所交办的事项,管理处分信托财产。与金钱、不动产或有价证券等个人信托业务比较,遗嘱信托最大的不同点在于,遗嘱信托是在委托人死亡后契约才生效。

4. 人寿保险

如果客户购买了人寿保险,在其去世时就可以获得一大笔以现金形式支付的保险赔偿金,能够增加遗产的流动性。

5. 赠与

赠与是指当事人为了实现某种目标,将其某项财产作为礼物赠送给受益人,而使该项财产不再出现在遗嘱条款中。客户采取这种方式一般是为了减少税收支出。

9.3.2 遗产规划目标

在发达国家,政府对居民的遗产有严格的管理和税收规定,因而遗产规划服务成为普通民众的普遍需求,遗产规划是个人理财规划的重要内容。目前来看,由于我国还没有开征遗产税,加之价值观不同、人们忌谈遗产问题等原因,遗产规划还是一个陌生的领域。然而,随着经济的发展、收入的增长、财产的增加和人们遗产意识的提高,以及将来中国遗产税法的颁布实施,越来越多的人特别是先富裕起来的人会产生对遗产规划的需求。

譬如,一个拥有 200 万元财产的客户,他去世时妻儿均健在,根据法律规定,这笔财产将平均分配给其妻儿。但由于该客户的妻子本身拥有近 200 万元的资产,而儿子尚未成年,所以客户希望能够将其大部分遗产留给儿子作为其将来的教育基金。再如,某客户只有一个不满 10 岁的女儿,而他的财产高达 600 万元。他担心如果自己去世,女儿将没有能力管理和支配这笔遗产,所以希望能够指定一个监护人,在照顾其女儿的同时管理这笔遗产,等女儿成年后再将遗产转交给她。

如果客户没有进行遗产规划,他们的上述愿望将难以实现。相反,在理财规划师的帮助下,通过制订和执行遗产计划,客户不仅可以实现这些愿望,还可以减少客户的亲人在面对其死亡时的不安情绪,同时减少遗产处置费用和应纳遗产税额。

遗产规划,是指当事人在世时通过选择遗产规划工具和制定遗产计划,将拥有或控制的各种资产或负债进行安排,从而保证当自己去世或丧失行为能力时尽可能实现个人为其家庭或他人所确定目标的安排。在开征遗产税的国家或地区,少缴遗产税是遗产规划的一个重要动机,但是少缴遗产税并不是遗产规划的唯一目标,遗产规划的节税功能是有限的,不应盲目夸大。

遗产规划目标主要有:

(1) 确定遗产继承人(或者受益人),以及每位继承人获得的遗产份额。

(2) 确定遗产转移的方式。

(3) 减少遗产转移成本。

(4) 提高遗产的流动性以偿还其债务。

(5) 保持遗产计划的可变性。

(6) 确定遗产清算人和遗嘱执行人。

(7) 计划慈善赠与。

由于理财规划师可以全面了解客户的目标期望、价值取向、投资偏好、财务状况和其他有关事项,成为客户遗产规划的最佳人选。

9.3.3 遗产规划程序

遗产规划的内容如下。

1. 个人情况记录的准备

个人记录应包括以下信息:原始遗嘱放置位置、信托文件放置位置、顾问名单、孩子监护人名单、预先计划好的葬礼安排信息、出生和结婚证明、银行账户、保险安排、养老安排、房地产所有权、投资组合记录、股票持有证明、分期付款或贷款、信用卡等。

2. 计算和评估客户的遗产价值

遗产的种类和价值是理财规划师在选择遗产工具和策略时需要考虑的重要因素之一。通过计算客户的遗产价值,理财规划师对客户资产的种类和价值有一个总体的了解,也可以使客户了解与遗产有关的税收支出。避免因不熟悉遗产税的有关规定,造成最终的税收支出高于其预期,影响到遗产计划的实施。所以,在制订遗产计划之前,有必要对纳税额进行计算。

3. 制定遗产规划目标

不同的客户在不同时期的遗产规划目标是不同的,因而遗产规划目标的可变性是遗产规划的重要特点。

4. 制订遗产计划

1) 制订遗产计划的原则

(1) 保证遗产计划的可变性。由于客户的财务状况和目标处于不断变化之中,其遗产规划必须具有可变性。因此,理财规划师在制订遗产计划时,要保证它在不同时期都能满足客户的需要。

(2) 确保客户财产的流动性。按照遗产税法规定,个人遗产中有相当部分要用于支付遗产税。同时,客户去世时,其家人还要为其支付有关的善后处置费用,如临终医疗费、葬礼费、法律和会计手续费、遗嘱执行费、遗产评估费等。在扣除应支付的这类费用并偿还所欠的债务后,剩余部分才可以分配给受益人。如果客户遗产中的现金数额不足,会导致其家人陷入债务危机。因而,理财规划师必须帮助客户在其遗产中准备充足的现金以满足支付需要。

(3) 减少遗产纳税金额。在遗产税很高的国家,客户的遗产往往要支付较高的遗产税。遗产税受益人要在将全部遗产登记并计算和缴纳遗产税之后,才能处置财产。这样,受益人必须先筹集一笔现金,缴清税款后,才可获得遗产。所以,减少税收支出也是遗产计划中的重要原则之一。

2) 不同客户类型的遗产计划

(1) 客户已婚且子女已成年。这类客户的财产通常与其配偶共同拥有,遗产计划一般是将客户的遗产留给其配偶。如果将来其配偶也去世了,则将遗产留给客户的子女或其他受益人。

(2) 客户已婚但子女未成年。这类客户的基本遗产计划和第一类客户类似,但由于其子女未成年,所以在计划中要加入遗嘱信托工具。如果客户的配偶也在子女成年前去世,遗嘱信托可以保证有托管人来管理客户的遗产,并根据其子女的需要分配遗产。

(3) 客户未婚或离异。对于这类客户,遗产计划相对简单。如果客户的遗产数额不大,而其受益人也已经成年,则客户直接通过遗嘱将遗产留给受益人即可。如果客户的遗产数额较大,而且他并不打算将来更换遗产受益人,则可采用不可撤销性信托或捐赠的方式,以减少纳税金额。

5. 有效遗嘱的准备

为了确保客户的意愿以最小的成本尽快得以执行,应要求客户准备好有效遗嘱。

6. 定期检查和修改

为了确保遗产计划能够满足客户不同时期的需要,必须定期对遗产计划进行重新修订。修订的内容主要包括:

（1）子女的出生和死亡；

（2）配偶或其他继承者的死亡；

（3）结婚或离异；

（4）本人或亲友身患重病；

（5）家庭成员成年；

（6）遗产继承；

（7）房地产的出售；

（8）财富的变化；

（9）有关税制和遗产法的变化。

理财絮语

"金尊人生"保障计划

近几年来，随着中国富豪人数的快速上升，资产纠纷案的数量也以惊人的速度增长。遗产争夺案时有发生，同根相煎，兄弟阋于墙，母女反目，对簿公堂，已是司空见惯。其实对于有财人士而言，"离开"应该是不留遗憾地优雅转身，而不应该留下一个骨肉相残的烂摊子，所以说，高资产人士应尽早做好遗产规划。

说到遗产规划，人们首先想到的可能是订立遗嘱，但事实上，许多遗产纠纷案均来自于遗嘱的认定，订立遗嘱不但需要事先公正，有时还需要雇佣律师，甚至需要像做体检一样每年进行一次更新确认，这么繁复的手续难免会有计算不周全的时候。人寿保险则不同，作为一种金融产品，它受到国家法律的严格保护，是遗产规划的理想工具。

太平洋保险公司推出的中高端专属产品"金尊人生保障计划"（以下简称"金尊人生"），即为财富人士度身定制的一款人寿保险产品，在财富传承、风险防范、高端服务等各方面均能满足财富人士资产保全的需要。"金尊人生"由"金尊人生终身寿险（分红型）"、"附加金尊人生额外给付重大疾病保险"和"附加保费豁免重大疾病保险"组成，在遗产规划方面，"金尊人生"具有其他法律形式或金融产品所不具备的独特优势。

1. 遗产给付的确定性

一旦投保"金尊人生"，被保险人就拥有了身故保障，并且在保单上约定了身故保险金的受益人。身故给付金由主险的基本保险金额、累积红利保额和关爱金组成，若被保险人身故，这部分金额将确定地向最初约定的受益人支付。这一约定严格受法律保护，其他人均无权申领或干涉。与此同时，"金尊人生"的遗产给付方式也相对于一般遗产继承手续更为简便，受益人准备好相关理赔资料便可直接到保险公司营业厅申请领取。

2. 继承人变更的自主性

一般的遗嘱变更手续相当复杂，进行法律公正、聘请律师等不但耗费精力，还需支出额外的费用，而"金尊人生"合同生效后，客户可以随时到保险公司营业厅变更受益人，与保险公司进行一个简单的保全操作，即可变更受益人。受益人指定可以是一个，也可根据客户意愿设定多个、按比例给付等形式，而且受益人变更时无须客户进行任何额外的花费。

有这样一则报道：一位中国老人，拥有一笔资产，子女们争先来看望和伺候，后来老人为子女着想，把这笔资产分给了他们，老人本以为把毕生积蓄赠送给子女后可以换来子女们更好的照顾和体贴，谁知得到的却是冷漠，老人床前从门庭若市变成了无人问津。如果老人持有的是"金尊人生"，这笔资产其子女无法提前获得，老人还可以随时变更受益人，在保有个人尊严的同时，也保证了生活的品质。

3. 财富传承的放大性

一般的遗产传承只能按 1∶1 的比例传承，即有多少传多少，甚至可能因为雇佣律师等花费而无法实现全部传承。但通过"金尊人生"传承财富则相反，传承的财富不但不会缩水，还会增长和放大。一旦投保"金尊人生"，从交纳首期保险费开始，被保险人就拥有了高额身价保障，其中基本保额根据精算原理定价确定，远高于所交纳的保险费，使遗产传承具有了得天独厚的放大性。此外，"金尊人生"还具有保额分红功能，其身故保额会随红利分配而不断增长，做到保费不变、保额递增，通过长期复利递增，会使身故保额进一步放大。

4. 财产传递的免税性

目前，很多国家都在征收高额的遗产税，虽然我国尚未启动这一税法，但相关政策已在研究之中，相信在不久的将来，中国财富人士的子女都需要支付巨额的遗产税后才能继承其遗产，财富继承者的负担也便随之产生。因此，财富人士必须有避税意识，购买人寿保险便是一个很好的选择。通过"金尊人生"把身故保险金传递给继承人是完全免税的，相对于不动产或其他形式的资产，通过"金尊人生"传递财富显然更为理想和有利。

5. 早逝风险的防范性

通过"金尊人生"传承财富还有一大优势，可以获得过早离世的经济补偿，即进行身故风险防范。财富人士在年轻时往往喜欢挑战，频繁的商务旅行、亲力亲为的实地考察、闲暇时的冒险运动等，都可能使其自身和家庭陷入巨大的风险中。"金尊人生"就是为其防御人身意外而生的，交纳首期保费、保单生效后，财富人士即刻拥有高额的身价保障，为过早离世提供充分的保障，并且"金尊人生"保额会逐年递增，令生命价值保值。倘若不幸降临，家人依然可以维持高品质的生活，体现出财富人士的远见。

6. 个人资产的保全性

对于财富人士，资产和债务可能同时增长，个人或企业负债会对家人的生活造成很大困扰，因此有必要将企业资产和个人资产进行隔离，至少实现对家庭基本生活所需资产的保全。根据《中华人民共和国保险法》，"金尊人生"身故保险金的给付是受法律保护的，任何单位和个人不得干涉受益人领取保险金的权利,一定意义上,"金尊人生"的身故保险金实现了对财富人士部分个人资产的保全。

此外,作为一款终身寿险,"金尊人生"可累积高额现金价值,主险每年参与公司分红,并以增额红利的方式体现,可抵御通货膨胀和利率波动,通过长期积累,可形成一笔相当可观的财富,并可通过减保获取现金价值,累积的资产可作为客户退休后的养老资金或转给儿女,实现资产保全。

除了主险的身故保障,"金尊人生"还特设独立保额的重疾附加险。附加险的重疾保险金和主险的身故保险金给付完全独立,保额可分别按需设定,重疾保险金专款专用于客户患大病所需的医疗支出,以避免重大疾病导致的个人资产流失,最大限度地保全客户的个人财富。

7. 与身份相匹配的高端服务

除以上六大优势外,"金尊人生"还提供客户专享的高端服务。一旦成为"金尊人生"的客户,即可免费享有境外 SOS 急难救助服务,为高端人士在海外的出行保驾护航。此外,"金尊人生"还具有重疾保费豁免功能,若客户在交费期内不幸患重大疾病,之后的主附险保费都可豁免缴纳,彰显人性化尊贵服务。在产品外观方面,"金尊人生"拥有高端专属保单,客户可在保单上写下对受益人的祝福,让这份对家人的爱代代相传。

其他保险公司也有类似产品推出,该产品集保险、养老、遗产规划于一身,可以作为遗产规划的一个选项。

重点概括

本项目的内容结构如图 9-1 所示。

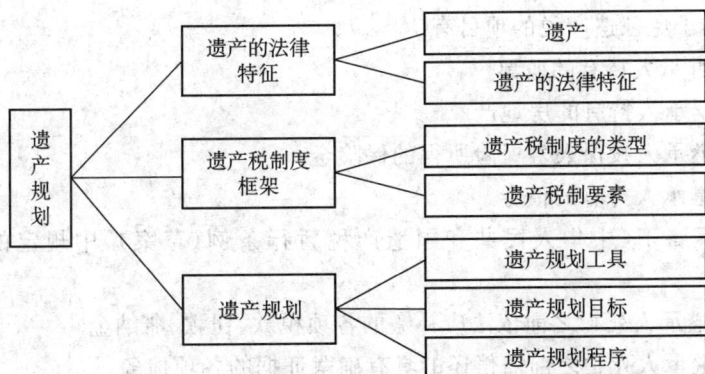

图 9-1 项目九的内容结构

(1) 财产权和人身权是死者生前所享有的民事权利,但与个人身份密切结合,一旦分离便不复存在的权利,不能作为遗产,只有财产权可以作为遗产继承。

(2) 自然人死亡时遗留的财产必须是合法财产才具有遗产的法律地位,如属非法所得,不能作为遗产,继承人不得继承。

(3) 遗产是死亡自然人的个人财产,具有范围限定性,他人的财产不能作为遗产。

(4) 遗产是可以与人身分离而独立转移给他人的财产,具有可转移性。

(5) 遗产在法律上具有时间的特定性,只有在自然人死亡之时起至遗产分割完毕前的这一特定时间段内,自然人生前遗留的财产才能被称为遗产。正常情况下,遗产的存续时间是短暂的。

(6) 权利义务的对称性是指继承人在继承遗产的同时也要以所继承的财产为限承担被继承人生前的债务。同理,如果继承人放弃继承权,则清偿被继承人生前债务的义务也就自动解除。

(7) 遗产规划工具有:遗嘱、遗产委托书、人寿保险、遗产信托和赠与等。

(8) 遗产规划程序有:个人情况记录的准备、计算和评估客户的遗产价值、制订遗产规划目标、制订遗产计划、有效遗嘱的准备、定期检查和修改。

实训项目

1. 熟悉遗产的法律特征。
2. 熟悉遗产税制要素。
3. 进行遗产规划。

思考练习

单项选择题

1. 以下属于免征遗产税的项目有(　　)。

A. 被继承人持有的股票

B. 被继承人持有的房地产

C. 被继承人投保人寿保险所得的保险金

D. 被继承人持有的债券

2. 以下不属于《中华人民共和国遗产税暂行条例(草案)》中规定的扣除项目的是(　　)。

A. 被继承人死亡之前依法应补缴的各项税款、罚款、滞纳金

B. 被继承人死亡之前需偿还的具有确凿证据的各项债务

C. 被继承人丧葬费用

D. 执行遗嘱及管理遗产费用超过 5 000 元的部分

3. 以下不属于第一顺序继承人的是(　　)。

A. 兄弟姐妹　　　　　B. 子女　　　　　　C. 父母　　　　　D. 配偶

4. 以下没有继承权的是（　　　）。

A. 已成家的子女　　　　　　　　　　B. 已离异的父母

C. 已离婚的配偶　　　　　　　　　　D. 已分家的兄弟

5. 以下属于第二顺序继承人的是（　　　）。

A. 兄弟姐妹　　　　B. 子女　　　　C. 父母　　　　D. 配偶

多项选择题

1. 以下属于遗产法律特征的有（　　　）。

A. 财产性　　　　　　　　　　　　　B. 合法性

C. 范围限定性　　　　　　　　　　　D. 不可转移性

2. 以下属于遗产规划工具的有（　　　）。

A. 遗产委托书　　　　　　　　　　　B. 人寿保险

C. 房屋转让合同　　　　　　　　　　D. 遗嘱

3. 以下属于遗产税制要素的有（　　　）。

A. 纳税人　　　　　　　　　　　　　B. 遗产

C. 税率　　　　　　　　　　　　　　D. 征税范围

4. 按照课税主体不同,目前世界各国实行的遗产税制度主要有（　　　）。

A. 综合遗产税制　　　　　　　　　　B. 混合遗产税制

C. 总遗产税制　　　　　　　　　　　D. 分遗产税制

5. 以下有权继承遗产的有（　　　）。

A. 子女　　　　B. 配偶　　　　C. 合伙人　　　　D. 兄弟姐妹

判断题

1. 自然人在世时,其所拥有的个人财产不能称之为遗产。　　　　　　　（　　）

2. 与个人身份密切结合,一旦分离便不复存在的财产权利,同样可以作为遗产。（　　）

3. 有偿的委托合同、演出合同等的一方当事人在尚未履行时或者履行中死亡,未履行的部分可以由其继承人继承。　　　　　　　　　　　　　　　　　（　　）

4. 遗嘱信托是指通过遗嘱这种法律行为而设立的信托,遗嘱信托是在委托人死亡后契约就失效。　　　　　　　　　　　　　　　　　　　　　　　　（　　）

5. 被授予权利代表当事人处理其遗产的代理人有权处理有关遗产的一切事项。（　　）

简答题

1. 简述遗产规划工具。

2. 简述遗产规划的主要目标。

3. 简述遗产规划的内容。

4. 简述遗产的法律特征。

5. 简述个人财产持有形式。

参考文献

[1] [美]罗伯特·T. 清崎,莎伦·L. 莱希特. 富爸爸 穷爸爸[M]. 杨军,杨明,译. 北京:世界图书出版公司,2000.

[2] [美]罗伯特·T. 清崎,莎伦·L. 莱希特. 富爸爸投资指南[M]. 王丽洁,等,译. 北京:世界图书出版公司,2001.

[3] [美]罗伯特·T. 清崎,莎伦·L. 莱希特. 富爸爸财务自由之路[M]. 龙秀,译. 北京:世界图书出版公司,2000.

[4] [美]罗伯特·T. 清崎,莎伦·L. 莱希特. 富爸爸富孩子聪明孩子[M]. 王丽洁,译. 北京:电子工业出版社,2003.

[5] [美]罗伯特·T. 清崎,莎伦·L. 莱希特. 富爸爸成功的故事[M]. 萧明,译. 海南:南海出版公司,2011.

[6] [美]罗伯特·T. 清崎,莎伦·L. 莱希特. 富爸爸成功创业的十堂必修课[M]. 萧明,译. 海南:南海出版公司,2011.

[7] 北京金融培训中心,北京当代金融培训有限公司. 金融理财原理(上、下)[M]. 北京:中信出版社,2009.

[8] 田文锦. 金融理财[M]. 北京:机械工业出版社,2006.

[9] 中国就业培训技术指导中心. 理财规划师基础知识[M]. 北京:中国财政经济出版社,2007.

[10] 中国就业培训技术指导中心. 理财规划师工作要求[M]. 北京:中国财政经济出版社,2007.

[11] 杨老金. 理财规划师专业能力[M]. 北京:经济管理出版社,2008.

[12] 张纯威,陆磊. 金融理财[M]. 北京:中国金融出版社,2007.

[13] [美]罗伯特·T. 清崎,莎伦·L. 莱希特. 富爸爸房地产投资指南[M]. 宋宏宇,译. 海南:南海出版公司,2011.

[14] [美]罗伯特·T. 清崎,莎伦·L. 莱希特. 富爸爸财富大趋势[M]. 萧明,译. 海南:南海出版公司,2011.

[15] [美]罗伯特·T. 清崎,莎伦·L. 莱希特. 富爸爸穷爸爸实践篇[M]. 萧明,译. 海南:南海出版公司,2011.

[16] 张旺军. 个人理财规划[M]. 北京:科学出版社,2012.

[17] 吴清泉,等. 个人理财[M]. 北京:人民邮电出版社,2012.

[18] 张颖. 个人理财教程[M]. 北京:对外经济贸易大学出版社,2007.

[19] 顾晓安. 个人理财:原理、应用、案例[M]. 上海:上海财经大学出版社,2007.

[20] 孙黎. 个人理财实务[M]. 北京:中国人民大学出版社,2012.

[21] 柴效武. 个人理财[M]. 北京:清华大学出版社,2012.